# EL MANIPULADOR

# EL MANIPULADOR

David Unger

Título original: *The Mastermind*

Traducción: Susana Olivares Bari
Diseño de portada: Jorge Garnica / La Geometría Secreta
Fotografía de portada: Stock.Xchng


Bajo el sello editorial PLANETA M.R.
Avenida Presidente Masarik núm. 111, Piso 2
Colonia Polanco V Sección
Deleg. Miguel Hidalgo
C.P. 11560, México, D.F.
www.planetadelibros.com.mx

Primera edición: julio de 2015
ISBN: 978-607-07-2912-6



Impreso en los talleres de Programas Educativos, S.A. de C.V.
Calzada Chabacano no. 65, local A, colonia Asturias, México, D.F.
Impreso y hecho en México – *Printed and made in Mexico*

*A Raúl Figueroa, José Luis Perdomo Orellana, Denise Phe-Funchal y Javier Mosquera Saravia —mi Club de Toby guatemalteco—, ustedes me han enriquecido la vida de una manera inesperada. Aprecio su amistad, talento y compromiso con todo el corazón.*

*A Fortuna Yarhi Unger (1918-2015), mi mamá, la mamá emblemática, cuyo amor y devoción me nutrió toda la vida. QEPD.*

PRÓLOGO

# La vida en la penumbra

Guillermo Rosensweig despierta con la mejilla izquierda pegada al piso de la cocina; un hilo de saliva escurre de su boca y forma un charco pegajoso. Está como Dios lo trajo al mundo y sus brazos se aferran a sus zapatos como si fueran un salvavidas.

Parpadea varias veces y trata de recordar por qué está en el piso. Su mente no registra nada. Con un enorme esfuerzo, levanta la cabeza, que pesa exactamente 5.89 kg, y mira alrededor en busca de alguna pista que le indique lo que está sucediendo.

No puede recordar nada y vuelve a dejar que su cabeza caiga sobre el piso. La luz del sol que entra por un hoyo en la ventana le perfora los ojos. El enorme dolor que siente en todo el cuerpo hace que se dé cuenta de que probablemente ha vuelto a perder el conocimiento. Por lo menos en esta ocasión se quitó los zapatos.

Suena el teléfono.

—Jefe —dice la voz, sin rastro alguno de duda.

—¿Perdón? —Guillermo sólo es jefe de la penumbra.

—¿Necesita una intervención?

Ah, momento de hablar en clave. Es su chofer y guardaespaldas, Braulio Perdomo: su sombra, su haré-lo-que-sea-que-quiera-que-haga y, en este momento de su vida, su fiel esposa. *Intervención* es la palabra clave en caso de que lo hayan secuestrado, de que se hayan llevado su auto, de que alguien le esté apuntando un arma a la cabeza o cuando sus llantas necesiten aire o su estómago un antiácido.

—No, no, estoy bien. Sólo un poco cansado.

—Tráguese un par de huevos crudos con chile y limón. Eso le quitará la resaca.

Se hace un largo silencio, lo bastante largo como para caminar a la garita, platicar con el guardia de la entrada de su comunidad cerrada y regresar a casa. Antes de que Guillermo pueda pensar en algo que responder, el chofer añade, riéndose:

—Bueno, don, los domingos en la mañana están permitidas ese tipo de cosas. Igual y los huevos crudos le provocan una erección.

Instintivamente, Guillermo mira hacia su verga apenas visible, completamente dormida en el nido de vello púbico. Otra muestra más de la arrogancia de Braulio; ¿por qué aceptó la oferta de Miguel Paredes para que protegiera a Guillermo y le sirviera de chofer? En sólo tres semanas, Braulio había logrado controlar a su patrón. Pero mejor centrarse en otra pista: era domingo por la mañana.

—¿Te pedí que me hablaras el día de hoy?

—Es por lo de mañana. Me dijo que me presentara a las nueve, pero no puedo llegar antes de las diez. Mi esposa tiene una cita con el médico y los niños, ya sabe, uno de los dos tiene que llevarlos a la escuela, con la violencia...

—¿Qué no hay transporte escolar?

—Supongo que ya se le olvidó que secuestraron dos autobuses la semana pasada, que pidieron rescate por ellos. No me puedo arriesgar, jefe.

—Por favor, no me digas jefe.

—Como quieras, Guillermo, pero eso no cambia las cosas.

Carajo.

—Está bien a las diez. Pero en punto. Con el carro lavado —las palabras surgen automáticamente, como lo han hecho estas últimas dos semanas. Sin necesidad de pensar ni de debatir el estado actual de las cosas.

—Lo lavé antes de dejarlo el viernes. ¿No se acuerda, *jefe*?

Guillermo puede ver claramente la mueca de Braulio.

—Entonces así quedamos.

—Así quedamos. Disfrute su domingo —replica Braulio.

Sí, disfrute su domingo. Con demasiado miedo como para ir al supermercado aun cuando el BMW tiene vidrio antibalas y sensores en el chasis. Estos días es prudente sospechar del jardinero, de los guardias, de la sirvienta y del hasta ahora leal chofer. Las cosas han degenerado con rapidez.

En Guatemala, hasta tu mierda te traiciona.

Guillermo se levanta con esfuerzos y camina hasta el lavaplatos. Abre la llave y bebe agua como un pez. No está purificada y sabe que podría enfermarse pero, de todos modos, a la larga, algo lo va a matar. Es sólo después del tercer trago que se percata de que el agua huele a vomitada de perro y la escupe. Tampoco es necesario ayudar al verdugo.

Alcanza a tambalearse por la sala hasta su dormitorio y cae de bruces sobre la cama. Si pudiera lograr que encendiera alguno de los cilindros de su cerebro, podría disipar la neblina de su mente y quizá alcanzaría aunque fuera un poco de claridad. Al menos todavía tiene cierta esperanza de que eso suceda.

Podría hablarle a Maryam. Ella sabría qué hacer. Y después recuerda que está muerta y que ésa es la razón por la que ha perdido la voluntad de vivir.

Le estalla la cabeza. Necesita un garrafón de agua purificada y un puñado de ibuprofenos, pero está clavado al colchón. ¿Dónde quedó su ropa?

Dentro de la regadera, podría silbar alguna tonada alegre y ¿qué? ¿Hacerse una chaqueta como frecuentemente le sugiere Braulio? ¿Andar en bicicleta? ¿Tal vez correr al trabajo? ¿Qué trabajo? ¿Qué día?

La neblina se está disipando y su atolondrado cerebro empieza a armar estrategias.

Debería abandonar estas borracheras. Pero, ¿para quién? No para su esposa e hijos que lo dejaron para irse a México hace meses. De hecho, su exesposa e hijos, porque Rosa Esther se había convertido en su ex hacía 18 meses cuando él se rehusó a romper relaciones con esa «mierdita árabe», como su esposa llamaba a Maryam. Ésa es historia antigua, de los días en que los dinosaurios vagaban por la Tierra y él había estado perdidamente enamorado de ella; Maryam, el único y verdadero amor de su vida antes de que la obligaran a dejarlo, muy en contra de su voluntad.

¿Es ésa la manera de llamarle a lo que había pasado? Alguien debería pagar por esta pérdida y alguien lo hará. Tal vez esté listo para hacer lo que Miguel Paredes quiere que haga, para prenderle fuego al mundo entero. ¿Qué caso tiene vivir así?

Guillermo cierra los ojos y relaja el cuerpo. Inhala tres veces a profundidad y exhala tres veces por la boca porque tiene la nariz tapada.

Pranayama yoga. Deja ir cualquier pensamiento y concéntrate en el suave punto de luz que emana de la nube azul del vacío. Si hace esto durante diez minutos diarios, abrirá la puerta del santuario de tranquilidad en el que podría empezar a reorganizar su vida.

Inhala, exhala, adentro, afuera. Ése es el camino al Nirvana: así de simple.

Después de tan sólo quince segundos, abre los ojos. Su mente divaga y su respiración se altera. Se acuesta de espaldas. El ventilador da vueltas encima de él como un cielo nocturno de enero y las líneas en el techo se convierten en constelaciones que reconoce, pero que no puede nombrar.

Se desliza por el colchón, baja las piernas al suelo y se sienta en la orilla de la cama. El pastor alemán de junto empieza a aullar desde la terraza. Debe haber un grupo de bandidos que trepa por las paredes del edificio o un zompopo que está sobrevolando la cabeza del perro ario, confundiéndolo. *Arrrrrúúú*. *Arrrrrúúú*. Si Guillermo tuviera un arma, le dispararía en medio de los ojos. *Adiós, Rin-Tin-Tin. Hasta la vista, baby.*

Sin fuerzas para sentarse, se deja caer de nuevo sobre la cama. Las respiraciones lo ayudaron. Ahora, su mente está perfectamente clara. Une las manos tras su cabeza y deja que una sonrisa perpleja se forme sobre sus labios. Sus ojos se cierran mientras empieza a recordar la dulzura de la vida cuando podía enamorarse de alguien como Rosa Esther por la suavidad de su piel y su dedicación a la abuela que la había criado. Después estaban las comidas dominicales en Casa Santo Domingo en Antigua y los viajes de fin de semana al Lago de Atitlán. Esto fue durante la Época de Oro de su matrimonio, cuando Rosa Esther aún creía que se había casado con un hombre bueno, con un hombre que sacrificaría cualquier infidelidad y que estaba comprometido con ella, con la Union Church y, por supuesto, con sus hijos Ilán y Andrea.

Sus ojos se llenan de lágrimas al tiempo que reconoce sus engaños. Se había vuelto un experto en traiciones. Lo único que necesitaba hacer era hablar a casa para decir que tenía que trabajar hasta tarde con un cliente en un caso tan secreto que no podía decir por teléfono ni una sola palabra al respecto. Rosa Esther, la encarnación de la confianza, le creía a medias cuando, en realidad, él se estaba viendo con Rebecca,

Araceli, Sofía y, por último, Maryam en el Stofella para un par de horas de borrachera y sexo sobre el colchón y el piso.

Johnnie Walker lo hacía invencible: le permitía dos o a veces tres cogidas en una hora, mientras el gerente del hotel golpeaba a la puerta del cuarto porque los vecinos se quejaban del escándalo: cogiendo contra las paredes, en el piso, sobre el lavabo del baño o en la tina cuando la mayoría de los huéspedes se estaban vistiendo para ir a cenar a la Zona 10.

Por supuesto, con Maryam había empezado igual. Era la hija de su cliente Ibrahim Khalil. A diferencia de Rosa Esther, tenía una indomable inteligencia práctica que le resultaba magnética. Y su belleza, con ese cabello oscuro, brillante como filigrana de ébano, ojos verdes y una boca que hacía mohínes siempre que dudaba de lo que Guillermo estaba diciendo, cosa que era frecuente. Maryam se convirtió en el amor de su vida, en la mejor cogida de todas y voluntariamente juró dejar de ver a otras mujeres para estar sólo con ella. Pero, ¿cómo puedes estar con el «amor de tu vida» cuando estás casado, cuando ella es la hija casada de tu mejor cliente y cuando tu posición social depende de que seas un buen marido, un buen padre y un pilar de la comunidad?

Y aquí fue donde sus habilidades de abogacía le fueron de utilidad: es cierto que la ley no puede evadirse, pero son las circunstancias, más que el estricto apego a las restricciones legales, las que determinan la culpabilidad o responsabilidad fiduciaria, como había argumentado en un proceso civil tras otro. En su situación en particular, el contrato matrimonial era válido por decreto: pero él podía tener sus novias siempre y cuando cumpliera con sus responsabilidades maritales, filiales y comunitarias al pie de la letra. ¿Y por qué no? Sus infidelidades nunca habían lastimado a nadie y, además, Rosa Esther había empezado a negarle sus derechos conyugales.

Y además le juró fidelidad a Maryam.

Guillermo abre los ojos y sonríe ante su inteligencia. Guatemala es un país en el que el apego a la ley, a la familia y a la religión es lo que más importa, como coinciden la Iglesia y el Estado. Todo líder político habla acerca de la conservación del tejido social. Cuarenta y cuatro años de conflicto armado pueden neutralizarse con un documento que insiste en estatutos constitucionales que nunca se han honrado ni remotamente. ¿Honrarlos para quién? Los *Acuerdos de Paz* habrían de marcar el retorno a la estabilidad social: los militares renuncian al poder y regresan a sus cuarteles; las fracturadas familias indígenas con miles de familiares muertos regresan a trabajar la tierra cultivable cerca de los pueblos que ya no existen; los guerrilleros deponen sus armas para asistir a escuelas técnicas donde pueden aprender a afinar autos o a unir alambres eléctricos; los huérfanos drogados renuncian a sus cuchillos y pistolas para voluntariamente alimentar a los paralíticos de los centros médicos de todo el país.

Voltea la cabeza hacia la mesa de noche donde el reloj marca las once y algo. Ya debería levantarse, pero piensa:

*Mi vida es una desgracia: no tengo nada por qué vivir. Hasta Braulio se burla de mí. Antes de que asesinaran a Maryam y a su padre, ella iba a abandonar a su esposo Samir para irse a vivir conmigo. Íbamos a hacer miles de cosas juntos; caminar por playas, escalar volcanes, quedarnos en cama todo el día y beber y hacer el amor. Todo destruido por una bola de fuego. Y desde entonces he perdido clientes como si fueran perlas que se caen de un collar. Mi madre y, en especial, mi padre, se avergonzarían de mi ineptitud. Rosa Esther está feliz en la Ciudad de México, lejos de mí, y a mis hijos ya no les importa si estoy vivo o muerto. ¿Y por qué habría de importarles?*

Un sudor como el agua en las paredes de una cueva cubre la cara de Guillermo. Tan pronto como se levanta, se marea, por lo que decide irse a gatas hasta el baño. Su corazón late fuertemente en su pecho. Cuando llega al inodoro, su boca se abre y un torrente de alcohol y de todos los trozos de su cruel e indigesta vida se derrama dentro de la blanca taza de cerámica.

Se acerca el mediodía de un domingo cualquiera. ¿Cuándo va a dejar de maltratarse hasta perder el conocimiento?

Desde algún lugar fuera del edificio escucha a tres o cuatro niños que cantan *Humpty Dumpty* en inglés y eso le despierta las ganas de llorar.

Vuelve a vomitar, temblando, seguro de que éste es el momento para que todos los caballos y todos los hombres del rey se unan para rearmar el rompecabezas de su vida.

Tal vez sea demasiado tarde. El nudo que tiene en el estómago no cede. Todo su cuerpo está temblando y siente una pinza que se aprieta alrededor de sus intestinos. Vomita una vez más y después suelta un alarido.

Ya no va a resistirse. Va a hacer exactamente lo que Miguel Paredes quiere que haga aunque eso signifique que no estará presente para ver cómo explota el mundo.

Que empiece la fiesta.

## 1
## Se venden lámparas

Todas las tardes después de clases en el Colegio Americano de Vista Hermosa, Guillermo consigue que sus amigos con carro y chofer le den un aventón al centro. Los dejan en el Portal del Comercio entre las oleadas contaminantes de autobuses públicos y se abren paso entre los puestos de ropa y juguetes baratos a ambos lados del pasaje comercial hasta la Farmacia Klee y el almacén El Cairo, donde inicia su paseo. Caminan por toda la 6ª Avenida hasta la Iglesia de San Francisco viendo al interior de escaparates y cafés en espera de ver a alguna de sus compañeras de clases tomando un refresco o un helado en alguno de los establecimientos al aire libre. Si después de un par de cuadras no han encontrado a ninguna, buscan una mesa de ventana en algún restaurantillo cualquiera para tomarse una cerveza, platicar y hablar de los demás; para ver y que los vean.

Las niñas realmente ricas se aposentan en el Café París, en el Restaurante Peñalba o en L'Bonbonniere cerca del Hotel Panamericano; beben grandes refrescos a través de pajillas que flotan al principio, pero que después se hunden para perderse por toda la eternidad. Son una versión más esbelta y elegante de sus madres, muchas de las cuales ahora usan Reeboks y ropa deportiva cuando van al centro. Los muchachos —con sus pantalones Farah, camisas Gant y zapatos de vestir— son versiones más jóvenes de sus padres comerciantes, pero sin sus bigotes.

A los muchachos en el grupo de Guillermo les gusta ir al Fu Lu Sho porque está en penumbras y la comida es barata. El restaurante es angular con mesitas redondas y gabinetes tapizados de rojo. Todos los chicos se sienten como si fueran la gran cosa por cerca de una hora, pero las muchachas nunca entran porque no están interesadas en niños que juegan a que sus padres no tienen dinero. Después, por ahí de las cinco de la tarde, salen disparados para verse con sus madres o padres, o con algún tío o tía, que les da un jalón a casa a Los Arcos o a Vista Hermosa o a la Simeón Cañas, que es donde viven. Ahora, mientras esperan a graduarse, ésa es la rutina diaria.

Guillermo se queda hasta después de las cinco porque se va a casa con su padre, que cierra su tienda de lámparas, La Candelaria, a las seis en punto. Por una hora le toca ver a las secretarias y estenógrafas que trabajan en alguno de los negocios del Edificio Engel bajar a tomarse una Fanta cuando las dejan salir a las cinco. Fantasea con conquistar a alguna que tal vez quiera acompañarlo a comer unos tacos chinos y una cerveza. Se le queda viendo al escote que se asoma por encima de sus vestidos floreados de dacrón. Se atan suéteres de acrílico alrededor de los hombros para protegerse del frío aire nocturno; a Guillermo le fascinan sus oscuras y contorneadas piernas, sus baratos zapatos de tacón, sus labios rojos con demasiado brillo. Si tan sólo lo miraran: pero estas mujeres mayores ni siquiera saben que existen muchachos de secundaria.

Los viernes son distintos. Guillermo y sus amigos se apresuran al centro para ver la función de las cuatro en el Lux —la última película de Paul Newman o Robert Redford— o van al Centro Capitol a jugar videojuegos bajo una bruma de humo de cigarros.

En marzo conoce a Perla Cortés en La Juguetería. Él está allí para comprar un nuevo balón de futbol y ella quiere comprarle un camión de volteo de plástico a su hermanito menor. Es una *chica de barrio* (el término que se usa para alguien cuyos padres no son adinerados) que está cursando el décimo grado en el Inglés Americano, un bachillerato de segunda. Platican, van por una *mixta* y una Coca al Frankfurt y, de inmediato, Perla se convierte en su primera novia en serio. Empiezan a verse los viernes para ir al cine ya que su mamá trabajaba como enfermera hasta las seis de la tarde en el Hospital Cedros de Líbano en la esquina de la 8ª Avenida y 2ª Calle. La lleva al Cine París y compra butacas en luneta, siempre cerca del fondo, donde puede abrazarla.

En su primera cita, mientras están mostrando los créditos, accidentalmente roza uno de sus firmes pechos cuando empieza a levantarse. Ella responde con un ronroneo, lo jala hacia abajo y se le acurruca. Él empieza a sentirse erecto y pone una mano en su pierna izquierda. Ella felizmente la toma y la lleva hasta su ropa interior para que pueda sentir lo mojada que está. Abre las piernas y coloca su mano por debajo del resorte hasta su pubis. Guía su índice a su interior y empieza a retorcerse y a agitarse mientras emite pequeños chillidos. En algún momento, le saca el pene de los pantalones y lo acaricia hasta que él se viene, principalmente sobre el piso del cine.

Tres de sus citas terminan igual.

Pero en la ocasión en que los pantalones de Guillermo se convierten en el blanco de su semen, decide que ya no puede seguir viendo a Perla. El sexo se siente demasiado mecánico y él simplemente no puede aceptar que ella haya iniciado el preámbulo erótico y que esté al mando.

Llega tarde a la tienda de su papá, con las faldas de la camisa de fuera.

Es la última vez que están juntos.

—Quiero que empieces a trabajar conmigo, Guillermito —nada podía hacer más feliz a Günter Rosensweig que tener a su hijo como controlador financiero de La Candelaria, en la 7ª Avenida, a sólo dos cuadras de El Portal y de la Catedral. Su hija se enamoró de una mujer y está viviendo en San Francisco.

—Mi único hijo trabajando junto a mí.

—Papá, no quiero hablar de eso ahorita.

Se encontraban en casa y era domingo, una semana después de Pascuas. Si alguien resucitó ocho días antes hace miles de años, Guillermo no lo sabe. Acaba de terminar de comer y su madre se encuentra en la cocina espetándole órdenes a la nueva sirvienta. Tiene que huir al piso de arriba, escapar, hacer lo que sea menos discutir su futuro trabajo con su padre.

—Tengo que estudiar para mis exámenes finales.

Günter sonríe orgulloso. Puede imaginarse a su hijo, inclinado por las matemáticas, supervisando las ventas y llevando los libros mientras él sigue atendiendo personalmente a los clientes, como siempre lo ha hecho, para facilitar sus compras.

—Me serías de enorme ayuda. Sabes lo bien que me cae Carlos, pero no quiero que herede la tienda.

—¡Papá! —grita su hijo con desesperación. Su padre tiene una cara redonda llena de pecas y ralo cabello pelirrojo peinado hacia atrás. Siempre tiene el ceño fruncido y sus ojos contemplan el mundo con verdadera y eterna expectación: de agradar a los demás, de concluir una venta, de querer que el mundo se acomida a sus deseos. Sus ojos brillan con voracidad esperanzada.

—No voy a vivir para siempre.

Dos años antes había padecido un infarto que casi lo mata. Guillermo sabe que indudablemente mataría a su padre tener que dejarle el negocio a Carlos, su empleado más leal.

Sabe que lo está provocando y normalmente responde diciendo que algún día se hará cargo de la tienda. Su padre es el amo del chantaje emocional. Pero por una vez, Guillermo no responde.

—Nunca quieres hablar de ello —lo presiona Günter.

—Ahora no —dice Guillermo mientras se levanta. Se siente agradecido de que se parece a su madre, con sus oscuros rasgos rumanos y su introvertida forma de ser. Si se pareciera a su padre, terminaría jugando ajedrez a diario con un grupo de amigos engafados y comiendo pepinillos en salmuera. No tienen nada en común.

—No quieres hablar de ello ahorita, ¿entonces cuándo? Dame una fecha. ¿Qué tal la semana que entra después del fin de clases...?

—Eso es demasiado pronto —responde sin darse vuelta—. Podemos hablar después del verano. Ya hice planes de graduación con mis amigos.

—¿Cómo? ¿Quieres ir a fiestas y despertarte tarde? —oye a su padre moviéndose en su silla, levantándose—. ¡Quiero que trabajes conmigo! —cacarea como gallo.

Ésa es la fantasía de su padre: tener a su hijo junto a él aunque sea por unos cuantos meses. Es culpa de Guillermo por no haberse inscrito al ciclo de otoño de la universidad. Günter no tiene ilusión alguna de que su hijo se encargue del negocio de manera permanente; cierto, se apretó el cinturón y ahorró durante años pero, de igual manera, Günter sabe que cuando muera o se jubile, venderá la tienda antes que dejársela a Carlos. Sabe que es imposible lograr que su hijo haga cualquier otra cosa que no sea pasársela con sus amigos.

—Lárgate a estudiar —dice enojado, con el conocimiento de que él y su esposa han errado el camino al criar a su hijo como lo han hecho, consintiéndolo. Guillermo ya va a la mitad de las escaleras que conducen al nido de águilas donde vive, come papas fritas y sueña, alejado de todos sin escuchar a nadie.

Cuando Guillermo se gradúa del bachillerato en algún lugar intermedio de su generación, su padre vuelve a empezar a atosigarlo para que trabaje en la tienda. Espera que todas las actividades extramuros y de fin de semana lleguen a su fin.

—Entonces, ¿cuándo empiezas, hijo?

—¡Papá! ¿Ya se te olvidaron mis viajes de fin de cursos?

—¿Qué?

—¡Los viajes, las fiestas! La semana que entra me voy a esquiar a los canales de Likín. Además, ¡Rosario nos invitó a una parrillada de fin de semana en la casa de su familia en San Lucas! Y Guillermo...

—¡Tú eres Guillermo!

—Mi amigo Guillermo Contreras —dice, exasperado con su padre, que nunca oye nada de lo que dice y no se sabe siquiera uno solo de los nombres de sus amigos— invitó a todos los de la clase a su yate para nadar y tirarse unos clavados en Río Dulce. Y Mario y Nora ya organizaron una expedición de espeleología...

—¿Espeleología? ¡Habla en español!

—Exploración de cuevas. A las cavernas afuera de Quetzaltenango —Guillermo está convencido de que su padre no sabe nada que no tenga que ver con colgar o reparar lámparas. Nunca ha viajado a Tikal ni a Quiriguá. Cree que Cobán y Copán son el mismo lugar. Cuando menciona el trabajo que puede que realice en septiembre como excavador voluntario para la Universidad de Pensilvania en alguno de los sitios arqueológicos cerca de Uaxactún, Tikal o Piedras Negras, su padre se queda en blanco.

—Eso es lo que quiero hacer; todos mis amigos van a empezar sus estudios en agosto. Yo puedo vivir en una tienda de campaña en el Petén y trabajar con un equipo.

—¿En la selva? ¿Con una pala en las manos?

—Sí, tal vez descubramos una pirámide nueva.

—¿Y La Candelaria?

—En otoño, papá.

Su padre sacude la cabeza. Sabe que tan pronto llegue septiembre, su hijo inventará otra excusa más para no trabajar con él. No puede comprender por qué Guillermo haría lo que fuera para evitar trabajar en la tienda de lámparas.

Para mediados de agosto, los viajes se acaban y sus amigos del bachillerato se están preparando para empezar la universidad. No los va a extrañar; únicamente a su mejor amigo Juancho. A Guillermo se le agotan las excusas para no trabajar en La Candelaria. Dado que estudió contabilidad y matemáticas financieras en el bachillerato, tiene sentido que trabaje con Carlos, el contador, en la oficina con paredes de vidrio que está suspendida sobre el piso de ventas.

Carlos tiene grandes orejas caídas, ojos como los de un topo y un aliento agrio por tantos cigarros Chesterfield. Para huir de las nubes de humo, Guillermo se la pasa bajando las escaleras de caracol para tomar taza tras taza de café en El Cafetal.

—Estoy tan orgulloso de que estés aquí, conmigo. Esto no lo podría esperar de tu hermana.

No hay nada de la tienda de su padre que agrade a Guillermo. Es un largo túnel con cientos de lámparas, algunas prendidas y otras apagadas, que penden de ganchos colocados en el techo. La tienda no tiene orden alguno ni, por cierto, ningún tipo de estética. Simplemente es un desorden de lámparas colgantes con otras de pie que, apelotonadas, forman un pequeño bosque cerca del fondo, junto al baño. A lo largo de uno de los lados de la tienda, hay un aparador donde se encuentran las lámparas de mesa más chicas. Aníbal, el guardia de seguridad, camina por la tienda como si fuera el Rey Neptuno con su tridente; en realidad, es un palo con un gancho que sirve para bajar cualquiera que sea la lámpara que algún cliente desee ver más de cerca en el mostrador.

—Vender lámparas es un arte —le dice su padre—. Es un arte definido por lo práctico, ya que las lámparas tienen una función tanto estética, como utilitaria. Aprenderás cómo es que las pantallas determinan la cantidad de luz que se filtra a la habitación. Los clientes necesitan saber cómo funcionan los apagadores y si aceptan focos de diversas intensidades y colores o un solo tipo de foco.

—¡Todo eso ya lo sé, papá! Me has estado diciendo lo mismo desde que tenía cinco años.

Su padre lo ignora; necesita seguir dando discursos.

—¿Quieren cableado barato recubierto de plástico o cables forrados de seda? Las lámparas cuelgan, se asientan sobre las superficies, se asoman de las esquinas, se adosan a las paredes como los arbotantes o los faroles; su luz inunda, enfoca o baña desde arriba, desde abajo o de los lados.

Guillermo afirma con la cabeza, pero eso únicamente alienta a su padre a seguir.

—Las pantallas pueden ser cónicas, redondas como calabazas o vivaces como linternas chinas. Pueden ser translúcidas o prácticamente transparentes. El cliente debe decidir.

Para su padre, la compra de una araña para la sala o de una lámpara para la recámara, el comedor o el estudio es una decisión importantísima, equivalente a comprar un sofá, mesas laterales, un escritorio, un refrigerador o, incluso, un auto. Las necesidades del cliente deben satisfacerse para que nunca se dé la situación de que se regrese la lámpara *dentro de los primeros siete días para un reembolso completo* que, por supuesto, implicaría todo un desastre ya que la lámpara no puede revenderse como nueva.

Su padre se rehúsa a instituir una política de *No se aceptan devoluciones*. Es la personificación misma de la ética del pequeño comerciante y se esmera por servir a sus clientes de manera honrada y eficiente, y por garantizar su satisfacción.

Aunque Guillermo lo admira por ello, no quiere terminar sus días como vendedor de lámparas. Es demasiado degradante.

Günter Rosensweig llegó de Alemania a Guatemala sin un quinto a principio de la década de los cincuenta. Tenía una que otra gota de sangre judía, casi nada, y la imposibilidad de rastrearla, a pesar de su apellido, había permitido que su propio padre prosiguiera con su negocio de contaduría en Frankfurt durante los años de guerra, al tiempo que se llevaban a muchos de sus asociados judíos a los campos de concentración. También sirvió que había un afamado Conde Rosensweig que vivía en un castillo en Ardsberg, cerca de Múnich, un importante terrateniente que declaró divinamente a la prensa que *el mejor judío es el judío muerto*; este dicho del Conde Rosensweig era popular entre otros alemanes y se citaba ampliamente.

Salvó a su padre y a su madre.

Günter evitó el servicio militar porque era asmático y tenía un soplo en el corazón. Los años de la posguerra en Alemania habían sido difíciles y desordenados, y no tenía razón para quedarse a ayudar a sus compatriotas en la reconstrucción. Sus padres habían fallecido, no tenía hermanos ni hermanas y se vio impulsado por el deseo de emigrar al nuevo continente, lejos del caos de Europa.

Tiene una cara de luna pecosa común y corriente sin nada que la distinga. Las viejas fotografías revelan que en alguna época fue más alto y relativamente apuesto. Éste es el hombre que su madre, Lillian, una belleza de pelo oscuro, proveniente de Cobán, debe haber conocido. Su padre rumano había sido cultivador de cardamomo y su madre una maya de Rabinal. Lillian era varios centímetros más alta que su marido y tenía un rostro atractivo con ojos cafés que, aunque no parecían inteligentes, ciertamente eran seductores. El que hayan terminado juntos era todo un misterio, incluso para Guillermo, quien sentía que alguien había mezclado las piezas de dos rompecabezas distintos por accidente: el de una comadreja con el de un jaguarondi, por ejemplo. Guillermo se parecía a su madre; la gente decía que había brotado de Lillian por generación espontánea, sin ninguno de los rasgos genéticos de su padre. Su hermana Michelle tenía la cara redonda y el ralo cabello rojizo de su padre; nunca sería atractiva, como afirmaba todo el mundo, pero con sus oscuros e inquietantes ojos, Guillermo sería un rompecorazones.

Günter tenía 23 años cuando comenzó a trabajar en la tienda de lámparas de Abraham Sachs en la 7ª Avenida y pronto se convirtió en su asociado. Dos años más tarde, después de su boda con Lillian, Abraham falleció a causa de una hemorragia cerebral cuando una lámpara de 20 kg cayó sobre su cabeza. Al no tener descendientes, Günter había heredado la tienda. Un verdadero regalo de Dios.

Pero esos regalos no necesariamente se prolongan a la segunda generación. La solicitud de Guillermo para participar en la excavación no se acepta y no tiene más remedio que unírsele a su padre aunque piense que la tienda de lámparas es una penitenciaría.

Tan pronto como empieza a trabajar allí a mediados de septiembre, Guillermo empieza a inventar todo tipo de excusas para no acompañar a su padre a la hora de entrada de las ocho y media de la mañana. *No pude dormir anoche, me duele la cabeza.* Toma el autobús por su cuenta y llega alrededor de las diez, justo a tiempo para ir a El Cafetal por café y donas.

Günter no regaña a su hijo; y además, no tiene idea de su sufrimiento. Después de seis semanas de trabajar o, más bien, de no hacerlo, Guillermo le confiesa su infelicidad.

—La tienda me está matando, papá. Trabajar con Carlos me está dando cáncer de pulmón.

—¿Y qué preferirías hacer, hijo? ¿Qué te parecería acompañarme en la planta baja para ayudarme con las ventas?

Guillermo frunce el ceño. Si trabajar con Carlos es una sentencia de por vida sin libertad condicional, trabajar con su padre y con las mujeres gordas y mal vestidas de 45 años con sus desgastados zapatos negros sería una sentencia de muerte. Todas usan delantales con estampado de cachemir y dependen de Aníbal que con su tridente baja las lámparas para los clientes de entre el llamativo y caótico cielo iluminado. Y tendría que escuchar los discursos de venta de su padre, que siempre le han producido vergüenza. Además, tendría que usar una bata azul arriba de su traje desde las nueve de la mañana y hasta las seis de la tarde. ¿Qué tal que alguno de los padres de sus amigos o, peor aún, alguno de sus antiguos compañeros de clase lo viera así?

La Candelaria parece un circo de tres pistas.

«No encontrará nada mejor ni más barato en toda Guatemala» o «Le puedo vender la lámpara en abonos; sólo cinco quetzales al mes. Pero, por favor, no se lo diga a nadie o todo el mundo querrá el mismo trato» dice su padre, siempre alejándose del cliente. Sabe que antes de que haya caminado un metro, lo llamarán de vuelta para que les explique los términos. Levantándose de hombros, se pone sus manchados lentes para leer y va y saca el libro de ventas café que tiene junto a la registradora.

Empiezan los cálculos:

—Le puedo reducir otro 10%, pero no se la puedo vender por debajo del costo —suspira—. Ésta no es forma de hacer negocios, pero está bien. Mis chicas se harán cargo de los detalles —dice, sentándose en un banquito o yéndose para hablar o regatear con otro cliente.

Todo eso es una simple estratagema, tan simple que enloquece a Guillermo. Se hace la venta. Las mujeres de delantal con los gastados zapatos negros empacan la lámpara en una caja o hacen el papelerío para su posterior recolección o entrega.

La Candelaria es la única tienda de lámparas que queda en el centro de la ciudad de Guatemala. La Zona Uno se está volviendo cada vez más peligrosa, menos concurrida y más descuidada a medida que pasan los meses. Tal vez el terremoto de 1976, cuando cientos de los viejos edificios coloniales simplemente se vinieron abajo, fue el principio del fin. Para 1980, cuando Guillermo cumple los 18 años, ya se ha visto desplazada por tiendas de lámparas en centros comerciales fuera del centro de la ciudad que no sólo ofrecen lámparas, aunque con una selección más limitada, y pequeños aparatos eléctricos, sino que también incluyen cafés, restaurantes y tiendas cercanas en un entorno más atractivo con estacionamiento ilimitado. Guillermo le dice a su padre que debería abrir otra tienda en la Zona 9 o en la 14, pero desecha la idea por completo: la gente siempre acudirá al centro para ir de compras. Así ha sido desde hace treinta años.

El ruido, el humo, el calor y el tráfico son cada vez más horripilantes. Las calles alguna vez elegantes se han convertido en cloacas para las docenas de puestos improvisados frente a los negocios cerrados que no permiten el paso de los peatones en las calles del centro.

Günter afirma:

—Creo que estarías más feliz si trabajaras acá abajo conmigo.

Los ojos de Guillermo se llenan de lágrimas. ¿Qué está haciendo en Guatemala? Todos sus amigos se han ido y le están dando la opción de elegir entre respirar el rancio humo de los cigarrillos de arriba, fuera de vista, o de trabajar en el piso, donde alguno de los padres de cualquiera de sus amigos podría verlo.

—No voy a poder. Me moriría.

Su padre no sabe cómo reaccionar. Debería molestarle que Guillermo no quiera trabajar con él, pero lo que finalmente lo destroza es ver a su hijo tan deprimido. Trata de pensar en algo que lo hará feliz.

—¿Y qué tal si te dedicas a las entregas?

Guillermo se limpia las lágrimas de los ojos y sonríe débilmente.

De modo que durante octubre Guillermo maneja una vieja furgoneta Volkswagen y entrega lámparas y arañas a domicilios particulares. A veces se detiene en Zona Viva para tomarse un café o en alguna fondita para beberse una cerveza. Extraña a Juancho con toda el alma. Por lo menos, mientras maneja, ve la luz y los pinos, a la gente y a las nubes. Detecta el paso del tiempo, pero de una manera que lo hace sentir vivo en lugar de abandonado.

Ve cómo la ciudad de Guatemala se está poblando cada vez más con indios pobres que se aglomeran en las calles y que hacen que conducir sea peligroso. Culpa al gobierno por no juntarlos y encerrarlos en campos de trabajo y por permitir desde un principio que las guerrillas tomaran el control de las montañas.

Está cegado por la furia y no siente lástima por nadie más que por sí mismo.

La peor parte de manejar la furgoneta es hacer entregas a las casas de amigos que se han marchado a la universidad: ruega que pueda dejar sus cajas con una sirvienta o mozo, pero de vez en cuando se tiene que topar con alguno de los padres y tiene que explicar qué es lo que está haciendo...

Para diciembre, sus padres están desconsolados. Guillermo no puede manejar una furgoneta por el resto de sus días, ¿o sí?

Deciden hacerle un regalo generoso: dinero suficiente para recorrer las principales ciudades de Europa durante los próximos cuatro meses. No viajará en primera, pero al menos estará en otro ambiente; y se estará haciendo cargo de sí mismo.

## 2
## Del Louvre al cultivo de alcachofas

No acepta el dinero para satisfacer los sueños de sus padres, sino por la esperanza de que caminar por las amplias avenidas de París y Madrid, visitar los grandes museos de Roma y Londres, o pararse sobre los diques en Holanda lo ilumine de alguna manera en cuanto a lo que debería hacer con su vida. Cree que después de ver *Las Meninas* de Velázquez o el *Moisés* de Miguel Ángel o, incluso, de visitar la Cervecería Heineken en Ámsterdam despertará una soleada mañana y verá su vida futura desplegada ante sus ojos.

Pero Europa no hace gran cosa por él. Todos los días despierta de un humor fétido y con una erección que a veces remedia y a veces no porque hay demasiados otros chicos en las mismas circunstancias acostados en camastros cercanos en los albergues juveniles donde se está quedando. Añora el aislamiento de su habitación en la casa de sus padres.

Se siente terriblemente desolado. Observa que otros excursionistas logran reunirse por un tiempo, viajar juntos, pero por alguna razón él es incapaz de volverse parte de algún grupo. Es un lobo solitario. Se percata de que su lenguaje corporal les indica a los demás que es inaccesible e insociable. Recuerda su mes con Perla Cortés y desea poder encontrar a alguien como ella aquí en Europa; alguien a quien abrazar aunque sea ella quien defina los términos de sus relaciones sexuales.

Siempre que siente la necesidad, que es casi cada tres o cuatro días, visita la Zona Roja de la ciudad en la que está. Disfruta el poder que le otorga el dinero. El sexo es seguro y barato en Europa, aunque en Barcelona encuentra docenas de puntitos negros que se mueven en sus calzoncillos además de experimentar una comezón enloquecedora. Imagina que ha contraído sífilis y va a una clínica del Barrio Gótico que le sugiere el administrador del albergue. Una enfermera lo examina con manos enguantadas y le informa que está infestado de ladillas: durante seis noches consecutivas tiene que dormir con una preparación espumosa en los genitales y abstenerse de tener sexo.

Esto lo afecta un poco, pero ahora es un sobreviviente, una especie de veterano de guerra después de la infestación.

Desarrolla una estrategia única para cada ciudad a la que llega. Visita todos los sitios turísticos de rigor y, a fin de sentirse único y especial, busca un museo o parque mencionado en la *Guía de Europa a bajo precio* de Frommer, pero que rara vez visitan las legiones habituales de turistas y, ciertamente, ninguno de los chicos de su misma edad. En Roma es la Villa Borghese, con sus enormes jardines y maravillosas esculturas de Canova; en París es el Marmottan, donde cuelgan los gigantescos cuadros de lirios acuáticos que Monet pintó en Giverny cerca del final de su vida; en Florencia visita la Capilla Brancacci de la Iglesia de Santa María del Carmine donde la impactante *Expulsión* de Masaccio hace que Guillermo se sienta perfectamente en casa con su representación del exilio; y en Madrid son los oscuros dibujos de Goya en el Museo del Prado. Desde las bancas de parque frente a estos museos, envía postales para sus padres a Vista Hermosa, Guatemala, para su amigo Juancho a Tempe, Arizona, y para su hermana Michelle, quien ha decidido estudiar una maestría en Educación en la Universidad Estatal de San Francisco.

En cada nueva ciudad, Guillermo religiosamente visita la oficina de American Express en espera de noticias de casa. Recibe una carta de su madre en la que se entera de que sus padres están evaluando la idea de mudarse de Vista Hermosa a una comunidad cerrada en el área de Los Próceres a causa de la creciente violencia del país. Su hermana nerviosamente le confiesa que le gustan las mujeres, qué sorpresa, y que ha empezado a explorar su recientemente declarada identidad lésbica con su nueva novia, Marcela, que viene de México. De su padre oye que los guerrilleros están haciendo avances entre la población maya de la montaña y, de su mejor amigo Juancho se entera que siente tanta añoranza que va a abandonar sus estudios en Arizona para estudiar administración de empresas en la Universidad Marroquín que acaba de abrir la élite empresarial de Guatemala para enfrentarse a la cada vez más radical Universidad de San Carlos.

Guillermo siente que Guatemala está cambiando frente a sus ojos mientras que él estúpidamente persiste en visitar nuevas ciudades y museos. Se siente solo y nada le gustaría más que regresar a casa, pero se siente obligado a completar su estancia de cuatro meses en Europa.

Para finalizar sus travesías, pide jalón por el sur de Francia y duerme en hoteles de siete dólares la noche. Tiene el dinero para hacerlo y de esta manera evita las dolorosas estancias en los albergues juveniles donde cada vez se siente más socialmente inepto. Visita Aviñón, Arles, St. Remy, Les Baux y Aix en Provence sin hablar con nadie, pero consiguiendo hacerse una idea de por qué el Viejo Mundo es lo que es: viejo. Se siente encantado por las ruinas, sarcófagos y acueductos romanos que encuentra en el sur de Francia: no sabe exactamente por qué, pero tal vez tenga que ver con el marcado contraste que tienen con la belleza del paisaje. Es una primavera inusualmente cálida y su nariz se sensibiliza al aroma de la lavanda y del tomillo fresco que se abren paso a través de la tierra. Ve árboles donde hay tulipanes que crecen por encima de sus copas.

Y en los pueblos y aldeas más pequeñas de Provenza, deja de buscar burdeles porque no quiere volver a llenarse de ladillas o contraer algo peor: está feliz masturbándose en la cama, con un papel de baño a su lado, imaginándose que le baja la lencería a Perla y la deja recibir en su interior la carga entera de su esperma, que por tradición terminaba en el piso del cine.

En abril, mientras que el calor del verano empieza a hacerse sentir en la calles de París, Guillermo vuela a casa, al hogar que ha conocido desde niño. Después de contarles sus diversas aventuras a sus padres, aunque evidentemente no las de índole sexual, vuelve a convertirse en el zángano de la casa, ocupando el departamentito que se construyó para él cuando tenía 14 años y les había rogado a sus padres que le dieran la privacidad que no podía tener a causa de la presencia de su hermana mayor. Es su castillo, su aviario, el cubil donde puede escuchar sus grabaciones de Nat King Cole y Andy Williams, ojear libros de fotografía y subir a escondidas el *Playboy* que compra en un puesto de revistas de El Portal para manosearse en paz. Y es algo que hace mucho; aunque con más furia que placer.

Finalmente, después de semanas de vagancia por parte de su hijo, Günter vuelve a ascender por las escaleras hasta su cuarto. Günter ha envejecido con rapidez y Guillermo se pregunta si no estará enfermo. Le hace la pregunta que tanto le gusta:

—¿Guillermo, qué vas a hacer con tu vida?

—No sé, papá —responde su hijo sin chistar.

Su padre mira hacia la ropa apilada en las esquinas de la habitación, a los montones de revistas. Le cuesta mucho trabajo, pero le dice en una voz aguda:

—Quiero que te hagas cargo de La Candelaria. Me quiero jubilar —dice esto sin la más mínima expectativa de que su hijo se preste a hacerlo.

El corazón de Guillermo se hunde en su pecho. Finalmente reconoce que al igual que él no comprende lo que motiva a su padre, éste no lo comprende a él en lo más mínimo.

—Quiero hacer algo yo mismo, papá. Dejar huella. Tal vez dedicarme a la agricultura.

Esto es noticia para Günter. Casi no puede articular palabra.

—¿Agricultura? ¿Y hacer qué? ¿Cultivar coles?

—De hecho, estaba pensando en alcachofas —dice Guillermo, recordando lo deliciosas que habían sido en Francia, sus carnosas hojas bañadas en una cálida salsa de aceite, albahaca y ajo. Jamás en su vida ha visto una alcachofa en Guatemala, pero está seguro de que podrían crecer aquí. Tal vez no en abundancia y seguramente jamás se verían en la mesa de su padre, pero la tierra y el clima serían apropiados para generar cosechas abundantes.

—¿Eso es lo que sacaste de tu viaje de tres meses por Europa? —su padre tiene el ceño fruncido. El cabello rojizo se está tornando gris—. ¿Que quieres cultivar alcachofas?

—Fueron cuatro meses.

Su padre lo mira furioso y con una cara de cansancio.

—Muy bien, cuatro. ¿Qué diferencia hace? ¿Vas a París, a Londres y a Ámsterdam y se te ilumina la cabeza con que quieres ser agricultor y ensuciarte las manos?

—No quiero terminar en una oficina —dice, recordando a Carlos y evitando hacer un chiste relacionado con la iluminación de su cabeza y la tienda de lámparas de su padre—. Y no sirvo para vender.

—No puede decir la palabra lámparas. Es humillante conducir a los clientes a los saldos que han estado coleccionando polvo por años y decirles que son el último grito de la moda.

—¿Y qué tal si estudias algo que valga la pena? En lugar de plantar alcachofas, ¿qué tal el negocio del cultivo de las alcachofas? Que alguien más las plante. —Recuerda el sueño disparatado de su hijo de trabajar en un sitio arqueológico en medio de la selva guatemalteca.

—¿Agronomía?

—No sé cómo se llame. Se trata de poner comida en la mesa: agricultura, distribución, ventas. Lo que sea con tal de no verte plantando semillas en la tierra y usando una pala.

De vez en cuando, al viejo se le ocurren buenas ideas, tiene que admitir Guillermo.

—No me molestaría ser un agricultor acaudalado, papá.

—¿Y eso es lo que aprendiste en Europa? —lo sigue acosando Günter, regresando a la vieja cantaleta—. ¿Que aborreces trabajar para mantenerte? ¿Que preferirías ser un caballero granjero en lugar de hacerte cargo de un próspero negocio que desarrolló tu papá?

Guillermo no quiere pelear con su padre.

—No es que aborrezca la pobreza, simplemente no quiero vivir en ella. Los pobres me enferman.

—Así que ahora entiendo por qué tenemos a los indios y a los guerrilleros peleando juntos en las montañas de Guatemala... No quieres estudiar en Estados Unidos y sientes que Europa es un cansado continente con un montón de museos. ¿Es eso lo que piensas?

—Europa es peor que Guatemala —le dice a su padre—. Al menos aquí hay una esperanza de cambio. Allá sólo quedan fósiles.

Günter Rosensweig está exasperado. Se da la media vuelta y empieza a alejarse con los hombros caídos como hace cuando se aleja de un cliente y cree que el gesto podría resultar en una venta. Por desgracia, en esta ocasión, no hay venta que divisar. Y el cliente no le pedirá que regrese.

—No quiero usar delantal todos los días —oye decir a su hijo con la voz entrecortada.

Günter se da vuelta. Guillermo está conteniendo la respiración. Una vez más, tiene lágrimas en los ojos. El padre comprende cómo es que su hijo lo ve: vestido como una sirvienta.

—Ven aquí, hijo.

Guillermo corre a los brazos abiertos de Günter. Durante meses ha estado reprimiendo su frustración, su sensación de fracaso absoluto. Odia sus emociones y se promete que nunca será tan débil como para volver a depender de nadie. No quiere herir a su padre y realmente no es un sádico, pero no quiere estar atrapado por el resto de su vida, con un cañón de escopeta por la espalda al tener que hacer algo que le es más repelente que la mierda de perro o que el semen seco.

Günter acaricia la cabeza de su hijo mientras fluye el torrente de sus lágrimas. Ambos están llorando, pero por razones diferentes. Guillermo quiere detenerse, pero no puede hacerlo. Tal vez sea por el esfuerzo de decirle a su propio padre que piensa que el trabajo que hace es humillante o porque han pasado meses desde que otro ser humano lo ha tocado con algo parecido al amor.

Es 1980 y son tiempos peligrosos en Guatemala. La mayoría de los amigos de bachillerato de Guillermo deciden quedarse en el extranjero tomando cursos, trabajando o viajando el resto del verano. Se les recomienda que no regresen a casa. Sus padres tienen que quedarse a atender sus tiendas o negocios y arriesgarse a que los secuestren, pero ¿por qué habrían de poner a sus hijos en peligro? Secuestran a la madre de un amigo del Colegio Americano y cuando su familia no paga el rescate de un millón de dólares con la celeridad necesaria, le disparan cinco veces y la dejan al lado de la carretera cercana a Chimaltenango, con todas sus joyas intactas.

El mensaje es más que claro: paguen, paguen como deben, o mueran.

Guillermo cumple los 19 años y el Presidente Lucas García afirma que el país nunca ha estado más seguro. Ésa es una verdadera estupidez. Hablar del orden y del gobierno de la ley, como si la historia alguna vez hubiera sido civilizada. Guillermo recuerda que la Edad de Oro Clásica de los mayas del siglo VII se caracterizó por una jerarquía despiadada, por la superstición y por la extirpación de corazones que seguían latiendo; sin mencionar la esclavitud y las guerras constantes. Y los romanos y galos habían conducido a miles de sus soldados a morir en combates inútiles.

Había sido una carnicería en aquel entonces y seguía siéndolo. En la ciudad de Guatemala, los empresarios estaban contratando a muchachos de 20 años con rifles automáticos, cortes de pelo estilo militar e impresionantes musculaturas que determinaban quién habría de vivir y quién de morir con un pequeño movimiento de la mano.

El padre de Guillermo vende lámparas. En el bachillerato, Guillermo era sólo uno más de los muchachos que soñaban con besar a esa chica que ni siquiera sabía que existía, pero que de todos modos le sonreía sin verlo. Ella sabía que su padre vendía lámparas mientras que el suyo era dueño de fábricas, tenía tres Impalas convertibles color blanco en su garaje, una membresía en el Club Maya de Amatitlán y una casa en Likín donde había una lancha motora con esquís. Sin que les dijeran nada a sus hijas, ellas sabían que nunca saldrían con alguien con un origen como el de Guillermo.

De modo que Guillermo finalmente le confiesa a su padre que quiere ser rico, que quiere pudrirse en dinero para que en un restaurante jamás tenga que decidir entre el filete o la langosta, porque ambos le encantan; y que jamás volverá a tocar una lámpara a menos que sea para prenderla.

Dado que sólo gastó la mitad del dinero que su padre le había dado para el viaje, Guillermo tiene el dinero suficiente para pagarse un semestre de clases en la Universidad Marroquín, donde está estudiando Juancho. Su amigo le insiste que empiece a tomar cursos de verano de inmediato, que no espere al periodo de otoño.

En la Marroquín, la Escuela de Chicago es la sensación. Todo el mundo le reza al dios del capitalismo y ese dios se llama Milton Friedman. La teoría es sencilla; se deben reducir o eliminar los impuestos para dejar que el dinero haga lo que siempre ha hecho mejor: crear más dinero a través de un efecto multiplicador. En algún momento futuro los quetzales empezarán a filtrarse hasta el limpiabotas o el barrendero.

No hay necesidad de sentirse culpable de las inequidades, de la brecha entre ricos y pobres, porque la política económica recompensará a aquellos que tomen la iniciativa. Se debía permitir que los comerciantes generaran dinero libremente para que con sus ganancias fertilizaran aún más los campos de la abundancia. La Tierra Prometida tendría edificios de acero y vidrio, calles pavimentadas con oro y árboles de aguacate y papaya creciendo en el patio de cada casa; sería el paraíso terrenal.

Guillermo no tiene problema alguno con esta filosofía; de hecho, la adopta de lleno. En poco tiempo está recitando de memoria las citas de Friedman, que se han esculpido en letreros de madera en la entrada de la biblioteca y de los edificios de clases. «Una sociedad que privilegie la equidad por encima de la libertad no obtendrá ni una ni otra. Aquella que coloque a la libertad antes que la equidad obtendrá un alto grado de ambas». Pero su favorita es «Se mueve a mayor velocidad aquel que se mueve solo».

John Maynard Keynes y Gobierno Federal son palabrotas. La universidad está colmada de jóvenes serios que planean ser millonarios para los 30 años. Guillermo se ha convertido en uno de ellos; pero dado que es poco sociable, evita unirse a cualquier club.

Cree que la Libre Empresa impera.

Se mete de lleno en sus estudios. Detesta los cursos de literatura y filosofía donde la idea del éxito económico, aunque no se desestima, se considera un obstáculo a la riqueza irrestricta. Las novelas que tiene que leer y la filosofía que lo obligan a estudiar destacan lo negativo y, en este momento, Guillermo está interesado en imitar sistemas que le permitan una felicidad absoluta. En el bachillerato, todo el mundo leía la literatura existencialista con voracidad y sus compañeros pensaban que *El extranjero* de Camus era la mejor novela jamás escrita; la historia de un hombre que no siente nada cuando muere su madre, que mata a un hombre sin razón aparente, que se rehúsa a arrepentirse de sus pecados, que no sólo no cree en Dios sino que le escupe en la cara y que felizmente anticipa su ejecución en espera de que haya una gran muchedumbre vociferante que lo vea colgar. Habían adorado la novela porque no tenía nada que ver con sus vidas reales.

Sus cursos en Micro y macroeconomía, Administración organizacional, Teoría de la propensión de la probabilidad, Economía empresarial y Factores motivacionales en el crecimiento económico, sin importar lo interesantes que son, son demasiado teóricos y áridos. Se percata de que lo que ahora le gusta no es estudiar y memorizar conceptos de economía, sino discutir con sus compañeros. Se ha convertido en un discípulo del capitalismo, su nueva religión, pero, además, se ha vuelto un hábil polemista. Está convencido de que realmente podría ganar un debate defendiendo la postura de Marx o de Engels, así de enojado está con el mundo.

La Marroquín tiene entre su estudiantado a los hijos de los acaudalados: a los Paiz, los Soto, los Halfon, los Haber. Sin importar cuál sea la postura que detentan sus compañeros, Guillermo siempre va más allá, con un paso adicional a la derecha. Aunque sus compañeros temen la toma del poder por parte de los comunistas, muchos consideran lamentable el golpe de Ríos Montt contra Romeo Lucas García porque implica una distorsión del estado de derecho. Pero Guillermo, solo entre sus compañeros, felizmente lo aplaude.

—¿Se van a quedar cruzados de brazos mientras los guerrilleros toman el control de las fábricas de sus padres y amenazan con matar a sus familias a menos que les den millones de dólares? ¿Cuándo va a terminar esto? ¿Cuando sus padres estén en la pobreza y sus hermanas acaben de prostitutas?

Y discute no sólo porque domina la información, por más distorsionada que esté, sino porque ha trabajado arduamente para desarrollar la habilidad de exponer una postura y porque tiene el don de anticipar los contraargumentos de sus compañeros, como un ajedrecista de campeonato.

Puede ver más allá que ellos y por ello se regodea en la anticipación de sus éxitos aun antes de obtenerlos.

Pero para su segundo año de estudios, Guillermo abandona sus estudios de administración para dedicarse al derecho. Toma cursos en Derecho comercial, corporativo, empresarial y procedimental en la Marroquín, pero también seminarios de posgrado en Derecho constitucional y fiscal en la Landívar. Mientras más conocimientos acumule, seguramente más poder y dinero tendrá.

La única desventaja, y es muy importante, es que no hay muchachas bonitas en la Facultad de Derecho. De hecho, hay muy pocas muchachas y aquellas que le podrían parecer atractivas o se sienten repelidas por su agresividad o intimidadas por su cada vez mayor atractivo físico. Su cara se ha adelgazado y sus ojos son tan penetrantes como láseres. Su voz, alguna vez dulce, se ha hecho más profunda. Es guapo y atemorizante por igual.

Tiene una falla importantísima, un defecto de carácter: cada vez tiene menos sentido del humor y su necesidad de siempre tener la razón lo hace presuntuoso.

No puede evitar reírse cuando recuerda estar en París y escuchar las palabras de un diplomático francés acerca de su propia patria: «*C'ést un pays de merde*». Si Francia es un país de mierda, Guillermo se pregunta lo que ese mismo hombre pensaría de Guatemala.

En el mejor de los casos: «*C'ést un pays trop bizarre*».

Por primera vez en su vida, Guillermo sabe lo que quiere hacer.

## 3
## Alimentando a los elefantes

Un domingo de mayo, Guillermo y Juancho deciden visitar el Zoológico La Aurora, escenario de multitud de paseos infantiles felices, para recordar los viejos tiempos. Hay una tensión palpable entre ambos muchachos, como si hubiese sucedido algo notable que cambiaría su relación. De hecho, no ha sucedido nada, pero Juancho tiene miedo de su amigo, de lo que podría hacer o de lo que podría decir ahora que Guillermo se volvió tan incendiario. No quiere que las cosas terminen en pelea. Juancho se siente feliz de estar manejando para no tener que ver a su amigo a la cara.

Se estacionan cerca de la entrada al zoológico. En el camino hay pocos visitantes; abuelos, padres e hijos en bicicletas o motonetas, familias de indígenas, familias trabajadoras; todo tipo de familias, excepto aquellas de los muy ricos. Las jacarandas están en flor, con sus ramos invertidos de flores carmesí, y los arbustos están adornados con moras blancas y rojas. Hay nubes gordas y abundantes en el cielo: tal vez llueva por la tarde, pero, por ahora, el sol está brillando, aunque no fieramente.

El aroma a algodón de azúcar, nueces garapiñadas, tamales y mixtas —salchichas con aguacate envueltas en tortillas— cuelga indolente en el aire.

—Tengo hambre —dice Guillermo repentinamente mientras apaga su cigarro. Empezó a fumar en Europa, para calmar sus nervios y para sentirse más seguro de sí mismo, pero nunca fuma frente a sus padres. No quiere que le recuerden la manera en que se quejaba de cómo fumaba Carlos.

—Podría comer algo —responde Juancho con menos entusiasmo. Es más delgado que un suspiro.

Van a un carrito de comida y esperan su turno. Guillermo sacude la cabeza cuando ve que el menú en uno de los costados indica que las mixtas cuestan 35 centavos y una Coca chica cuesta 20.

No es más que una miseria, pero se siente obligado a quejarse.

—Pagábamos cinco centavos por ellas en Frankfurt, cerca del Cine Capitol. ¿Te acuerdas?

Juancho asiente con la cabeza.

—Y las Cocas costaban seis centavos.

—Así es la vida —y la inflación— en los *pinches trópicos* —dice Guillermo.

Pide dos mixtas para él y una para Juancho. Preferiría beber un atol de elote, pero sabe que tendría que salir del zoológico para encontrar a alguna india que lo venda. El hombre del carrito prepara las mixtas con destreza, como si fuera una máquina, colocando la salchicha en una tortilla calentada sobre un comal y embarrándole guacamole. Saca dos latas de Coca de la hielera de unicel que tiene detrás del carrito.

Guillermo le da dos quetzales al hombre y cuando éste le regresa el cambio, le dice:

—Quédeselo; inviértalo en un nuevo carrito.

El hombre asiente con la cabeza mientras empieza a preparar un nuevo pedido. Tiene una cara que indica que el mundo está lleno de sargentos y escaso de soldados.

—¿Qué piensas? —le pregunta Guillermo a su amigo. Están sentados en unos bancos endebles frente a una mesa elevada atestada de servilletas y trozos sucios de papel encerado.

—Me saben igual que siempre.

Guillermo sacude la cabeza y mira a la mitad de su segunda salchicha caer a la acera cuando su tortilla se rompe por la mitad. Vuelve a sacudir la cabeza.

—Las de Frankfurt eran a la parrilla, no hervidas, y el aguacate lo sacaban de un contenedor de plástico refrigerado y lo ponían sobre una tortilla de maíz gruesa; estas tortillas son de harina de trigo.

—Nada es como era antes —dice Juancho, resignado.

—Tienes toda la razón —dice Guillermo con más de un indicio de desprecio en su voz—. Vamos a visitar a nuestra vieja amiga, La Mocosita.

Los elefantes están doblando la esquina de donde estaba el carrito de mixtas. La Mocosita, la antes bebé que ahora está completamente crecida, parece inusualmente agitada. Camina de un lado al otro de su recinto y no deja de mojarse la espalda con agua y bramar gruñidos de elefante. Guillermo la observa y jura que tiene lágrimas en los ojos. Cuando los dos amigos tratan de alimentarla con bananos, se voltea de espaldas. Es cuando advierten la flecha rota que sobresale de sus cuartos traseros. Alguien le disparó y un delgado hilillo de sangre está manando de un pequeño orificio cerca de su cola y corriendo por su pierna izquierda.

Miles de mosquitos pueden matar a un solo elefante, le decía Günter Rosensweig a su hijo para que comprendiera que las criaturas más pequeñas pueden lograr mucho si deciden trabajar juntas. Aquí, todo el caos lo había creado un solo imbécil.

—¿Puedes creerlo? —dice Juancho, horrorizado.

—Mi estúpido padre —susurra Guillermo mientras saca un Pall Mall del bolsillo de su camisa y lo prende.

—No entiendo qué tiene que ver tu papá con todo esto. Necesitamos encontrar a uno de los guardias del zoológico.

—...siempre hablando de la importancia de que la gente trabaje junta cuando debió decirme que sólo se necesita un cabrón para destruir algo bello. ¿Qué tipo de persona le dispararía a un elefante en la nalga, y aparte en un zoológico? Pobre Mocosita.

Desesperados, buscan a un guardia del zoológico en las jaulas vecinas de los leones y los tigres. No hay nadie. Van a donde las tres tortugas de Galápagos duermen como piedras prehistóricas sobre un tramo de tierra sin pasto junto a un estanque artificial lleno de garzas e íbices. Encuentran a un guardia sentado en una banca con una *Prensa Libre* sobre la cara. Está roncando sonoramente.

Guillermo le quita el periódico de la cara.

—¿Qué pasa? —dice el guardia mientras se protege los ojos del sol, sus piernas pataleando en el aire.

—Alguien le disparó una flecha a La Mocosita.

—No me digan —el guardia se encoge de hombros—. Yo estoy a cargo de los reptiles. Necesitan encontrar a Armando, el encargado de los animales grandes.

No hace esfuerzo alguno por levantarse. Pueden ver porqué. Seguro se trae una borrachera porque hay una garrafa de ron vacía junto a él y además está más gordo que una vaca marina adulta: si tratara de levantarse se caería de bruces.

—Borracho de mierda.

El guardia agita ambos brazos en el aire como si estuviera tratando de golpearlos, pero no logra levantarse. Parece algún gordo personaje de caricaturas, como Pilón, pero con elefantiasis.

Guillermo y Juancho corren a la jaula de los monos. Un guardia, vestido con pantalones y botas de hule, está limpiando el piso de la jaula con una manguera mientras algunos gibones cuelgan de aros y gruñen por encima de él. Le dicen lo que han visto.

—Hijos de puta, huevones. Maricones. Sinvergüenzas. La semana pasada alguien le cortó la oreja al rinoceronte pigmeo. Hace un mes se robaron a un panda rojo. ¿Qué está pasando en este país? ¿Los guerrilleros creen que si torturan animales pueden derrocar al gobierno?

Juancho se ríe nerviosamente. Entiende que Guatemala se está yendo por el caño, pero no por esa razón. Los conflictos armados no necesariamente motivan esas fechorías.

—¿Qué te da tanta risa? —pregunta el guardia mientras cierra la llave de la manguera—. ¿Qué, no me crees, flacucho de mierda?

—Todo es culpa de la guerrilla. La huelga de los trabajadores postales, la contaminación de los autobuses, la erupción del Volcán de Pacaya —dice Juancho con sarcasmo. Mira a Guillermo, casi seguro de que estará de acuerdo.

Guillermo nunca ha visto a un guerrillero, pero se ha creído el cuento de que los que están tratando de derrocar al gobierno son marxistas pagados por el gobierno de Cuba. Ha visto a estudiantes universitarios con barba y bigote bebiendo cerveza en el Gambrinus o en el Café Europa detrás del Lux y maldiciendo al gobierno militar. Son chicos flacos, con manchas de tinta en los bolsillos de las camisas y pantalones negros cuyo ruedo sube hasta revelar la orilla de sus calcetines blancos. Usan gafas al estilo del *Che* Guevara, con gruesos armazones de carey, aun si tienen vista perfecta. Sus zapatos son negros y muy gastados. No son miembros ejemplares de la raza humana, pero ciertamente no producen miedo. La mayor parte del tiempo se adueñan de las mesas cercanas al Paraninfo donde venden ejemplares de *Alero*, una revista literaria, o donde intentan convencer a sus compañeros de firmar peticiones para protestar en contra del último ataque del gobierno en la provincia quiché.

Guillermo sabe que no son inocentes ni cándidos, pero es difícil imaginar a estos tipos intelectuales viviendo en las montañas o en la jungla y sobreviviendo de raíces y dádivas de simpatizantes mientras planean un ataque sorpresa en contra de una guarnición militar plenamente armada.

Las células radicales reclutan a sus seguidores alejados de la luz pública.

Siguen al guardia hasta la jaula de La Mocosita, sus botas de hule mojadas rechinan mientras camina.

Una docena de personas está tratando de llamar la atención de la elefanta, haciendo el intento por que se acerque a ellos. No está de humor y regresa a su recinto; descansa sobre su pierna derecha. Las largas lágrimas que brotan de sus ojos fluyen por su arenosa cara de piedra.

El guardia del zoológico toma una toalla de la caseta y entra a la jaula del elefante por una reja trasera. La Mocosita ni siquiera se mueve. Camina hasta ella y le limpia los ojos como si fuera una niña. Ella levanta su cabeza con gusto y deja que le acaricie los cachetes. Después él mira la flecha y sacude la cabeza. En un solo movimiento, la rompe contra la superficie de su trasero izquierdo. Ella brama fuertemente cuatro o cinco veces mientras agita la cabeza de un lado al otro. El guardia coloca una toalla limpia contra lo que debe ser la herida y la sostiene allí, deteniendo la sangre, hasta que la elefanta se calma.

—Vámonos de aquí —dice Guillermo.

Juancho no lo contradice.

Deciden ir al Pecos Bill, un restaurante de hamburguesas sobre la 6ª Avenida en la Zona 4 como a dos cuadras del Hotel Conquistador. De niños solían ir allí con sus padres los domingos; pasaban toda la tarde nadando en la alberca del cercano Hotel Motor América para después comer las mejores hamburguesas de toda la ciudad. En la parte de atrás, el restaurante tenía un pequeño patio donde las familias solían sentarse mientras los niños jugaban en el sube y baja y se trepaban en los demás juegos.

El restaurante está casi vacío. Juancho y Guillermo necesitan una cerveza; tienen sed, no hambre. Eligen una mesa cerca de la entrada, desde donde pueden ver a la estación de gasolina Esso al otro lado de la calle y un poco más allá, a la Torre del Reformador, de casi 72 metros de altura, que es una mini torre Eiffel que Francia le regaló a Guatemala en 1935.

A la derecha hay una mesa ocupada por dos chicas de apenas unos 20 años y una mujer mayor, tal vez su abuela, que trae puesto un largo vestido negro tipo menonita, pero con demasiado maquillaje en su cara y ojos. Su cabello está teñido de un sucio tono rubio. Guillermo mira por debajo de la mesa y observa que la mujer está usando tacones. Pareciera que acaban de venir de la iglesia, tal vez de misa, de la cercana Union Church junto a la Plazuela España.

Una de las chicas llama la atención de Guillermo. Tiene cabello rubio rojizo y una cara llena de pecas. Más tarde averigua que la madre de Rosa Esther Castañeda nació en Irlanda, pero que vino a Guatemala para estudiar español a principios de los 60. A la larga, se casó con un guatemalteco que era el propietario de todas las franquicias de Chrysler en Guatemala. Rosa Esther se parece a su madre, mientras que su hermana se parece a su padre, que es bajo y regordete con oscuros y vívidos ojos.

Tan pronto se sientan, acude una mesera. Guillermo pide su Gallo y Juancho pide otra Coca. Cuando llegan las botellas, Guillermo le da las gracias y se retuerce en su silla para lograr hacer contacto visual con Rosa Esther, que está sentada casi frente a él. Sus ojos se encuentran por menos de un segundo antes de que ella desvíe la mirada.

Guillermo es apuesto y tiene oscuro pelo ondulado. Rosa Esther nota sus labios sensuales y sus ojos oscuros y profundos. Él está empezando a darse cuenta de que puede hacer temblar a algunas chicas de lo guapo que es. Por otro lado, Juancho es un hilo andante poco varonil de ojos azules. En comparación, parece muy frágil, como una estatuilla de porcelana que está a punto de estrellarse; el tipo de hombre que podría parecerle atractivo a alguna chica con la misión de proteger a los desvalidos.

Juancho le pide una hamburguesa con queso a la mesera cuando les trae la cerveza y la Coca. Cuando ésta se aleja de su mesa, a la abuela le da un ataque de tos tan violento que parece que va a voltear la mesa.

Guillermo se levanta al instante y lleva consigo la Coca sin tocar de Juancho.

—Beba esto, por favor.

La mujer palidece, pero trata de alejarlo con gestos de sus dos huesudas y blancas manos. Está luchando por respirar, no ahogándose, y es evidente que se siente avergonzada.

—Por favor, no la he tocado. Dele un sorbo —le dice.

La hermana de Rosa Esther se levanta, toma la botella, y encaja la pajilla dentro de la boca de la vieja al tiempo que la conmina a beber. Ella toma un par de sorbos y después hace gestos para que le alejen la botella.

—Se me atoró algo en la garganta y no podía respirar. Lo siento muchísimo. Estábamos a punto de marcharnos. Déjeme que le compre otro refresco...

—No se moleste.

—Fue muy dulce de su parte —dice Rosa Esther que se levanta y empieza a frotar la huesuda espalda de su abuela con suaves movimientos circulares.

—¿Ya está usted bien?

—Sí, gracias, joven. Que Dios lo bendiga... ni siquiera sé su nombre.

—Guillermo Rosensweig. Y mi amigo de allá es Juancho Sánchez. Si podemos ser de cualquier ayuda...

—Usted ha hecho más que suficiente —dice la vieja—. Niñas, no se queden allí sentadas. Preséntense y denle las gracias al joven.

—Ay, abuelita, no hemos tenido oportunidad.

Las dos muchachas se presentan: son Rosa Esther y Beatriz Marisol Castañeda. Juancho se levanta y hace un gesto con la mano, después del cual todo el mundo se vuelve a sentar. En el restaurante vacío hay una sensación de que han sido demasiadas emociones para una tarde dominical.

Guillermo queda prendado de la piel marfileña de Rosa Esther, de su aire etéreo y de sus ojos azules como estanques. Casi parece flotar un poco sobre su asiento, sentada allí entre su abuela y su hermana.

Sus frágiles y delicadas manos en las que se dibujan unas venas azules, como las de su abuela, casi no se alcanzan a ver por debajo de las mangas largas de su blusa blanca.

Unos cinco minutos después, las tres mujeres se levantan para irse. Guillermo, quien ha estado lanzando miradas furtivas a la otra mesa mientras habla con Juancho, siente un agudo dolor en el pecho cuando Rosa Esther se da la vuelta, se despide con la mano y le da las gracias con señas. Es la última en salir por la puerta del restaurante y Guillermo observa sus blancas y contorneadas pantorrillas. Se levanta de un brinco y corre para alcanzarla.

—Rosa Esther, espera.

Ella se da la vuelta y logra mantener la puerta abierta hasta que llega. Sus ojos azules brillan como trozos de cobalto.

—No sé cómo decirlo…

—Quieres volver a verme —lo interrumpe.

—¿Cómo lo supiste? —le sorprende que no sólo percibió sus motivos, sino que tuvo el valor de decírselo.

Asiente con la cabeza y levanta las cejas.

—Se te ve en la cara.

—¿Me das tu número de teléfono?

Ella sacude la cabeza.

—No soy así de fácil.

Él se sorprende.

—Entonces, ¿cómo puedo volver a verte?

—No puedes.

La observa, confuso, desesperado, mientras tamborilea el piso con uno de sus pies.

—Quiero volverte a ver —dice con insistencia, un poco enojado de que lo esté obligando a descararse de esa forma.

Ella vuelve a asentir con una sonrisa.

—Voy a la Union Church todos los domingos. Tal vez un día pases y compartas la misa conmigo.

Es una petición extraña, totalmente inesperada, y su respuesta de «¡Está bien!» suena igual de extraña, como si en realidad no supiera qué contestar.

Jamás ha ido a la iglesia para rezar ni para buscar ningún tipo de consuelo. En realidad no cree ni en Dios ni en su Hijo. Son un montón de estupideces. Pero sería una estupidez aún más grande no ir, ahora que lo ha invitado de manera tan franca.

Tal vez le pueda dar una segunda oportunidad a la religión.

Su atracción hacia Rosa Esther aumenta porque lo ha retado abiertamente.

## 4
## Caballo y carreta = Amor y matrimonio

Guillermo parece enamorarse de la idea de Rosa Esther. El siguiente domingo, se pone un traje y una camisa blanca, pide prestado el auto de su papá y maneja hasta la Union Church cerca de la Plazuela España. Por suerte, encuentra un lugar de estacionamiento en la amplia glorieta. Es justo antes del mediodía.

Respira hondo antes de entrar en la iglesia. Al llegar a las bancas de atrás, felizmente se percata de que la misa está a punto de finalizar. El pastor ha terminado la homilía basada en algún evangelio y de manera extemporánea está diciendo que sólo es a través de la Gracia Divina, no a través de las buenas obras, que puede alcanzarse la salvación. Y la única manera de alcanzar esta Gracia es al aceptar a Cristo dentro del corazón como único Dios verdadero para que de esta manera se rediman los pecados y el pecador vuelva a nacer. Concluye al decir que algún día el Señor Jesucristo regresará a esta tierra pecaminosa cuando ocurrirá la última y total resurrección de los muertos. Esto llevará a la fundación de un nuevo Paraíso y de una nueva Tierra donde se eliminarán el sufrimiento, el mal e, incluso, la muerte en esta nueva Gloria y *Sancta sanctorum*; como lo era antes de la Caída. Aquellos que sean salvos compartirán la Gloria sempiterna mientras que aquellos que no accedan a aceptar a Jesús sufrirán la inacabable perdición. Los justos formarán parte del eterno banquete mientras que los condenados pelearán por las migajas de su mesa, una descripción excelente, piensa Guillermo, de lo que debería ser la vida en Guatemala, con los ricos en el papel de los justos.

Guillermo ha oído todo esto con anterioridad, pero este pastor, evidentemente no guatemalteco, lo dice con una especie de fatalismo que le parece admirable. Guillermo está feliz de no tener que escuchar otro amilanado discurso acerca de cómo los guatemaltecos necesitan encargarse de los pobres.

El sermón se ha dicho en inglés y es evidente que la mayoría de los 75 feligreses se sienten más cómodos con ese idioma y con la cultura anglicana. Ésta podría ser una misa en cualquier parte de Europa o América del Norte. Al examinar a la concurrencia, Guillermo ve sólo a unas cuantas personas, incluyendo a la hermana de Rosa Esther, que son auténticamente guatemaltecas. Todos empiezan a aplaudir con entusiasmo.

Para Guillermo, la homilía destaca la facilidad con la que uno se puede salvar; simplemente al aceptar a Jesucristo. Le parece demasiado fácil. Sonríe mientras se queda en la parte posterior de la iglesia y ve a los feligreses abrazándose unos a otros mientras empiezan a marcharse. Él también podría creer en Cristo, en especial si eso significara que pudiera besar la boca de Rosa Esther una y otra vez. No sería incapaz de ese engaño.

Estira el cuello, pero no logra verla. Está Beatriz Marisol con su abuela, pero no hay señal de Rosa Esther.

Más que decepcionado, Guillermo se siente traicionado. ¿Por qué le sugeriría que viniera si no planeaba estar allí? Cuando pregunta por ella, con gran vergüenza, Beatriz le informa que había ido a la misa de las nueve y que se había ofrecido a acompañar a la Iglesia de los Niños al Zoológico La Aurora después de su exclusivo servicio matutino.

—¿Y tus padres?

Marisol baja los ojos.

—Fallecieron. Tenemos un tío, Lázaro, que vive en la Ciudad de México, pero por lo demás estamos completamente solas —dice con cierto grado de melodrama.

—Cuánto lo siento —es lo único que atina a decir Guillermo.

—No te preocupes. Pasó hace mucho tiempo.

A la semana siguiente, Guillermo regresa a la Union Church y llega media hora antes. Una vez más, trae puesto su único traje, el de su graduación del bachillerato. Quiere dar una buena apariencia aunque en realidad sólo está allí por una sola razón.

Esta vez sí está Rosa Esther, según puede ver desde las puertas de la iglesia donde espera. Se ve preciosa, con su largo vestido blanco con florecitas violetas y amarillas y un suéter de botones.

Cuando sale de la iglesia, otra vez acompañada de su abuela y su hermana, se les acerca para saludarlas; se siente un poco aturdido. Ella no parece sorprendida de verlo y lo saluda con la mano.

—¡Ah, el galante muchacho del Pecos Bill! —dice la abuela.

—Así es, señora. Vine para preguntarle a su nieta si quisiera acompañarme a un café y un postre en Jensen's, cruzando la calle.

Rosa Esther empieza a inventar excusas, pero su abuela interrumpe:

—¿Tiene usted carro propio?

—Sí —dice Guillermo mientras señala tras de sí con el pulgar.

—Por favor llévesela. Últimamente ha estado demasiado aislada. Trate usted de levantarle el ánimo.

Es mientras comen cuernitos con té en el Jensen's que Guillermo se entera de que los padres de Rosa Esther murieron en un vuelo de Aviateca que se estrelló en las junglas del Petén cuando las hermanas tenían cuatro y seis años. El avión se había quemado de inmediato y la abuela se había ofrecido a criar a las chicas. Guillermo la escucha con atención, pero su único deseo es desabotonarle el vestido blanco y lamer su piel igual de inmaculada.

Y ésa es la manera en que empieza el cortejo oficial de Rosa Esther. Hay citas ocasionales al café e incluso al cine. Guillermo se da perfecta cuenta de que no es ninguna Perla Cortés y de que no podrá poner su mano bajo su vestido con tanta facilidad. Debe iniciar un noviazgo al estilo tradicional chapín: formal, educado y virginal. Se siente atraído por su inaccesibilidad y tiene la ventaja de que le cae bien a la abuela.

¿Qué es lo que atrae a Rosa Esther de Guillermo? Le gusta su audacia y el conocimiento de que él sabe cómo domar caballos salvajes. Está dispuesta a tomar el riesgo y, además, quiere escapar del aburrimiento de la vida con su hermana y su abuela.

En ese momento, hay un resurgimiento de la violencia en Guatemala. El país se enfrenta a los peores años del conflicto armado: matanzas, la conscripción forzada de los habitantes de pueblos indígenas, el vaciamiento generalizado de pueblos, la militarización del campo, el asesinato de líderes estudiantiles y sindicales en la capital y las arengas cotidianas del Presidente Efraín Ríos Montt, quien ha reducido el conflicto a la eterna batalla entre el bien y el mal.

Pero Guillermo y Rosa Esther parecen estar sumergidos en un estado de amor cortés, inmunes al caos, entregados a lo que podría describirse como un «noviazgo espiritual». Se besan, en ocasiones durante dos o tres segundos, nunca profundamente y, ciertamente, sin participación de sus lenguas. Pero por debajo de todo hay una pasión que empieza a despertarse, como agua a punto de hervir.

Más que temer el «qué dirán», la educación religiosa de Rosa Esther no le permite pasar más allá de ciertas formas de cachondeo leve. O así lo cree Guillermo. Pero Rosa Esther sabe lo que está haciendo; es una pescadora experta que sabe que la paciencia, por sobre todo, es lo que ayuda a atrapar al pez grande.

Este jugueteo continúa por cinco meses, pero cuando Guillermo recibe la aceptación a un programa de maestría en Derecho Corporativo en la Universidad de Columbia en Nueva York, con beca completa, sabe que algo tiene que cambiar. Quiere llevarse a Rosa Esther consigo y la única manera en que eso podría suceder es si se casan.

Pide la mano de Rosa Esther a su abuela, quien accede de inmediato aun a sabiendas de que está condenando a su hermana, Beatriz Marisol, a una vida de dedicación incondicional a ella.

En apariencia, Rosa Esther no tiene nada que decir al respecto, ¿o sí?

Juancho es el más sorprendido por la unión.

—¿Por qué Rosa Esther?

—La amo.

—¿De veras?

—Adoro mirarla y ver cómo desprecia la inmundicia.

—¿Eso basta para sostener un matrimonio?

Guillermo mira a su amigo con lástima; son tan distintos.

—Es la esposa perfecta para un joven abogado. Será la madre de mis hijos y se encargará de su educación y sus placeres sin pedirme gran cosa; además, me la podré coger siempre que se lo diga.

—¿Y eso basta? —repite Juancho, insistiendo en el punto.

Guillermo no debería confesarlo, pero lo hace de todos modos.

—Si no basta sé a dónde tengo que ir para conseguirlo.

Juancho sacude la cabeza mientras Guillermo se acerca a su amigo, le da un abrazo y le susurra al oído:

—No se te olvide, voy a ser un abogado. Si no funciona, siempre podemos divorciarnos.

Y finalmente se casan, en agosto de 1983, en una pequeña y modesta ceremonia luterana en la Union Church. Günter Rosensweig no entiende ni jota de inglés de modo que casi no puede seguir el servicio, al igual que su esposa Lillian. La hermana de Guillermo viaja desde San Francisco con su amante y levanta más de un par de cejas al sostenerle la mano a lo largo de la misa.

Lo que Guillermo concluye en cuanto a sus padres es que más que ganar a una hija, están perdiendo a un hijo; un hijo que jamás será dueño de La Candelaria, especialmente ahora que se irá de Guatemala para estudiar en el extranjero por los siguientes dos años. De todos modos, la tienda de lámparas se ha convertido en un caso perdido desde que las clases media y alta dejaron de acudir al centro.

Pronto, ya no habrá tienda.

Guillermo está feliz de estar yéndose a Nueva York; siente que finalmente sostiene las riendas de su propio futuro. Tiene un rumbo y sabe dónde estará en unos cuantos años; y Rosa Esther también está feliz porque se casó por la Iglesia como lo hubieran deseado sus padres y porque puede ver que aunque no está precisamente emocionada de vivir en Nueva York, regresará a una vida de ocio cuando regresen a Guatemala. Todo forma parte de un plan predecible.

Guillermo se siente fascinado por la blancura de la piel de su esposa, por sus firmes senos rosas perfectamente contorneados y por su estómago liso. La primera noche que hacen el amor en el Hotel Camino Real de Guatemala, lo hacen al estilo misionero. Ella se queja cuando él trata de penetrarla, pero después de algunos besos y caricias lo acepta de manera tentativa. Esa noche lo hacen dos veces, en la misma posición, los dos sintiendo el éxito de la conquista en su interior.

En la mañana, no hay sangre en las sábanas. Está seguro de que Rosa Esther es virgen, pero se sorprende ante la ausencia de sangre, aunque no lo bastante como para preguntarle. Ha escuchado que hay situaciones en las que montar a caballo o usar un consolador rompe el himen, de modo que no siente la necesidad de avergonzarla ni de hacer un escándalo por ello.

Alrededor del alba en la primera noche de su luna de miel, Guillermo tiene un sueño extraño. Se ve a sí mismo acostado en una gigantesca cama nupcial con Rosa Esther. El problema es que la enorme cama se encuentra en la Plazuela España frente a la que pasan volando varios automóviles. Supone que están a punto de hacer el amor, pero no logra tener una erección; no siente deseo sexual alguno. Sabe que ella está desnuda debajo de las sábanas y puede ver que tiene las piernas abiertas. Hay un sinfín de personas que pasan frente a ellos, de modo que Guillermo le pide a Rosa Esther que lo ayude a subir el colchón y la base al piso superior para que puedan tener algo de privacidad. Ella sacude la cabeza y se levanta al tiempo que le dice que ése es su deber, no de ella. Él se siente algo sorprendido, pero decide obedecer y cargar la cama al piso de arriba por sí solo.

La segunda noche de su luna de miel, mientras se están hospedando en la Casa Santo Domingo en Antigua, Guillermo se siente tan sobrecogido por el deseo después de la cena que tan pronto regresan a su habitación le arranca la ropa de encima. Está ansioso de ella. La acuesta en el colchón *Queen* bajo la gran cruz de madera que pende sobre la cama y trata de hacerle sexo oral, de probar la dulzura de su vulva. Tan pronto como su boca toca sus genitales, ella empuja su cabeza como si fuera un monigote y levanta su boca hasta el hueco de su cuello.

Rosa Esther no comprende, no quiere comprender, las razones por las que él querría insertar la lengua en su vulva, en esa parte de sí misma que por años ha batallado por mantener limpia e inodora. No quiere que él la ensucie con su saliva y sólo Dios sabe con qué cantidad de bacterias.

Guillermo cede. Se ha acostado principalmente con golfas y con ellas nunca tuvo el deseo de hacerles sexo oral, allí donde cientos de hombres habían dejado su esperma y sólo Dios sabía qué enfermedades podrían proliferar. De todos modos, con el tiempo, sabe que regresará y que ella le permitirá endulzarse la boca.

Para un observador externo, el sexo entre los dos podría parecer algo mecánico, pero Guillermo está satisfecho con sus relaciones, con el deseo de Rosa Esther de siempre estar debajo de él y permitirle que se inserte en ella —que viole su pureza— arremetiendo contra su cuerpo con todas sus fuerzas. Siempre emite chillidos sordos o sollozos segundos antes de que él eyacule. Pero lo que tiene perplejo a Guillermo es que no sabe si ella está alcanzando el orgasmo o simplemente apretando sus músculos vaginales para que él termine rápido. Es un rudo sexo carnal que no dura más de unos cuantos minutos.

Rosa Esther nunca lo obliga a que siga esforzándose después de que termina, casi como si obligarlo a seguir implicara que ella tendría que involucrarse con su propia sexualidad. El acto está acabado y consagrado y todo ha salido según el plan, el plan de Rosa Esther.

Es cierto que él nunca trata de averiguar qué es lo que le gusta a ella; suponiendo que haya algo que le guste del sexo más allá de la procreación.

Sorprendentemente, según se entera después, ella usa un diafragma. No quiere embarazarse, por lo menos no ahora, ni posiblemente después, en los Estados Unidos. Guillermo se da cuenta de que su esposa es una especie de dominatriz que no quiere ceder el control, ni a él ni a nadie más.

## 5
# Siete estaciones en Nueva York, Nueva York

El día de agosto en que arriban al Aeropuerto Kennedy es caliente, húmedo y asqueroso. Guillermo y Rosa Esther están comprometidos a hacer que los dos años que pasen en Nueva York sean felices. A través de la oficina de vivienda de la universidad, rentan un departamento de una sola recámara en el sexto piso del 566 de la Calle 113 Oeste, entre Broadway y la Avenida Ámsterdam, junto a The Symposium, un pequeño restaurante griego pintado de un azul lapislázuli claro. Cuando Rosa Esther no tiene ganas de cocinar, cosa frecuente, o cuando hay alguna especie de ocasión especial que celebrar (el final de un examen o trabajo), bajan al restaurante a comer *moussaka*, quimbombó, *taramosalata*, falda de cordero y pulpo en mesas laqueadas de madera que parece que provienen de un viejo barco. La comida es buena, aunque nada fuera de este mundo, y el *retsina*, aunque un poco terregoso y con sabor a helechos, se convierte en una pasión para ambos.

Sus vecinos son primordialmente estudiantes de posgrado, muchos de Latinoamérica o Asia que, al igual que ellos, están felices de no estar en sus países de origen. Al paso del tiempo se enteran de que los problemas de Guatemala no son nada comparados con los de Indonesia, Líbano, Argentina y Uganda, y de que ninguno de sus compañeros quiere irse de Nueva York, sin importar qué tanto crimen y pobreza haya. Nueva York es una ciudad peligrosa, pero la Universidad de Columbia logra hacer que el vecindario de Morningside Heights sea una especie de oasis de calma. La mayor molestia es la mujer que usa una maceta de plástico en la cabeza y que agresivamente les pide dinero a todos los transeúntes al tiempo que canta «Voy a vivir para siempre» desde un arriate en la Avenida Broadway.

No les importa que la mayoría de las ventanas de su departamento den a paredes ni que las únicas plantas que crecen en la penumbra de su departamento sean yedras y filodendros. Viven con muebles sin pintar de la Gothic Store, con libreros inestables de segunda mano y con una mesa de cocina y sillas que casi con toda seguridad se rescataron de una residencia para ancianos.

Sus vecinos más cercanos son los Wasservogels, una vieja pareja de judíos que vive en un minúsculo pero inmaculado estudio junto a ellos y que los invitan a tomar té y galletitas el día después de que llegan al edificio. No tienen hijos, son sobrevivientes del Holocausto con números tatuados en los antebrazos, y su departamento huele como a menudo huelen los viejos: a una combinación de talco y aromatizantes artificiales. Una semana después de que toman el té juntos, hospitalizan a Herbert, antiguo profesor de filosofía, por causa de una embolia masiva; su esposa Irma, que parece una garceta con su cuello alargado pero comprimido y su piel lechosa, igual a la de Rosa Esther, sumisamente lo va a visitar todas las mañanas al Hospital de St. Luke. Atiende a su esposo religiosamente desde las nueve y hasta las siete de la noche, aunque la embolia lo ha dejado paralizado. Alimentado por una sonda de plástico, muere una semana después. Irma se siente devastada. Si antes de la muerte de Herbert ya había sido una pesimista, ahora es la personificación misma de la melancolía. Su fallecimiento no es más que el último episodio de una vida que se inició felizmente en Viena, que casi terminó en el campo de concentración de Sobibor donde ella y Herbert fueron de los pocos sobrevivientes y que llegó a su fin en un estudio parecido a una celda en Nueva York.

Mientras Guillermo asiste a las sesiones de orientación en Columbia, Rosa Esther ayuda a Irma haciendo sus compras por ella. Pero Irma dura sólo un mes más antes de morir de la pena y se ve reemplazada por una gorda enfermera que trabaja turnos de doce horas en el Hospital de St. Luke y que sólo regresa a dormir.

La soledad de algunos neoyorquinos no es más que una inconsecuencia para Guillermo, quien nunca se ha sentido más feliz; se siente aliviado de estar lejos de su padre y de la decrépita tienda, de su quejumbrosa madre, de la vida mezquina de una pequeña y fea capital de Centroamérica. Siente que puede respirar sin estar viendo detrás de sí, sin culpa, sin cuestionarse por qué está haciendo lo que está haciendo. Ha escapado del conflicto armado y de todas las afirmaciones contradictorias del gobierno y de la resistencia.

Toma sus clases universitarias en la Facultad de Derecho de Columbia en la Calle 118, por encima de una plaza que abarca la Avenida Ámsterdam y que mira a las instalaciones principales al oeste y a Harlem al este. Le impacta la gigantesca escultura de bronce de Lipschitz de un héroe griego que está luchando contra Pegaso y que domina la plaza con sus cascos levantados, alas extendidas y dientes congelados en un relincho; es un símbolo perfecto de la anarquía que domina al mundo. Guillermo comprende que como graduado de derecho se encontrará entre las fuerzas del orden que intentarán dominar el caos. Cuando llegue el momento, estará listo.

Rosa Esther no quiere hacerlo, pero Guillermo le repite que tome clases para mejorar su inglés en la Escuela de Estudios Generales de Columbia. Las clases son costosas, pero su abuela insiste en cubrir la colegiatura con la idea de que algún día su nieta se encargue de la Escuela Dominical de la Union Church. Al principio, Rosa Esther está dudosa, pero pronto está más que feliz con su curso intensivo de inglés. Tiene habilidad para aprender un inglés que no tiene nada que ver con la Biblia ni las Sagradas Escrituras.

Rosa Esther se hace amiga de otras alumnas de su clase y pronto está compartiendo con Guillermo chismes de ellas. Aprende algunas palabras de twi, ga y urdu; suficientes como para saludar a sus compañeras de Ghana y Paquistán. Está fascinada por los extraños hábitos y costumbres de otros continentes: la prevalencia de la poligamia, los matrimonios por contrato, incluso la anulación del clítoris. Después de tres semanas, sabe más acerca de la vida en Nigeria, Corea y Japón que lo que sabe acerca de muchos de los grupos mayas en Guatemala.

Guillermo y Rosa Esther parecen ser una pareja feliz: a él le impresiona la belleza de su reina de hielo y ella lo ama, aunque sea a distancia. Lo admira por su aspecto animal. ¿Es ésta la magia? ¿El orgullo de ser visto con alguien tan distinto en apariencia, carácter y apetitos? Tal vez. Pero también comparten un desagrado por lo ordinario, por lo complicado, por lo que sea que haga que se ensucien las manos.

Es un amor apuntalado por el odio hacia lo común y corriente.

Hay una diversidad de cafeterías baratas alrededor —Tom's Restaurant, el Mill Luncheonette y la College Inn— que hacen que la cocina sea casi innecesaria. Es aquí donde Guillermo y Rosa Esther cenan casi todas las noches ya que ella, después de haber crecido rodeada de criadas, cocineras y una muy atenta abuela en la ciudad de Guatemala, nunca aprendió a cocinar. Por 3.45 dólares pueden comer la cena de pollo al horno: con papas hervidas, brócoli recocido y una ensalada verde que se acerca más a un tono café con incoloros tomates rosas que no saben a nada. Su mesera favorita es ama y señora de *Tom's*: Betty está seriamente arrugada y es una versión más alta y optimista de Irma Wasservogel, pero sin edad definida; de tal vez unos 70 años, ralo cabello pintado de rubio y toneladas de rubor y maquillaje.

—¿Qué vas a querer hoy, mi amor? —es su mantra cuando llega a tu mesa con un trapo mojado en una mano y su libreta de órdenes en la otra. Sea que la mesa esté limpia o no, siempre pasa el trapo por ella, dibujando ochos alrededor de los platos, cubiertos y servilletas ya colocados sobre la mesa.

Cuando le das tu orden, te mira y sonríe sin apuntar nada; su pluma no se mueve de su posición permanente detrás de su oreja derecha. Pero Betty nunca se equivoca con las órdenes y se ha sabido que te da una pierna de pollo extra si ve que dejaste el plato limpio y tienes cara de hambriento. Guillermo nota que es objeto de profunda admiración por parte de todos los anteriores estudiantes que ahora viven en el vecindario porque parece que en los sesentas, durante los levantamientos estudiantiles en protesta de que Columbia tuviera intereses financieros en Dow Chemical y Halliburton, que apoyaban el complejo industrial militar, Betty les ofreció santuario en *Tom's* a los manifestantes y autorizó que se donara comida a los estudiantes que habían tomado los edificios administrativos del campus de Columbia.

Aparentemente, mientras sostenía un trapeador atravesado frente a la entrada del restaurante, le dijo a la policía antimotines:

—A mis niños no los van a aporrear.

Y los martes por la noche cuando el curso de Derecho Corporativo de Guillermo termina tarde, frecuentemente va con sus compañeros de clase al Golden Rail cerca de la Calle 110 donde puede pedir un *whisky* barato por 1.25 dólares y una cerveza por 75 centavos (no es ni Cerveza Gallo ni Cabro, pero funciona) y el plato combinado por 3.45 dólares. Los estudiantes debaten la crítica de Reagan contra el Gobierno Grande y su apoyo del darwinismo social como la solución a los males de la sociedad. Reagan es el héroe de Guillermo, aunque se encuentra en una pequeña minoría. Defiende apasionadamente la teoría de Milton Friedman en cuanto a que lo mejor es una sociedad libre y capitalista. Sus compañeros discuten que el gobierno es necesario para equilibrar los impulsos capitalistas, pero coinciden con él cuando dice que la responsabilidad social de los negocios es aumentar las ganancias y participar en una competencia libre y abierta sin engaños ni fraudes. Éstas son las ideas que espera llevar de regreso a Guatemala una vez que obtenga su título en derecho.

Mientras tanto, sigue existiendo el viejo Nueva York: uno puede comprar un *bagel* o *bialy* hecho en casa atestado de pescado blanco por 3 dólares o un gigantesco sándwich de *corned beef* con un pepinillo agrio Kosher por 2 dólares y tragárselo todo con un *Lime Rickey* o una *egg cream* del Mill Luncheonette. Hay tres enormes puestos de verduras entre la 110 y la 111 donde la competencia de precios es feroz: todo el mundo coincide con que los tomates están demasiado suaves e insípidos, los pepinos aguados y los aguacates generalmente pasados y estropeados en los tres puestos, pero al menos no están enlatados. La bodega local en la Calle 109 vende frijoles refritos Ducal de Guatemala, yuca congelada de Costa Rica y, de vez en cuando, pueden conseguir una enorme papaya de dos kilos y medio de México a 60 centavos el kilo.

Cuando Guillermo no está estudiando o si es un día libre, él y Rosa Esther van juntos a Papyrus y al Bookforum, librerías de Broadway en las que incluso tienen secciones de libros en español. Mientras él busca libros de texto de derecho, ella busca novelas escritas por autores latinoamericanos. Su autor favorito es Manuel Puig y devora *El beso de la mujer araña* y *La traición de Rita Hayworth*. Le pide al autor que firme sus ejemplares cuando éste visita Nueva York y lee fragmentos de *Pubis angelical* en el Teatro Miller de la Universidad de Columbia. Pronto está leyendo las últimas novelas de Cortázar, Vargas Llosa, García Márquez e incluso de Nélida Piñón, en español o en inglés. Pero su novela favorita es *La casa de los espíritus* de Isabel Allende, que se convierte en un éxito de ventas en Estados Unidos. Rosa Esther se identifica poderosamente con la protagonista, Alba: una niña que se inventa mundos imaginarios en el sótano de su casa y a quien cría su abuela; bien podría ser su propia historia.

Durante su segundo año en Nueva York, Rosa Esther ofrece sus servicios voluntarios por la tarde como maestra asistente en la Cathedral School de St. John the Divine, pese a que ésta no es ni su iglesia, ni su religión. Le gusta leerles libros a los niños de primer grado y acompañarlos a los columpios y toboganes o salir a ver a los pavorreales que se pasean por el jardín si el clima lo permite.

Los fines de semana, Guillermo y Rosa Esther van a ver películas en la Unión Estudiantil en el Ferris Booth Hall o van al New Yorker, el Thalia y el Olympia; viejos teatros de cine del barrio noroeste de la ciudad. Ni Guillermo ni Rosa Esther saben mucho de cine y ésta es la primera oportunidad que tienen para ver películas clásicas de De Sica, Rossellini, Godard, Truffaut, Renoir y Fellini que nunca se habrían proyectado en Guatemala. También disfrutan de las clásicas películas estadounidenses como *Sunset Boulevard, Casablanca* y *El ciudadano Kane* que posiblemente llegaron y se fueron en el Lux, el Fox y el Reforma generaciones antes de que nacieran, pero que revelan tanto acerca del país en el que ahora viven. Guillermo prefiere el nuevo cine europeo de Lina Wertmüller, Fassbinder y Herzog, que le fascina a causa de su caos y sexualidad salvaje e irreverente y que Rosa Esther detesta a causa de su falta de valor moral. De hecho, estas películas europeas la asustan, como cuando Guillermo bebe demasiado y trata de hacerle sexo oral o le pide que lo deje penetrarla desde atrás.

Ella insiste en llevar a Guillermo a la misa dominical de las once de la mañana en la Church of the Ascension en Morningside Drive porque este templo es pequeño y la misa es más íntima. Empieza a preguntarse si se sentiría más feliz siendo católica y uniéndose a la Iglesia Yurrita al regresar a Guatemala porque le parece que los servicios de la Union Church son tibios y mediocres en comparación. Sabe que esto no haría nada feliz a su abuela. Se enfrentará a eso cuando tenga que hacerlo, pero el ritual católico le fascina tanto como si fuese un fruto prohibido.

Guillermo y Rosa Esther nunca se aburren el uno con el otro porque siempre hay algo que hacer en Nueva York. Además de estudiar, leer y dar clases, Rosa Esther acude a los conciertos gratuitos de la Manhattan School of Music y de la Bloomingdale School of Music. Dos veces por semana nada en la alberca del gimnasio de Columbia y a menudo acude a las clases vespertinas de la Union Theological

Church. Cuando Guillermo estudia en casa por las noches, ella ve televisión estadounidense: *All in the Family*, *Dallas*, *The Jeffersons*, *Different Strokes* y *The Cosby Show* para tratar de comprender a este extraño y nuevo país un poco mejor. Le sorprende admitir que sabe más de los Estados Unidos que de su país de origen.

Y, como sería natural, Rosa Esther y Guillermo hacen íntimas migas con muchos latinoamericanos que abandonaron sus países de origen para escapar a las juntas militares que con mayor frecuencia están estableciendo gobiernos y dictaduras a lo largo de las Américas. Está el poeta chileno Marcelo Fontaine, a quien le dicen El Pucho porque su boca y ropa apestan a nicotina y porque siempre tiene una erupción en la cara, que está obteniendo su doctorado en Literatura Comparativa, y su esposa Chichi, que es tan intelectual como una lavandera. Viven en el primer piso de su edificio y Marcelo tiene un segundo trabajo como portero y ayuda al conserje del edificio a sacar la basura del tiro del elevador dos veces por semana.

Sus amigos chilenos les cuentan historias conmovedoras acerca de cómo cruzaron el desierto de Bolivia a pie para escapar a la policía secreta de Pinochet y finalmente lograr llegar a los Estados Unidos. A Guillermo le gusta la manera en que lo ve Chichi, con ojos sexis y una boquita arrugada que casi parece rogarle que le preste su pene —ella sí sabría qué hacer con él; haría cosas que la Reina de las Nieves ni siquiera se imaginaría— pero le es fiel a Marcelo aunque casi siempre es el primero en emborracharse hasta perder el conocimiento para dejarla sola con los demás.

Carlitos y Mercedes —una pareja agradable y educada— son de Buenos Aires y se rumora que están emparentados con uno de los jefes de la junta. Carlitos está tratando de titularse en Relaciones Internacionales mientras que Mercedes, rubia, de ojos azules y anterior presentadora de noticias en televisión, estudia sociología; están interesados en la manera en que las fuerzas militares manipulan los medios allá en su patria y lamentan el arresto de poetas y pintores únicamente por ser los hijos de conocidos líderes de la oposición. Tienen una hija preciosa que se llama Valentina, también rubia y de ojos azules, y dinero suficiente para contratar una nana para que puedan dedicarse a sus estudios. Están esperando la deposición de los militares y la restitución del régimen civil para poder regresar a Buenos Aires. A Guillermo también le parece atractiva Meme, como le dicen a Mercedes.

Catalina es la hija de un famoso poeta chileno que escribió unos versos memorables acerca de un helicóptero que se estrelló en los Andes y que simbolizan el derrocamiento del presidente Allende. Mario es un mal poeta uruguayo cuyo padre murió de manera repentina y cuya fortuna familiar le fue robada por su tío tutor en Montevideo; Mario tiene los ojos tristes y toda una colección de trucos para tratar de seducir a cuanta chica pueda. Y después está Ignacio, el gordito, un arquitecto comunista peruano que perdió la mano tratando de fabricar bombas caseras cerca de Cusco y que evitó por un pelo que lo capturaran los matones del ejército navegando por el Amazonas en una balsa. Está perdidamente enamorado de la aún más gordita Hope Wine (todo el mundo le dice Deseo Vino), rabiosa socialista estadounidense que a menudo es la anfitriona de las más elaboradas cenas. A menos de seis semanas de conocerse, Ignacio y Hope se casan, lo que garantiza que jamás lo podrán deportar.

De sus amigos, Guillermo y Rosa Esther aprenden nuevos nombres para las tradicionales verduras guatemaltecas —*choclo* en lugar de elote y *palta* en lugar de aguacate— y tienen oportunidad de comer erizos enlatados con pisco o aguardiente. Siempre hay toneladas de cigarros, mucho baile, discusiones políticas y besos inocentes entre los miembros de distintas parejas, como sucede cuando todo el mundo tiene por allí de 25 años y está bajo el control del licor y de sus hormonas.

Rosa Esther se alía con Mercedes, que también evita la intimidad física excesiva, y las dos son las primeras en decirles a los demás que se calmen.

Para Guillermo y Rosa Esther, Nueva York es una fuente interminable de placer y cultura; el escenario para dos años muy felices tanto en lo académico como en lo matrimonial. Los dos se distraen con la riqueza de sus estudios y con sus aventuras, alejados de las pequeñeces y el aburrimiento de la vida en la ciudad de Guatemala.

Pero a principios de diciembre, apenas tres meses después de que Guillermo inicia su segundo año en Columbia, Günter sufre una apoplejía. Mientras asiste a sus últimas clases y termina su investigación semestral, Guillermo habla a casa dos o tres veces diarias para recibir informes de parte de su madre. Al principio, se siente aliviado de que la embolia no parece grave; más que nada una advertencia de que su padre debe vender La Candelaria y retirarse: tiene una leve parálisis del lado derecho y ciertas dificultades para respirar a causa del enfisema. Pero dos semanas después, al tiempo que Guillermo termina sus exámenes finales y hace planes para volar a casa con Rosa Esther para las vacaciones de Navidad, su padre muere repentinamente de una segunda embolia; un coágulo se desprende de la arteria carótida y se aloja directamente en su cerebro.

Su muerte es terrible, pero no pudo haber pasado en mejor momento. Su hermana Michelle ya está con su madre, Lillian, para hacer los arreglos funerarios. Guillermo y Rosa Esther llegan justo a tiempo para el velorio en la Funeraria Morales de la Zona 9 y el sencillo sepelio en el Cementerio General.

Guillermo se queda en el nido de águila de la casa de Vista Hermosa para ayudar a su madre mientras Rosa Esther pasa tiempo con su abuela y su hermana en su casa cerca de la Union Church. El hijo pródigo cumple con sus obligaciones filiales durante el mes que duran las vacaciones de invierno: indemniza a Carlos y a los pocos empleados que quedan por sus años de servicio y cierra la tienda cerca de El Portal. La Candelaria ha perdido su clientela por las tiendas más elegantes y modernas de lámparas en los centros comerciales y lo más que logra Guillermo es rematar la mercancía que queda por 43 000 dólares. La tienda del centro siempre se había rentado, cosa milagrosa, porque en este momento sería imposible vender el edificio a menos que fuera con pérdidas enormes, algo que, por suerte, Guillermo logra evitar.

Después de que Michelle regresa a San Francisco, Guillermo logra vender la casa de Vista Hermosa e instala a su madre en uno de los edificios de condominios sobre la Avenida de las Américas en la Zona 14, cerca del Gran Centro Los Próceres. Siente que allí estará más segura y cuidada. Con el dinero que su padre ha ahorrado, contrata un chofer y una sirvienta de planta. Estará bien atendida por años y Guillermo finalmente se da cuenta de que todos los regateos de su padre tenían su razón de ser.

Le deja una fortuna a su mujer.

Sin embargo, igual que su vecina de Nueva York, Irma Wasservogel, su madre ha perdido los deseos de vivir; no porque extrañe tanto a Günter, sino porque no puede encontrar una razón para seguir viviendo. Crió a dos hijos, representó el papel de buena esposa, ¿pero qué más hay adelante? Su esposo está muerto a los 71 años. ¿Qué puede hacer?

Tres semanas después, el 6 de enero, día de la Epifanía, la sirvienta descubre que Lillian simplemente ha muerto en sueños. Tiene 68 años. Se le practica la autopsia de ley, pero indica que no hay nada sospechoso en su muerte: no hay rastro de drogas ni de ninguna enfermedad inusual. Simplemente murió. Guillermo convence a su hermana de que no regrese. ¿Para qué? ¿Para otro funeral? Termina enterrándola en el Cementerio La Verbena como con treinta de sus amistades, la mayoría de las cuales no conoce Guillermo.

De modo que en un lapso de tres semanas pierde a sus padres. Está más asombrado que apenado. Rosa Esther no sabe ni qué decir ni qué hacer para aliviar la pena de Guillermo. Toda su vida le ha faltado el apoyo de ellos. No puede entender por qué Guillermo se suelta a llorar sin razón aparente. De hecho, parecería que sus lágrimas la enojan y en lugar de abrazarlo, se aleja de él. Guillermo empieza a sentirse más distanciado de ella. Tal vez realmente no necesita nada de ella; ya no.

Sin duda que no necesita sus costumbres sexuales habituales.

Nadie puede comprender la muerte de Lillian más que Guillermo; la noche antes de la muerte de su madre, sueña que el Ángel de la Muerte vuela sobre su cama y rocía gotitas de veneno en su cara. Sobrevive porque mantiene la boca cerrada. El sueño es una premonición de que siempre estará acosado por la muerte. No siente miedo; ahora que está advertido, tendrá que vivir su vida con cuidado, pero de alguna manera tendrá una vida larga.

Guillermo y Rosa Esther regresan a Nueva York para su semestre final en Estados Unidos. Éstos han sido años felices para ambos; él con sus estudios y su libertad y ella con la variedad de su vida. El subterráneo cuesta 35 centavos; hay música, arte, teatro y literatura por todas partes en Nueva York y, a pesar de los asaltos ocasionales, viven en paz. Cuando se reúnen con sus amigos, todos se quejan a voces de la violencia en Argentina, Chile, Perú y Uruguay. Expresan temor por la seguridad de sus familiares, pero más por sí mismos, porque han sido abiertos en sus críticas de las dictaduras locales desde el extranjero y temen la presencia de espías.

En realidad, viven bajo cierta tensión y con gran arrepentimiento: sus visas de estudiante están a punto de expirar y, para el 1º de julio, todos tendrán que regresar a sus países. Ninguno de ellos está listo; se han acostumbrado a la comodidad de la paz que les ofrece Estados Unidos.

Para poder quedarse más allá de los dos años que le otorga su visa académica, Guillermo solicita que se le acepte en un posgrado en la Escuela de Administración de Empresas de la Universidad de Nueva York. Quiere estudiar Administración Bancaria y Financiera, pero lo rechazan. Con la muerte de los padres de su marido, Rosa Esther está más interesada en regresar a Guatemala para pasar tiempo con su hermana y su abuela, cosa que le dice a Guillermo. Quiere estar cerca en caso de que su abuela se enferme y muera.

—Ésta es nuestra realidad —le dice—. Se acabó la diversión.

—No quiero regresar.

—Pues yo sí, y si yo regreso, tú también tienes que regresar.

La mira furioso, dándose cuenta de que el amor y respeto que tenía por ella se han transformado en algo más. Recuerda lo que le dijo a Juancho acerca de que siempre podía conseguir un divorcio.

No ahora; pero está listo para empezar a desafiar los límites.

Como si quisiera negar la existencia del futuro y molestar a su esposa, Guillermo se compra una bicicleta Peugeot de quince velocidades y a Rosa Esther le consigue una bicicleta Raleigh de tres velocidades; si van a irse de la ciudad, más vale que pasen sus últimos meses explorándola como neoyorquinos nativos.

—Esto es lo más estúpido que jamás has hecho. *Nunca* voy a usar esa bicicleta —le dice categóricamente, más enojada por no consultarla que por el desperdicio de dinero; sabe que con la muerte de los padres de Guillermo, no tendrán que preocuparse por dinero en muchos años.

Él simplemente se encoge de hombros. Todas las mañanas de los fines de semana o los días de descanso, al rayar el alba, baja su bicicleta por el elevador y recorre el Parque Riverside o el Parque Central cuando están cerrados al tránsito. Se acostumbra a cruzar el Puente de Brooklyn hasta Fulton's Landing, donde a menudo se come un helado y se le queda mirando a la monumental belleza de las Torres Gemelas que se ven a la distancia. Descubre Sahadi's en la Avenida Atlantic y compra dátiles de Marruecos y *ma'amoul* de Yemen para Chichi, Mercedes, Deseo Vino e incluso su esposa. En diversas ocasiones monta su bicicleta hasta el Zoológico del Bronx, donde ve a un panda rojo por primera vez, y recuerda sus diversas visitas al Zoológico La Aurora con su amigo Juancho, a quien echa de menos aunque parecen estar extrañamente distanciados.

Y en una ocasión, va hasta la playa de Brighton, donde come *knishes* de papa y champiñones y ve a todos los inmigrantes rusos asoleándose en el paseo entablado junto al mar. No quiere irse de Nueva York aunque sabe que sus visas están a punto de expirar y que Rosa Esther cumpliría su amenaza de abandonarlo.

Pronto estará armado con una maestría en Derecho Comercial e Internacional de la Universidad de Columbia. Los años en Nueva York les han permitido a él y a Rosa Esther distanciarse de sus familias, les dice a sus amigos latinoamericanos de Nueva York, pero está hablándole a Noé de diluvios; todos menos Ignacio y Deseo Vino han decidido regresar a sus países de origen para tratar de reintegrarse. Como ciudadanos extranjeros sin papeles para trabajar ni permisos de residencia, no tienen otra opción más que irse.

Todos los viernes y sábados por las noches de mayo y junio hacen fiestas. Marcelo empieza a beber desde temprano y para las nueve de la noche ya está roncando en su sillón. A Rosa Esther, esta demostración de borrachera le parece desagradable y sube sola al departamento en cuanto termina la cena. Sacude la cabeza incrédula cuando su esposo le dice que estará allí para la media noche. Actúa como si no lo supiera, pero está convencida de que Guillermo ha estado teniendo relaciones con Chichi desde abril. Está equivocada; empezaron dos meses antes...

A principios de febrero, Chichi y Marcelo deciden organizar una fiesta de San Valentín en su departamento de la planta baja. Todos sus amigos están allí, bebiendo como cosacos, fumando mariguana y bailando con sus parejas. En algún momento, Guillermo va al baño a mear pero no ve que Chichi está sentada en el inodoro. Al cerrar la puerta, mira su entrepierna, su espeso vello oscuro, y sus ojos se encuentran. Chichi se levanta de la taza sin limpiarse, camina hasta Guillermo y le da vuelta al cerrojo detrás de él; sus ojos centellean.

Chichi ha esperado mucho tiempo para que se dé una oportunidad como ésta y, a decir verdad, él también.

Guillermo detecta el sabor de cigarro en su aliento cuando la besa y lleva la mano de Chichi a sus genitales. Pronto, ella se hinca en el tapete del baño, le baja el cierre y le empieza a lamer el pene mientras le acaricia los testículos.

Guillermo puede oír a Jim Morrison cantando «Cuando la música termine, apaga la luz» una y otra vez. La puerta del baño está vibrando. Se desprende de Chichi y la levanta; la penetra y empiezan a hacer el amor de pie, abrazados fuertemente. Está tratando de controlar su eyaculación pero no puede; está demasiado excitado de estar dentro de una mujer que realmente lo desea. Se viene y la oye empezar a cantar en su mal inglés.

*Antes de hundirme*
*En el sueño eterno*
*Quiero oír*
*Quiero oír*
*El grito de la mariposa*

Se aferra a él con fuerza. Siente sus uñas enterrándose en su espalda a través de su camisa. Ya se vino, pero sigue duro y ella lo utiliza para su propio placer; en otro par de minutos empieza a lanzar una serie de gritos suaves que él trata de callar con las dos manos.

Éste es el primero de varios encuentros entre los dos. De hecho, Guillermo viene a ver a Chichi todos los martes y jueves por la mañana cuando se reúne la clase de Shelley y Wordsworth de Marcelo; después de su clase, se dirige directamente a la Biblioteca Butler a estudiar. Hacen el amor sin protección alguna y para mayo está embarazada. A Chichi no le importa quién sea el padre porque lo que más quiere en la vida en este momento es tener un hijo; de quien sea. Y Marcelo, ignorante de todo lo que está sucediendo, está feliz de tener un heredero.

Lo que ni Chichi ni Rosa Esther saben es que Guillermo y Mercedes también están teniendo un romance. Mario, el amante empedernido, le ha dado a cada uno una copia de sus llaves y les ofrece su departamento para que estén juntos todos los viernes por la mañana.

Si hacerle el amor a Chichi es salvaje, el sexo con Mercedes es lento y romántico, un dueto instrumental aun si ella insiste en que use un condón. En una ocasión en que no traía uno, lo obligó a retirarse antes de que terminara y dejó que su semen cayera por su estómago. Mercedes siente que podría enamorarse de Guillermo y sus oscuras facciones, lo que hace que su unión sea todavía más peligrosa. Ella le dice que no se preocupe, pero él no deja de hacerlo; podrían enamorarse y arruinar dos matrimonios y el futuro de cuatro personas.

Cada semana, el acto de equilibrismo de Guillermo se vuelve más complicado. Está seguro de que una de sus tres mujeres se enterará de lo que ha estado haciendo. Aun así, lleva a cabo sus planes y movimientos con cautela; sorprendentemente, no siente culpa alguna de estar dándole placer a tres mujeres, bueno, a dos.

Pronto terminan sus devaneos. En Argentina, después de la debacle de las Islas Malvinas, derrocan al ejército y el gobierno de Alfonsín les pide a Mercedes y a Carlitos que regresen de inmediato a Buenos Aires para formar parte del nuevo gobierno. Marcelo y Chichi van a regresar a Chile porque a Marcelo le ofrecen la cátedra de Literatura Inglesa en la Universidad de Valparaíso; una oferta que no puede rechazar. No hay mención de matrimonios disueltos ni de nuevas parejas.

Aunque estaba embarazada desde marzo, no fue sino hasta junio que Rosa Esther le informa con gran orgullo a su marido y a su grupo de amigos que tendrá el bebé a finales de noviembre. Guillermo se sorprende de este anuncio público y se pregunta si no se había reservado de decirle por sospechar de sus amoríos. No la cuestiona en privado, pero internamente se siente complacido de saber que su esposa tendrá algo que la mantenga ocupada cuando regresen a Guatemala.

Descubrió el poder del sexo y quiere explorarlo aún más.

Parece que los amigos se despedirán como tales, hasta el momento en que todo se va a la mierda. Chichi y Marcelo se contagiaron de herpes hace años y durante algún brote, ella se lo pasa a Guillermo que, sin saberlo, contagia tanto a Mercedes como a Rosa Esther por lo que no tiene más opción que confesar sus infidelidades.

A las tres parejas les recetan antivirales que, en el mejor de los casos, reducirán los síntomas aunque nunca erradicarán la enfermedad. A Chichi y a Marcelo realmente no les importa; Carlitos no quiere oír los detalles pero está dispuesto a perdonar a su esposa si le promete que le será fiel por el resto de su vida, cosa que hace. Guillermo trata de explicarle a Rosa Esther la razón por la que sucedió todo esto; cómo lo afectó la muerte de sus padres, cómo lo sedujeron las mujeres, cómo todo pasó porque nadie quiere regresarse a casa. Rosa Esther está furiosa; no está dispuesta a perdonar a Guillermo por haber puesto en peligro al bebé. Se siente más traicionada que desconsolada y lo castigará por eso, por este pecado de proporciones bíblicas, mientras se pregunta si los medicamentos le harán daño al bebé.

Guillermo siente gran admiración por sí mismo al confesar que es el culpable, pero argumenta convincentemente que también es víctima de las circunstancias y de la seducción de sus amigas mujeres; el resultado final es que se niega a responsabilizarse de sus aventuras.

La última fiesta a finales de junio es inusualmente silenciosa y tensa. Está plagada de discursos y promesas sentimentaloides de cómo se mantendrán en contacto y se volverán a ver. Aun así, está la sensación de que ha terminado una era y que nunca volverán a verse.

Todos empacan sus maletas y se van a casa; a excepción del gordito de Ignacio y Deseo Vino.

Una cosa es segura: el momento de su partida no podría ser más perfecto.

## 6
## Todas las familias infelices son infelices a su propia manera

De vuelta en Guatemala después de su graduación y la muerte de sus padres, Guillermo utiliza su pequeña herencia para comprar una amplia casa con un enorme patio trasero en la 17ª Avenida de Vista Hermosa III, no lejos del campus de la Universidad del Valle. Su casa está en una esquina al tope de una colina y tiene por vista las luces lejanas de la ciudad de Guatemala; es simplemente palaciega.

Sin discutirlo siquiera, Guillermo y Rosa Esther se instalan en la típica vida matrimonial de los guatemaltecos acomodados: compran Oldsmobiles que hacen juego y empiezan a amasar objetos para llenar tanto su casa como sus vidas. Es placentero ver cómo la casa propia se va llenando de muebles, de los sistemas electrónicos más sofisticados, de cuadros de paisajes y de artefactos mayas, pero existe un creciente vacío en las vidas de aquellos obsesionados con las cosas.

Antes de que pase mucho tiempo, se irán de fin de semana a Antigua y Panajachel y, por supuesto, estarán dedicados a sus hijos ya por nacer. Él empezará a jugar golf o tenis como la mayoría de los hombres de su generación; ella podría empezar a aprender francés ahora que ya domina el inglés, o bien podría comenzar a hacer ejercicio. En lugar de eso, abandona sus planes de conversión al catolicismo y se involucra más en la Union Church.

Rosa Esther se identifica con los feligreses más religiosamente conservadores pero socialmente liberales: creen que sus sirvientas y mozos deben recibir un trato más que humanitario. Se enorgullecen de que trabajen no más de cincuenta horas por semana y de ofrecerles cuartos en los que no vivan más de dos sirvientas por habitación. Creen que la servidumbre es casi como familia y a menudo se involucran en la recaudación de fondos para operaciones especiales que reparen labios leporinos y deformaciones faciales.

Se están preparando para su salvación el Día del Juicio Final.

Después de sus prisas por casarse, y al recordar el maravilloso e inspirador caos que fue Nueva York, le queda claro a Guillermo que él y Rosa Esther tienen poco en común. Son de temperamentos y filosofías incompatibles. Ella valora la religión, él no; él quiere socializar con sus asociados de trabajo y ella prefiere estar con su hermana y su abuela y, al paso del tiempo, con su criatura recién nacida. A él le fascina desayunar papaya fresca y huevos estrellados, y ella prefiere el yogur con granola. Ni siquiera se pueden poner de acuerdo en cuanto al tipo de café que deberían beber en las mañanas.

A Guillermo lo había criado una madre católica y un padre medio judío no practicante, y aunque había tenido una base moral extremadamente fuerte en su infancia, nunca se interesó por la religión. Por el contrario, Rosa Esther florece con las actividades de la Union Church e insiste en que construyan un hogar verdaderamente cristiano. Desde un principio, sus impulsos sexuales eran disímiles, pero después de las diversas infidelidades de Guillermo, los de Rosa Esther adquieren un carácter más evidentemente religioso. Desarrolla una poderosa repulsión al sexo; lo considera sólo como un medio de procreación y lo desprecia como manera de liberar tensiones o para divertirse. A lo más, debería ser un asunto quincenal o mensual, más por obligación que por pasión y con la única intención de reforzar los valores de la familia nuclear.

Guillermo se torna muy sentimental cuando recuerda sus estudios de posgrado en Estados Unidos, lo que llama «el periodo de intimidad, de experiencias compartidas». A menudo se pregunta que si hubieran estado solos, sin amigos, sin la distracción de la mágica ciudad de Nueva York que brillaba en sus corazones e imaginación, su relación hubiera empezado a desbaratarse antes. Sabe que su corazón, o por lo menos su pene, está desbordante de pasión y se le dificulta descartar sus amoríos con Chichi y Mercedes como sucesos aislados que sólo le dieron más color a su vida.

No, fueron más que eso, y formaron las bases para su nueva moralidad; algo que no puede discutir con su mujer. Mientras se dedica a establecer su reputación como exitoso abogado especialista en finanzas, trabajando primero con el Banco de Guatemala y después con Credit Suisse, descubre que puede expiar sus pecados jurándole fidelidad al Dios del Onanismo: la masturbación como reemplazo del sexo le proporciona placer. Cuando Rosa Esther da a luz a su primer hijo, Ilán, y, dos años después, a su hija Andrea y se aparta del terreno físico, él puede ver cómo se cierra la ventana de su vida como unidad. Recuerda con afecto sus jugueteos con Chichi los martes y jueves por la mañana y sus encuentros del viernes con Mercedes. Los considera como los momentos cúspide de su vida matrimonial. Venirse dos o tres veces al día en un inodoro no podría considerarse pecaminoso.

Pero, sin duda, contagiar a su esposa de herpes sí lo había sido.

Rosa Esther se involucra cada vez más con su familia y su iglesia, y les queda claro, tanto a Guillermo como a ella, que han perdido el hilo que conducía del corazón de él al de ella y viceversa. Y como él se siente herido y juzgado, además de furioso, nunca quiere tocar el tema; ni ella tampoco.

Una noche después del nacimiento de los niños, los dos están acostados en la cama, leyendo. Guillermo no puede concentrarse; de hecho, está oyendo el zumbido eléctrico de su lámpara y la ocasional gota que cae de la llave del lavamanos.

—Algo intervino entre nosotros —dice al tiempo que baja el periódico.

—No tengo idea de lo que estás hablando, Guillermo.

Rosa Esther trae puestos sus lentes para leer y está concentrada en un libro sobre pilates en inglés.

—Antes queríamos hacer el amor —dice, sorprendido ante su franqueza. Está consciente de su erección.

—Nunca —le responde ella con voz de hielo sin quitar los ojos de la página—. Bueno, posiblemente antes de que empezaras a seducir a las esposas de tus mejores amigos.

Guillermo se rueda a su lado de la cama, le arranca los anteojos y trata de montarla.

—¿Qué estás haciendo? —resopla Rosa Esther al tiempo que trata de quitárselo de encima. Puede sentir su pene endurecido presionándola—. ¿Te has vuelto loco?

—¡Mírame!

Lo hace; sus ojos desorbitados le dan color a su pálida y lechosa cara. Guillermo es mucho más fuerte que ella, de modo que deja de resistirse.

Él se relaja ligeramente y en ese instante ella le da un fuerte golpe con la orilla del libro. Es un dolor intenso y momentáneo, pero él se siente más herido por el hecho de que lo golpee que por el golpe mismo.

Mientras se sostiene la cabeza, ella se lo quita de encima con un empujón y se pone de pie.

—Si me vuelves a tocar así, sin mi consentimiento, te voy a dejar y me voy a llevar a los niños. ¿Me entiendes?

Guillermo no sabe qué hizo mal. Está demasiado enojado y frustrado como para contestarle. Detesta a Rosa Esther y empieza a ver a los niños como extensiones de ella.

Cuando Guillermo y Rosa Esther estaban partiendo para Nueva York, Juancho estaba estudiando su licenciatura en banca y finanzas internacionales en la Universidad Marroquín. Pronto obtiene un primer trabajo como asesor financiero para el Taiwan Cooperative Bank que busca desarrollar oportunidades financieras en Guatemala, uno de los pocos países del mundo con el que tiene relaciones diplomáticas. Poco después se casa con Frida, una farmacéutica con un próspero negocio cerca del Campo Marte y compran una casa en Vista Hermosa, no lejos de donde siguen viviendo sus padres. Su trabajo en la banca le parece aburrido y sus empleadores inescrutables, de modo que decide convertirse en Oficial de Créditos para el Banurbano de Guatemala; así podrá ayudar a crecer a las pequeñas empresas. Pero este trabajo tampoco le agrada: encuentra que por recomendación de su supervisor tiene que negar préstamos que él sí les otorgaría a los jóvenes empresarios que los solicitan y también se le ordena que desvíe decenas de miles de quetzales a empresas que sospecha son sociedades ficticias que sin duda no requieren de capital. No tiene a nadie con quien pueda quejarse y siente que hay decisiones esenciales que se están tomando a su nombre y sin su consentimiento; simplemente se le está pidiendo que las ejecute.

Juancho no es ningún héroe liberal. No cree en el bienestar social ni en que el gobierno debería estar haciendo nada para corregir las injusticias de la sociedad; en esto piensa igual que Guillermo, pero expresa sus ideas con mucha menos hostilidad. En el mejor de los casos, el gobierno debería ser un árbitro que se asegure de que el sistema capitalista funcione como debe y que ninguna corporación individual establezca un monopolio. Los impuestos deberían mantenerse a un nivel mínimo, justo el suficiente como para financiar a los sectores necesarios del gobierno: fuerzas armadas, policía, bomberos, servicios sanitarios, manejo de aeropuertos, ayuda en casos de terremotos. Fuera de eso, siente que el sector privado debería encargarse de todo lo demás, incluyendo escuelas y parques.

Nunca votaría por alguien demasiado progresista, que critique a las fuerzas armadas o que ataque a los gobiernos de derecha.

Con todo y eso, como la mayoría de los guatemaltecos, no quiere ensuciarse las manos para garantizar que se impongan sus ideas. Cree que la honradez y la transparencia del gobierno son importantes. A nadie se le debería pedir que haga algo que va en contra de los principios de Dios y de la Patria y, mucho menos, algo «por debajo de la mesa». Es un guatemalteco decente que cree que la corrupción es un gusano que puede ocupar cualquier aspecto de la vida y que debe exterminarse; pero no es un peleador ni un soplón.

De modo que justo cuando Guillermo y Rosa Esther están regresando de Nueva York, decide hacer un cambio de vida: compra una hectárea de terreno en una inclinada meseta en San Lucas Sacatepéquez a unos 25 kilómetros de la ciudad de Guatemala. A diferencia de Guillermo, no quiere convertirse ni en caballero granjero ni en agricultor corporativo; no quiere tener nada que ver con corrupción ni maniobras ilegales. Quiere trabajar la tierra con sus propias manos para que produzca en abundancia.

Compra doscientos retoños de aguacate de tres años y contrata a Marco Zamudio, agrónomo y botánico, para que lo ayude a iniciar una granja de aguacates. La tierra de San Lucas es fértil y el clima templado. Él y Marco empiezan un ambicioso programa de injertos que les permite reducir el periodo de crecimiento juvenil y estimular el desarrollo de los frutos en la mitad del tiempo. De modo que al cabo de dos años, los retoños empiezan a producir frutos, y para el quinto año, su tierra estará produciendo diez toneladas de aguacates, dulces, carnosos y limpios, que espera poder vender en supermercados y restaurantes elegantes en la ciudad de Guatemala y en Antigua, y posiblemente exportar a los Estados Unidos.

Pero un día, un miércoles, Juancho está manejando su camioneta de la casa a la granja en San Lucas cuando repentinamente pierde control del vehículo, se sale del camino, rebota sobre una canaleta que más bien parece una zanja y se estrella de lleno contra un enorme hule que está a un lado de la carretera. Su cabeza golpea el volante y muere al instante a causa de un aparente infarto. Debe haber sido fuerte, repentino y grave. Apenas tenía 26 años.

Guillermo es de los primeros que recibe la llamada de Frida. Está desconsolado por la muerte de su amigo; no tanto por la pérdida de su amistad, que ya habían dejado de lado, sino por la consciencia de la rapidez con la que pueden cambiar las cosas. La vida es efímera, como la ceniza de un cigarro o como el polen que se lleva una ráfaga de viento; vuela por los aires en un instante y no queda nada de ella.

Se siente perturbado por lo repentino de la muerte de Juancho. No quiere parecer paranoide, pero se pregunta si su amigo realmente tuvo un infarto o si su muerte fue un castigo por no estar dispuesto a hacer algo ilegal en su trabajo en Banurbano.

Así es como se percata de lo corrupta que puede ser Guatemala.

El sábado siguiente, el velorio se lleva a cabo en los Funerales Reforma, a unas cuadras al norte de la Calle Montúfar en la Zona 9. El ataúd se deja abierto, pero algo ha pasado con el embalsamamiento que se hizo al cuerpo dos días antes. Ni uno solo de los cuarenta y tantos dolientes quiere decir nada, pero sus narices empiezan a arrugarse y de vez en vez alguien se cubre la nariz con una mano. Un extraño olor flota por toda la sala, como una nube, y hace que algunas personas tosan y se cubran la boca con pañuelos; la peste es espantosa.

Dado que nadie quiere decir nada acerca de la mezcla extraña entre carne descompuesta y formaldehído, el velorio es un horror. Y mientras el niño de dos años de Juancho corre y brinca alrededor del ataúd de su padre como si fuese una enorme mansión de madera encima de una mesa, Frida está enloquecida de dolor. Sabe que algo ha salido mal con el embalsamamiento, pero no quiere corregir el problema por temor a causar un escándalo. Está más preocupada por la llegada del sacerdote que habrá de encabezar los servicios, ya que es un viejo amigo de la familia que viene desde El Salvador. Es un largo viaje que se prolonga aún más gracias a las avalanchas de lodo que bloquean las carreteras de montaña.

Rosa Esther acompaña a Guillermo a los funerales, pero le proporciona poco consuelo. Le parece macabro el ataúd abierto, en especial con el aroma de carne podrida y formaldehído que permea el aire. Está agradecida de que nunca hizo nada por convertirse al catolicismo: repentinamente se siente repelida por la pompa y por los extraños rituales, y añora la simplicidad de la Union Church.

En algún momento, su mano roza el hombro de Guillermo; es una caricia tierna. Se ven el uno al otro, de la manera en que lo hicieron cuando se conocieron. Él trata de tomarle la mano y llorar, tal vez, pero ella simplemente inclina la cabeza, se aleja unos pasos y se sienta.

Cuando el sacerdote llega a la funeraria con media hora de retraso, hay un suspiro colectivo de alivio. En lugar de traer puesta una sotana, está usando pantalones oscuros y una camisa negra con alzacuello. Una sencilla cruz roja cuelga de su cuello; es joven, guapo, incluso, y tiene aspecto de *beatnik*.

Se toca la nariz nerviosamente mientras conversa con el director de la funeraria. Los dolientes lo observan mientras asiente una y otra vez con la cabeza.

Inmediatamente se acerca al ataúd y lo cierra, al tiempo que le coloca una pequeña tela sacramental que ha traído consigo; tiene bordado un Cristo casi desnudo en rojo y azul, acostado sobre una cama amarilla.

Susurra algunas oraciones por lo bajo y pregunta si alguien quiere decir algo.

Ya es media tarde y todo el mundo se siente cansado, hambriento e impaciente después de la larga espera. Algunos miembros de la familia dicen palabras dulces e inocuas entre lágrimas, pero en el aire cuelga una sensación de inutilidad y de vacío; las palabras no pueden deshacer lo que ha sucedido. Su muerte parece tan innecesaria, tan prematura, tan incongruente: no hay un secuestro, no hay un ataque físico ni nada que despierte la especulación política ni las ideas de cohecho.

Es el sencillo final de una vida sin la violencia que ahora caracteriza la vida diaria en Guatemala.

Después de los discursos, la madre de Juancho pregunta al sacerdote si puede darle los últimos sacramentos a su hijo.

El padre la toma de la mano y le indica que la extremaunción es sólo para los gravemente enfermos o los recién fallecidos, antes de que su alma ascienda al cielo. Supone que Juancho fue un buen católico, por lo que no hay necesidad de preguntar si se arrepentía de sus pecados o no; ya debe estar en Estado de Gracia.

La madre de Juancho se siente afligida por el mordaz comentario del sacerdote además de un poco confundida. Se recarga aún más pesadamente sobre el hombro de su nuera, usándolo casi como báculo.

El padre se da cuenta de que es el momento de que diga algo significativo y amable para reconfortar a los asistentes. Los llama en torno al ataúd e inicia una oración para los difuntos.

*Dios, Padre nuestro,*
*Por Tu poder hemos nacido,*
*Tu providencia guía nuestras vidas,*
*Y por tu voluntad, al polvo regresamos.*
*Señor, los que mueren, viven aún en Tu presencia.*
*Sus vidas cambian, pero no acaban.*
*Elevo esta plegaria de esperanza por mi familia,*
*Por mis parientes y amigos,*
*Y por todos los difuntos que sólo Tú conoces.*
*En compañía de Cristo,*
*Quien murió y ahora vive,*
*Que disfruten el regocijo de Tu reino,*
*Donde todas nuestras lágrimas reciben consuelo.*
*Únenos de nuevo en una sola familia,*
*Para cantar Tus alabanzas por los siglos de los siglos. Amén.*

El llanto de los presentes es generalizado y audible.

Para cuando los dolientes se dirigen al Cementerio General, ya son casi las tres de la tarde. Las nubes están bajas y prácticamente tocan las copas de los árboles; hace frío y está lloviendo.

Si el ánimo era sombrío en los Funerales Reforma, en el cementerio es simplemente lúgubre. Casi tres cuartos de los presentes deciden irse a comer y no asistir al entierro, de modo que apenas hay una docena de personas cubiertas por paraguas para atestiguar el descenso de Juancho a la tierra.

De camino a la casa, Guillermo se siente completamente deprimido. Sus padres ya no están, está perdido sin el amor y compañía de su esposa y ahora su mejor amigo, que refutaba sus diatribas cada vez más extremas en contra del gobierno liberal, está muerto.

No puede creer que Juancho haya sufrido un infarto mientras manejaba para luego estrellarse contra un árbol. Algo o alguien más tiene que haber participado en su muerte, pero nunca lo sabrá.

Después de casi cinco años de vivir en Vista Hermosa, Guillermo y Rosa Esther deciden abandonar su casa e irse a vivir a un departamento de cuatro recámaras en la Colonia España de la Zona 14. Los delitos siguen en aumento, son menos aleatorios y más dirigidos, y Guillermo no quiere oír que su esposa o sus hijos hayan tenido que verse enfrentados al cañón de un arma sencillamente porque alguien escaló una simple pared de ladrillos. Su nuevo vecindario es más tranquilo y más aislado que un asentamiento israelí en Cisjordania, con guardias armados en la entrada.

Guillermo sabe que esta mudanza no significará un nuevo capítulo en su vida matrimonial.

Después de decir que no en un sinfín de ocasiones, Rosa Esther acepta la oferta de Guillermo de irse juntos un fin de semana largo a Panajachel para celebrar su octavo aniversario y dejar a los niños con la hermana y la ahora enferma abuela. Se quedan en una elegante suite del Hotel del Lago con una vista espectacular del Lago de Atitlán y un manojo de volcanes inactivos que pueden ver desde su balcón en el quinto piso.

El sábado por la mañana, caminan por los jardines y van a la playa privada del hotel a la orilla del lago. El cielo es de un color azul cobalto y hay una media docena de zopilotes que flotan muy arriba en el aire. El agua está demasiado fría y turbia para Rosa Esther, de modo que mira desde una tumbona mientras Guillermo surca la superficie del agua, flexionando sus contorneados brazos mientras nada con amplios movimientos. A pesar de la intensa actividad, apenas puede quedarse dentro del lago por más de quince minutos.

Cuando sale del agua, Rosa Esther se levanta para darle una toalla.

—Se me había olvidado que podías nadar tan bien.

Guillermo sonríe al pensar que su esposa recuerda tan poco de lo que le ha contado. Nadar ha sido vigorizante, pero se siente exhausto y está más que consciente de la mala forma en la que está.

—Cuando estaba en bachillerato, solía tomar clases de natación en Pomona. ¿Sabes dónde queda? —pregunta con nostalgia.

—Claro. Está en la misma cuadra que la Union Church. Al otro lado de la calle, lo que es más.

—Tal vez me hayas visto nadando algún día que fuiste a misa —dice Guillermo al tiempo que se envuelve en la toalla para acostarse en una tumbona junto a la de ella.

—No creo que lo hubiera notado —responde Rosa Esther.

Es un comentario gracioso y Guillermo tiene que aguantarse la risa. Quiere decirle que cuando la conoció estaba mucho más abierta a las cosas de lo que está ahora, más abierta a él, pero siente que ya han pasado demasiadas cosas. ¿Alguna vez habría estado enamorada de su virilidad o simplemente le sirvió de pase para poder salirse de tener que servirle de compañía a su abuela por el resto de su vida?

Nunca lo sabrá.

Aun así, está dispuesto a tratar de recuperar lo que tenían en aquel entonces, en aquellas semanas después de conocerse en el Pecos Bill, aunque sea para sentirse menos aislado y fomentar la conexión sentimental.

Más tarde, le pregunta a Rosa Esther dónde le gustaría cenar. Le dice que se siente cansada y que preferiría comer en una mesa con vista al lago en el comedor del hotel. Él le dice que probablemente haga demasiado frío y tímidamente le sugiere que pidan la cena a su suite en una mesa a la orilla del balcón. Pueden pedir que les prendan la chimenea: la natación y el aire fresco han vigorizado a Guillermo y quiere ver si hay algo que pueda hacer para recapturar la pasión que alguna vez sintieron el uno por el otro.

Sorprendentemente, ella está de acuerdo.

Llama a la recepción y pide que alguien suba una buena cantidad de leña, que prenda la chimenea y que disponga una pequeña mesa para la cena. Ordena una botella de Chateauneuf du Pape que sabe le costará más de 800 quetzales; más de cien dólares. Pero es un pequeño precio que pagar por revivir su romance. Guillermo piensa que aunque no se siente tan cautivado por Rosa Esther como antes, tal vez un par de copas de vino lo animen a querer hundirse en ella como lo hizo en las frías aguas del Lago de Atitlán.

Uno de los camareros del hotel trae una pequeña mesa redonda para su cena y la coloca cerca de la chimenea con un mantel blanco y candeleros de peltre; incluso trae un delgado florero con una rosa amarilla de tallo largo.

A las seis de la tarde, el mesero sube a poner la mesa y descorcha el vino, que beben mientras comen galletas, queso gruyere importado y chorizo. Guillermo no puede dejar de oler el vino, que es tan fuerte como generoso, y se siente un poco intoxicado después de beber dos copas. Rosa Esther también está bebiendo, pero con mucha cautela.

Tienen una cena encantadora mientras hablan de los niños. Guillermo menciona la posibilidad de que todos vayan a Nueva York a pasar las Navidades, a ver cómo sube la esfera por el asta bandera de Times Square para celebrar el fin de año.

Rosa Esther dice que tal vez, que es mejor que no.

Guillermo se ha bebido casi toda la botella de vino y vuelve a llamar a la recepción para pedir dos coñacs Hennessey para después del postre, aunque su esposa le dice que ella ya ha bebido más que suficiente. Guillermo cierra la puerta del balcón y, ya bastante intoxicado, coloca más leña en la chimenea.

El mesero trae los coñacs en pequeñas copas y retira los platos sucios.

Guillermo se toma el coñac como si fuera agua y siente el calor del alcohol calentándole las orejas.

Después se adueña de la otra copa, toma a Rosa Esther de la mano y la levanta de su silla junto a la mesa. Ella lo acompaña sin saber bien adónde se dirigen. Cuando él trata de bajarla hacia la alfombra café afelpada, inicialmente agita la cabeza suavemente, pero al final accede.

Durante varios minutos se quedan sentados en silencio, sus brazos rodeando sus piernas, mientras miran cómo el fuego envuelve los nuevos troncos en la chimenea. Las llamas se levantan hacia el tiro; la madera cruje y lanza chispas. Guillermo siente que su corazón se llena con algo parecido al amor mientras empieza a sorber la segunda copa de coñac. Voltea a mirarla; ella se ha alejado un poco de él y está sentada, con los brazos todavía alrededor de sus piernas, pero ahora con los ojos cerrados. Él se inclina con suavidad y trata de poner sus labios sobre su boca.

Pierde el equilibrio y su beso cae torpemente sobre la barbilla de Rosa Esther.

Sorprendida, abre los ojos y lo empuja lejos de sí.

—¿¡Qué haces, Guillermo!? —dice con cierta aspereza.

—Lo siento, te veías tan bella; pensé que te estabas acordando de nosotros...

—Siempre estás pensando en ti mismo. No tienes idea de lo que estaba pensando...

—¿Por qué no me lo cuentas? —responde con tersura, tratando de hacer contacto con su esposa; su cabeza está dando vueltas.

—No creo que lo entendieras.

Rosa Esther se levanta y se dirige hacia el baño. Se detiene a mitad del camino y le dice:

—Sabes que lo arruinaste todo en Nueva York con esa puta chilena. Ilán pudo haber nacido con herpes.

Guillermo mira hacia la alfombra y dice:

—Rosa Esther, todos eran nuestros amigos. Éramos jóvenes. Me descuidé.

—¿Por qué? —le pregunta—. ¿Porque no usaste condón con Chichi?

—Ya me he disculpado por ello —se levanta para ir tras ella, inseguro de lo que quiere hacer, pero tira el vaso de coñac a la orilla de la alfombra. Se detiene para mirar el líquido dorado que fluye por el piso de parquet.

—Así es. Y después estuvo Mercedes —dice ella mientras entra al baño y azota la puerta.

Guillermo vuelve a sentarse en la alfombra, derrotado. La religión de Rosa Esther no permite el perdón.

Cuando se apaga la luz del lado de la cama de Rosa Esther, Guillermo se sorprende al sentirla acurrucándose contra él y tocando sus shorts con la mano izquierda. Guillermo está asombrado porque no han hecho el amor en casi seis meses.

Se percata de que está muy borracho, pero quiere tener cuidado a causa de la conversación anterior acerca de Chichi, Mercedes y el herpes. También se siente confuso: «¿Qué quiere de mí?», se pregunta mientras espera su siguiente movida.

Ella vuelve a posar su mano como si estuviera tocando levemente a una puerta, y se acuesta de espaldas sobre el colchón.

Su pene está rígido contra su prisión de algodón. Levanta el camisón de Rosa Esther y se mueve hacia abajo. Quiere beber de ella. Cuando coloca su boca sobre su estómago, ella cierra las piernas y trata de jalarlo hacia arriba. Él sujeta sus piernas contra sus manos mientras ella se esfuerza por liberarse, pero no la suelta.

Pone su antebrazo encima de sus piernas para que no pueda escapar. Mete su dedo índice en su boca y después lo introduce suavemente dentro de ella. Rosa Esther encoge las piernas y las jala hacia un lado como si él estuviera tratando de quemarla con un hierro, pero repentinamente relaja el cuerpo mientras él sigue moviendo su dedo dentro y alrededor de su vulva. Él puede oír cómo se remoja los labios con la lengua, tragando y jadeando lo que parece ser su nombre.

Se empieza a mover contra su dedo, ayudándolo a encontrar un lugar más placentero dentro de ella. Guillermo siente sus labios en su mejilla y levanta el antebrazo para liberarla.

Sus piernas se abren por completo; está esperando que la penetre. Lo desnuda violentamente, lastimando sus testículos, y con las dos manos aleja su dedo. Él la atraviesa con su pene y ella arquea su espalda.

Ella está jalando sus nalgas en un ritmo constante, dejándole libres las manos para acariciar sus senos; pellizca sus pezones fuertemente.

Sin aviso, Rosa Esther suelta un largo alarido, casi un graznido, y trata de jalar aire.

No lo esperó. Él sigue penetrándola sin que ella se resista; le clava las uñas en la espalda como insistiéndole que no se detenga.

Cuando está a punto de venirse, ella se escurre por debajo de él, agarra su pene y lo saca con rapidez; su semen cae a las sábanas. Guillermo todavía está sintiendo cómo el semen sale de su cuerpo cuando nota que Rosa Esther está de espaldas y que está abrazada a la almohada al otro lado de la cama; su cuerpo está temblando con los estertores finales de su orgasmo, o tal vez esté llorando.

—¿Rosa Esther? ¿Estás bien?

—No me dirijas la palabra —responde amargamente, furiosa de haber cedido a la satisfacción del placer.

Guillermo es el primero en despertar a la mañana siguiente; ve a Rosa Esther dormida tranquilamente, su cabeza en la almohada, su cabello detrás de ella.

Se siente enfermo, como el personaje de *La náusea* que un día mira a un árbol y lo único que quiere es vomitar. Se da cuenta de que su matrimonio, al igual que el sexo, se ha convertido en algo mecánico. En lugar de sentir placer o satisfacción al levantarse y mirar a la persona que duerme plácidamente junto a él, siente un terror que lo abruma. Piensa en el tipo de vida que él y Rosa Esther han construido juntos: su edificio de departamentos tan parecido a un búnker, los dos niños que parecen ser aliados de ella, la comodidad que de alguna manera desmiente sus necesidades viscerales internas.

Imagina que podría seguir viviendo así con ella para siempre, con la ocasional sesión de sexo vacuo. También puede encontrar placer iniciando aventuras con media docena de mujeres. En el matrimonio existe un punto de adaptación que resulta satisfactorio, casi esperado, como el crujido de un pan tostado o la suavidad de un helado. Esta certidumbre, esta repetición de patrones, puede ser reconfortante: las excursiones dominicales al club social y la comida de las dos de la tarde: el coctel de camarones, las papas al horno, el guacamole y los cortes de puyazo. El regreso a casa después de agotar las energías con un juego de tenis o de softbol con los niños, ocultar el leve dolor de cabeza de dos *whiskys* cuando una gaseosa hubiera sido mejor.

La mira, a esta desconocida que no se mueve. Oye a un pájaro carpintero que golpea con insistencia. Cree que podría lograr la sobrevivencia del matrimonio y que ambos vivirán cómodamente dentro de un círculo de indiferencia.

El desapego es el resultado del silencio mutuo que existe entre ellos. Es como si Guillermo y Rosa Esther fueran desconocidos, pero no del tipo cuyos genitales se excitan cuando se reúnen en algún hotel lejano. Hay una enorme brecha entre los dos, un valle o un Sahara cubierto por nubes y neblina, y rara vez perturbado por tormentas de arena: pueden sonreírse y tocarse los dedos, pero sólo están remotamente conectados mientras vagan sin verse, ciegos el uno al otro.

El resto del fin de semana pasa sin incidentes. Guillermo y Rosa Esther se portan de manera cortés y civilizada, cada uno dentro de su propia burbuja. Él se da cuenta de que jamás podrá volver a suponer que lo que cree estar experimentando puede compartirse con otra persona; por lo menos, no con Rosa Esther. Y más importante aún, se percata de que como pareja están acabados; tal vez compartan placeres y deleites, incluso físicos, pero lo harán ocupando espacios paralelos dentro de un universo tridimensional.

Rosa Esther seguirá compartiendo la cama de Guillermo, pero le deja en claro, sin pronunciar palabra, que no tiene interés alguno en hacer el amor con él de manera habitual: si insiste, se mudará a la cuarta recámara, que en este momento él utiliza como oficina.

Tal vez parezca un castigo, pero ella espera que él lo aguante de manera obediente y que le siga siendo fiel según los términos de su contrato de matrimonio, aun si ya lo ha roto más de una vez.

Todo esto está implicado, no se discute.

Mientras Guillermo pone las valijas en el automóvil para el viaje a casa y ella espera en el *lobby* del hotel, él recuerda la vez en que se topó con Chichi en el baño de su departamento y cómo se habían atacado el uno al otro mientras oían a Jim Morrison y The Doors como fondo. Su boca olía a cigarros y a vino barato, pero había sentido sus pequeños y tiesos pezones contra su camisa de algodón. ¿Había estado masturbándose en el baño esperando que él entrara? Tan pronto como había entrado, se le había ido encima; había dejado la puerta sin cerrojo de manera intencional.

Y al venirse, Guillermo había visto su cara y sabía que ella estaba feliz, que estaba experimentando algo que no había tenido en todos los años de matrimonio con Marco.

*El grito de la mariposa*. Como Rosa Esther anoche.

Pero ahora recuerda lo que sucedió después: alguien había tocado a la puerta y Chichi se había desprendido con rapidez, se había desnudado y metido debajo de la regadera después de cerrar la cortina negra.

Guillermo se había cerrado el pantalón al tiempo que ella abría la regadera.

—Gracias a Dios que eres tú; me muero por hacer pipí —le había dicho Rosa Esther mientras lo empujaba a un lado y se sentaba en el inodoro—. ¿Quién está en la regadera?

—Chichi.

—¿Y tú qué haces aquí?

Guillermo no había contestado y simplemente había regresado a la fiesta.

¿Las dos mujeres habrían hablado después? Rosa Esther nunca le dijo nada más acerca del incidente, pero tiene que haber sabido que él le había hecho el amor a la mujer dentro de la regadera, porque algo había sucedido; había cambiado de manera innegable.

Incluso antes de que los seis amigos tuvieran herpes.

Guillermo y Rosa Esther viven sus vidas como dos líneas en planos separados que se cruzan en un punto: los dos niños. Por lo demás, cada uno parece vivir y existir de manera independiente. Ella tiene a sus amigas, a su familia y a su iglesia, y él tiene su trabajo, que es bastante absorbente, su club y el principio de sus aventuras que, según cree, logra mantenerle ocultas a su esposa. Se está convirtiendo en el típico hombre guatemalteco que tiene diferentes aventuras fuera de la casa, pero que ni por casualidad considera la idea de ponerle fin a su ahora desamorado matrimonio. No está interesado en encontrar a una amante de tiempo completo; quiere la emoción de las aventuras rápidas.

Su relación se convierte en una ecuación simple con un número limitado de variables. Nunca hablan de una separación o de un divorcio, ni de buscar terapia para tratar de reparar la brecha que existe entre ellos. En esencia, viven a solas, impasibles ante sus diferencias e incapaces de arreglarlas, y aparentemente se ajustan a esta realidad apenas descubierta. Puede hacerse, y así se hace, en miles de hogares en la capital de Guatemala.

Lo que Guillermo necesita ahora lo puede encontrar con su mano derecha o con otra mujer fuera de la casa. Es un arreglo maravilloso.

Hasta que conoce a Maryam Khalil.

# 7
# Lo que le gustó no fue el *hummus*

Guillermo recuerda exactamente la primera vez que la vio.

Fue en febrero del 2006 cuando llevaba un par de semanas trabajando con Ibrahim Khalil, un nuevo cliente. Semanas antes, el Presidente de la República le había pedido a Khalil que ocupara un puesto en el consejo consultivo honorario del cuasi-gubernamental Banurbano de Guatemala, el mismo banco donde había trabajado Juancho, para supervisar la legitimidad de los préstamos bancarios a diversas empresas privadas y organizaciones no gubernamentales. No le llevó mucho tiempo darse cuenta de que había préstamos por diez millones de quetzales a compañías que ni siquiera estaban oficialmente incorporadas ni registradas en Guatemala. ¡Eran empresas fantasma que recibían préstamos para construir fábricas indispensables en medio del Río Dulce o para plantar pasto marino en las montañas al norte de Zacapa! La mitad de estas organizaciones no tenía una dirección física; sólo apartados de correo y Actas Constitutivas en El Salvador u Honduras. Khalil se había comunicado con Guillermo porque había recibido llamadas amenazadoras después de descubrir estas irregularidades y hacer afirmaciones incendiarias en una de las polémicas reuniones del Consejo de Administración; indicó que sospechaba que uno o algunos de los gerentes desviaban fondos bajo esta apariencia de legitimidad.

Dicho de manera sencilla, Khalil había descubierto sus fraudes de lavado de dinero y, a diferencia de Juancho, no tenía la más mínima intención de quedarse callado.

Ibrahim contrata a Guillermo no necesariamente como medida de protección (hay docenas de empresas guatemaltecas que ofrecen guardaespaldas armados y todo tipo de equipos de monitoreo), sino para que lo ayude a decidir la mejor manera de proceder (¿debería comunicarse con la prensa?) y para averiguar quién podría ser el beneficiario final de estos préstamos. Como miembro del Consejo, Ibrahim no tiene ninguna responsabilidad fiduciaria real ni preocupación alguna en caso de descubrir un fraude, pero se toma su trabajo en serio y cree que él, así como los demás miembros, ha recibido el encargo de administrar o supervisar el gasto de fondos públicos. Considera que su papel es esencial para preservar la confianza pública en el gobierno del país.

La propia fábrica de textiles de Ibrahim está teniendo éxito y necesita supervisión, pero no su intervención diaria. Siente que tiene un buen equipo administrativo y los capataces y trabajadores parecen estar felices. Ha bloqueado los intentos de sindicalización porque está convencido de que los dueños de negocios deberían tener absoluta autoridad en cuanto a las decisiones relacionadas con su inversión principal; los trabajadores y los productos que fabrican; no está interesado en compartir su poder.

Pero sospecha de la administración de Banurbano cuando descubre más discrepancias, además de diversas transacciones que no tienen sentido. Dos días después de plantear sus sospechas al Consejo Consultivo, amenaza que se comunicará con la Suprema Corte, no con el Presidente, en quien no confía, para que inicie una investigación que detecte de qué se tratan los chanchullos financieros. Y es en ese momento en que empiezan las llamadas amenazantes.

Ignora la primera llamada, que es una voz femenina que le señala que no comprende cómo funciona Banurbano y que debería detener sus investigaciones.

Pero la segunda es una voz masculina que termina con una advertencia «o te vas a arrepentir». Es cuando se comunica con el bufete de Guillermo Rosensweig para que lo ayude a determinar si estas amenazas son efectivamente reales y también para incluirlo en la investigación de los préstamos dudosos.

Tienen dos breves conferencias telefónicas; Guillermo le dice a Ibrahim que por ahora no requiere de protección física adicional, pero que sería inteligente que se guardara sus opiniones, en especial dado que habrá otra reunión del Consejo la semana siguiente. Después de que Guillermo cuelga, se da cuenta de que se ha equivocado y vuelve a hablarle para que se citen. Dados sus antecedentes en administración, le ofrece a Ibrahim revisar los documentos él mismo en las oficinas de la fábrica textil en la zona industrial detrás del Hospital Roosevelt.

Ibrahim se viste de manera descuidada y nada de lo que se pone jamás parece combinar. El día que se reúne con Guillermo, trae puesto un saco azul, pantalones grises a cuadros y una camisa azul con una corbata a rayas negras y rojas. Guillermo no puede imaginarse quién lo ayudó a vestirse. Tal vez, cuando tenga 74 años, piensa, tampoco le importará cómo se vea.

Su primera reunión es buena; Ibrahim confía en las primeras impresiones y piensa que Guillermo es un hombre inteligente y, aún más importante, honrado. Le da al abogado dos carpetas atestadas de documentos y transferencias bancarias y le dice:

—Cuídelas con su propia vida.

Guillermo asiente con la cabeza. El teléfono suena e Ibrahim lo contesta. Para darle algo de privacidad, Guillermo aprovecha la interrupción para ir al baño. Cuando regresa, Ibrahim le dice:

—Guillermo, mi hija Maryam viene a recogerme en diez minutos; voy a comer con ella en su departamento de Oakland, como siempre. Me daría mucho gusto que nos acompañara.

Guillermo sabe que Rosa Esther lo está esperando en casa. Esa mañana había decidido que la sirvienta cocinara chiles rellenos de carne enlatada de jaiba, aun cuando la carne de jaiba suele ser salada y seca como nada, incluso con el aderezo de mayonesa. ¿Cómo pudo pensar Guillermo que alguien que no sabe cocinar podría decirle qué preparar a su sirvienta Lucía?

—¿No debería preguntarle a su hija si no hay problema?

Ibrahim agita un brazo en el aire.

—Estará encantada de conocer a mi nuevo abogado; especialmente a alguien tan delgado como usted. Maryam admira a las personas atléticas —dice con cortesía.

Guillermo sonríe. Es un comentario extraño pero algo tentador.

—Bueno, solía ser un ávido ciclista. —Está en buena forma, pero difícilmente se le podría calificar como atlético—. Permítame confirmar con mi esposa; me está esperando para almorzar.

Se disculpa y vuelve a salir al pasillo para hablarle a Rosa Esther.

Le dice que ha surgido un asunto de último minuto que le impide regresar a casa a comer. Ella le contesta que ni siquiera van a estar los niños y, francamente, se siente aliviada porque no tienen nada que decirse estos días. Su amor se ha fosilizado: y no sólo su amor, sino el amor matrimonial de todas las parejas con las que socializan. Se da por hecho que tan pronto los niños comiencen a caminar, el romance se acaba y la relación institucional lo reemplaza.

Decir que Rosa Esther y Guillermo son un par de sujetalibros sería decir mucho; los sujetalibros por lo menos tienen un propósito para formar pareja. Pero son mucho menos que eso; especialmente después de que Zoila, amiga de Rosa Esther, le cuenta que Guillermo le pareció inusualmente afectuoso con Araceli Betancourt cuando los vio comiendo juntos en Tre Fratelli en la Plaza Fontabella. Araceli está divorciada y en alguna época fue miembro activo del cuerpo auxiliar femenino de la Union Church. Pero no más.

—¿Vas a venir a casa a cenar? Quiero saber porque Canche Mirtala me invitó a cenar y a jugar bridge con sus amigas esta noche.

—No estoy seguro.

—Guillermo, no quiero desperdiciar otra noche más esperando a que decidas si tus planes para la noche me incluyen a mí o a Araceli Betancourt.

Siente que le laten las sienes, pero deja que la insinuación pase desapercibida.

—¿Por qué no vas a casa de la Canche? Si termino temprano te veo allí. Me puedo preparar algo yo solo en la casa.

Rosa Esther cuelga sin despedirse. Está a punto de estallar. En dos ocasiones anteriores le advirtió que se llevará a los niños y que se irá a vivir a México con su tío si no interrumpe su cadena de sórdidos amoríos. Está convencida de que Zoila tiene razón, de que está teniendo una aventura con Araceli Betancourt, pero más importante aún, de que también la está engañando a *ella* con alguna puta secretaria.

Guillermo, que no está dispuesto a perder a los niños, obedece y se toma un descanso de sus aventuras con Araceli. Se dice a sí mismo que le será fiel a Rosa Esther; pero sólo hasta que pasa contoneándose la siguiente falda apretada. El sexo se ha transformado en una droga; en una excelente droga que lo hace sentir poderoso, vivo y renovado. Es un devoto de los encuentros eróticos.

Cuando Guillermo regresa a la oficina, Khalil ya se ha puesto un sombrero Stetson gris en la cabeza y está parado junto a su escritorio.

—Ibrahim, encantado de comer con ustedes —le da curiosidad saber más acerca de esta hija que supone tendrá alrededor de cuarenta años.

Los ojos del viejo libanés se iluminan.

—Tendremos una fiesta —dice felizmente.

Hay un guardia armado frente a la fábrica y sus oficinas. La seguridad es una preocupación importante en Guatemala. Es bien sabido que por míseros 5 000 quetzales, 700 dólares, los tres guardias ya investigados y autorizados podrían decidir tomarse un descanso para tomar café al mismo tiempo para que una banda de secuestradores pueda llevar a cabo un golpe.

Toman el elevador hasta la recepción; cuando llegan al piso de abajo, Guillermo ve un Mercedes negro estacionado en la entrada a través de las puertas de vidrio. La ventana polarizada del lado del conductor empieza a bajar y antes de que pueda ver una cara, oye una voz femenina que tentativamente pregunta: «¿Papá?».

La presencia de un desconocido la ha preocupado.

—No te preocupes, Maryam; Guillermo es asociado mío. De hecho, es mi nuevo abogado. Lo invité para que comiera con nosotros —dice mientras va caminando al asiento del copiloto.

—Me debiste haber dicho algo cuando te hablé —le reprocha su hija—. Pude haber planeado una comida más sustanciosa.

—Guillermo come poco; por eso está tan delgado —le responde su padre, restándole importancia al asunto mientras abre la puerta delantera. Con la cabeza, le señala a Guillermo que se acomode en el asiento de atrás—. Déjeme hacer el asiento hacia adelante —dice Khalil al tiempo que presiona un botón junto a él.

—No es necesario —dice Guillermo mientras abre la puerta. Ibrahim es un hombre enjuto que seguramente nunca fue muy corpulento, pero aún con su asiento hasta adelante, Guillermo sigue estando un poco apretado; desde su lugar puede ver la parte trasera de la cabeza de Maryam y, por supuesto, oler su perfume, Mademoiselle de Chanel.

El pesado cabello negro de Maryam cae sobre su cuello y el respaldo del auto. Eso y el perfil de su mejilla derecha es todo lo que Guillermo ve de ella ya que no voltea a verlo. Puede sentir una helada bruma de enojo que se forma entre el asiento trasero y el delantero, como si fuera un cristal divisorio; es evidente que está molesta por la invitación de último minuto de su padre. Guillermo piensa brevemente en salirse del auto y excusarse, pero algo lo detiene.

Maryam arranca y empieza a salir del estacionamiento. Finalmente, Ibrahim rompe el silencio y dice:

—Maryam, Guillermo Rosensweig me está ayudando a averiguar a dónde se está yendo todo el dinero de Banurbano; quiero que seas agradable con él.

Ella bufa al tiempo que sale disparada sobre la grava del estacionamiento y cubre el carro estacionado de Guillermo con una nube de polvo.

—Soy agradable con todo el mundo.

Se dirige a la reja de 4.5 metros de alto que rodea la fábrica, las oficinas, la zona de carga y los basureros.

Ya en la entrada, Maryam saca su mano izquierda y le da un billete de 10 quetzales al guardia de la reja.

—Maryam, es mi empleado.

—Como sea, papá. No quiero que se le olvide lo agradable que soy con él en caso de que un secuestrador lo quiera hacer rico cualquiera de estos días.

—Por favor; Fulgencio ha trabajado para mí por veinte años.

—Justo por eso —dice ella al tiempo que le da un golpe al volante para enfatizar sus palabras—. No necesita mucho convencimiento para saber que necesita un cambio.

Vuelve a subir la ventana y voltea a ver a Guillermo.

—Siento mucho —dice, al tiempo que lo ve con ojos vivaces— haberlo hecho sentir menos que bienvenido. Papá ya sabe que quiero que me avise de antemano si va a invitar a alguien a mi departamento. Igual y está todo tirado o la cocinera no hizo suficiente de comer; y además es cuestión de seguridad —dice mientras se vuelve a voltear hacia adelante.

El guardia abre la reja de acero y el Mercedes pasa rápidamente sobre los topes y gira a la izquierda para cubrir las seis cuadras hasta la Avenida Roosevelt. Guillermo trata de ver mejor a Maryam por el espejo retrovisor mientas maneja. Todo el tiempo piensa que nunca ha imaginado necesitar tanta seguridad. ¿A qué le tiene tanto miedo el empresario?

Ella parece todo menos radiante. Trae puesta una camiseta blanca y su bronceada cara no tiene ni gota de maquillaje. Sus labios son incoloros.

Guillermo supone que trae puesta una faldita blanca y zapatos deportivos del mismo color con bolitas afelpadas o agujetas rosas y que ha estado jugando tenis toda la mañana en el típico estilo de esposita guatemalteca. Y Guillermo está seguro de que no se bañó esta mañana porque puede oler su sudor ganándole la batalla a su perfume.

Se pregunta si tiene buenas piernas, lo que hace que su pene empiece a despertarse.

Antes de que pueda decir palabra, Ibrahim le pregunta a su hija:

—¿Samir nos va a acompañar a comer?

—No —contesta Maryam—. O es algo en la ferretería o tal vez tenga una junta con sus amigos del Comité Libanés. —Seguramente, Samir es su marido y su respuesta indiferente implica que hay problemas con el matrimonio. Quizá este Samir sea igual que él: propenso a mentir y a tener un sinfín de aventuras.

—Entonces —dice Ibrahim triunfalmente—, sólo somos nosotros tres.

Guillermo se pregunta qué se trae entre manos Ibrahim. Todo está pasando con tanta rapidez que no existe posibilidad de que lo haya planeado así.

Maryam presiona algunos botones en el panel de instrumentos y se empieza a oír música árabe. La que comienza a cantar es una mujer, posiblemente Fairuz. Tiene una suave voz melancólica y Guillermo oye una lira que toca suavemente al fondo.

No puede quitar los ojos del pesado y brillante cabello de Maryam. En un momento dado, ella se asoma al espejo para ver detrás del vehículo y sus ojos se topan. Casi de inmediato, ella regresa los suyos al camino que tiene enfrente.

—¡Guillermo es un ávido ciclista! Así es como se mantiene tan delgado —dice Ibrahim después de un silencio extrañamente prolongado e incómodo—. Si no tuviera este marcapasos —dice, señalando hacia su pecho— tal vez me dedicaría a ese deporte.

Antes de que Guillermo pueda decir algo, Maryam se ríe.

—Papá, dudo mucho que tu viejo marcapasos sea la razón por la que no andas en bicicleta. Podrías conseguir una bici fija para tu departamento. Pero si Guillermo cree que andar en bicicleta por la ciudad de Guatemala es una forma de mantenerse sano, realmente no valora mucho su vida.

—Vivo en la Colonia España, en la Zona 14. Es muy seguro. Tiene muchas colinas poco empinadas que son perfectas para andar en bicicleta; y el aire es muy limpio.

—Yo sólo he estado allí en una ocasión. Sentí que estaba dentro de una ciudad privada —dice Maryam—. Me han dicho que en esa colonia hay una sección que está llena de mansiones modernas.

—No lo sabría. Nuestro departamento es tamaño promedio.

—¿No es allí donde vive Boris Santiago?

A Guillermo le sorprende la pregunta.

—¿El capo de las drogas? —pregunta algo tentativamente.

—Justamente ese. En *El Periódico* leí un artículo acerca de la Federación de Ciclistas de Guatemala donde decía que es un fanático del ciclismo y que es uno de sus principales patrocinadores. Pensé que tal vez lo conozca dado que viven en el mismo fraccionamiento.

—Maryam, por favor —dice Ibrahim.

—No, está bien —responde Guillermo—; no tengo gran cosa en común con un narcotraficante.

—¿Vive allí solo? —le pregunta ella, con las dos manos sobre el volante.

Guillermo se da cuenta de que no ha notado la enorme argolla de matrimonio de su mano izquierda.

—No; con mi esposa Rosa Esther, mi hijo Ilán y mi hija Andrea. Ahora sabe todo lo que hay que saber de mí —dice de manera algo provocativa, como si Ibrahim no pudiera escucharlo.

Guillermo imagina que Maryam está sonriendo.

—Yo no diría eso; los hombres siempre tienen secretos —contesta—. Espero que no piense que lo estaba interrogando, es sólo que me gusta saber quién va a venir a comer a mi departamento.

—Maryam, por favor… —vuelve a intervenir Ibrahim, casi haciendo el papel de réferi.

Guillermo toca el hombro de su cliente.

—No me ofende en lo absoluto.

Es claro que Ibrahim no ha estado perdido en la nube de sus propios pensamientos. Como si hubiera perdido el hilo de la conversación, dice:

—Debes tener piernas fuertes, Guillermo, si andas tanto en bicicleta.

—Lo bastante fuertes como para subir las colinas. Andar en bicicleta es mi pasión y mi deleite. Me fascina; me gusta estar solo. El ejercicio y la liberación de las tensiones son beneficios adicionales.

Maryam se ríe entre dientes. Guillermo se pregunta si de veras tiene un buen sentido del humor o si sencillamente se está riendo de él.

Su imaginación se está adelantando; ya los está poniendo a los dos desnudos en una cama. Tal vez ésta sea la situación ideal: tanto él como Maryam están casados y bastante infelizmente, por lo que parece. Ideal para reunirse para una cogida ocasional.

Tan pronto se estaciona en el sótano de su edificio, Maryam corre a pedir el elevador. Guillermo ve que efectivamente trae puesto un conjunto de tenis y que sí tiene buenas piernas; bronceadas y bien redondeadas. Y también que tiene bolitas afelpadas rosas a la altura de los tobillos, lo que por alguna razón lo conmueve.

Guillermo salta del carro y le abre la puerta a Ibrahim, quien se esfuerza por levantarse del profundo asiento delantero. Caminan codo a codo hasta el elevador, donde Maryam está presionando el botón que mantiene abierta la puerta. Una vez adentro, el elevador empieza su lento ascenso al sexto piso. Maryam se acerca a su padre y le toma la mano; no voltea hacia Guillermo, pero él puede ver que tiene cejas anchas, una nariz amplia y labios gruesos. Sus ojos son verdes. Cuando se abren las puertas del elevador, se encuentran frente a una oscura puerta de madera que al centro tiene clavada una mano turquesa con los dedos hacia abajo.

—¿Qué es eso? —pregunta Guillermo.

—La mano de Fátima; es para alejar el mal de ojo —Maryam abre la puerta y los deja pasar—. Siéntate mientras me cambio —le dice a Guillermo señalando hacia un sillón de cuero café—. Mi papá te puede preparar una copa.

—¿Qué te ofrezco, Guillermo?

—Chivas en las rocas; con soda a un lado.

—Un hombre que bebe una bebida de hombres; te acompaño, aunque no debería —dice Ibrahim. Desaparece en la cocina por unos minutos y después regresa con una pequeña bandeja de plata y dos copas; el vaso de Guillermo con una buena cantidad de hielo y para él un escocés solo en una elegante copa de cristal.

—A tu salud —dice Guillermo mientras levanta su copa.

—*Fee saḥitkum* —responde Khalil.

—Guillermo, no sé si te guste la comida de Medio Oriente —dice Maryam cuando regresa a la sala. Se ha quitado el traje de tenis y ahora trae puesta una falda café entallada y una blusa amarilla con estampado floral, lo que la hace ver apenas un poco menos suburbana. Está algo maquillada; tiene puesto un labial rojo granada y rímel color púrpura que destaca sus ojos. Está casi tan animada como una chiquilla y se ve casi ocho a diez años más joven que en el carro y todavía más atractiva.

Se sientan en uno de los extremos de la gran mesa de comedor. Hiba les prepara una sopa de limón y jengibre seguida de un plato de hojas de parra, *hummus* y *baba ganush*. El plato fuerte consiste en tortitas de cordero picado con perejil y arroz con frijoles.

La conversación es animada y alegre. Maryam le pide a Guillermo que les cuente de su familia, cosa que hace gustoso.

Cuando menciona que él y Rosa Esther vivieron en la ciudad de Nueva York algunos años mientras él estudiaba en la Universidad de Columbia, Maryam le cuenta que en esa misma ciudad tiene unos primos que operan una pequeña tienda que importa manjares de Medio Oriente para la comunidad árabe que vive en Brooklyn; láminas de albaricoque, pasta de ajonjolí y todo tipo de aceitunas y frutos secos. Está en algún lugar de la Avenida Atlantic.

—¿Sahadi's? —pregunta Guillermo.

—No, se llama Aleppo Station. Mi hermano Mansur se casó con una mujer de Siria. Cada año amenazan con visitarnos, pero nosotros somos los que los hemos ido a visitarlos. Hiba —llama Ibrahim a la cocina— tráenos *graibes* y café turco a la mesita.

Pasan a una pequeña mesa junto a una ventana en la esquina donde ya se han dispuesto pequeñas tacitas y platos para postre. A Guillermo le fascinan las galletas hechas de harina, mantequilla y azúcar. El café turco es amargo y fuerte.

El cabello de Maryam le cae en la cara cada vez que se inclina a comer, lo que la obliga a colocárselo detrás de sus pequeñas y bellas orejas. A Guillermo le gustaría morderlas, en especial la oreja derecha, que está extrañamente aplanada.

No puede recordar sentirse tan feliz en años como en ese primer día en que come con Ibrahim. O, más bien, con Maryam.

# 8
## *Merde Alors*

Durante el mes siguiente, Guillermo acompaña a su cliente, Ibrahim, a comer al departamento de su hija en tres ocasiones diferentes. Existe algo dinámico entre ellos, pero dado que él está casado y que Ibrahim siempre está presente, la atracción permanece atenuada y casi oculta.

Pero Hiba está consciente de que él le resulta atractivo a Maryam, mucho más que Samir, su marido de mayor edad, y Guillermo está seguro de que hace un poco el papel de espía y que le ha comunicado esta información al marido de Maryam.

Al paso de las semanas, averigua que Samir le desagrada intensamente a Ibrahim, a pesar de su agrado inicial. Esta aversión es el resultado de la culpa que siente por el papel que representó al convencer a Maryam de casarse con él. Casi se atreve a decir que Samir es un mentiroso por haber fingido que tenía grandes cantidades de dinero ahorradas de su negocio de ferretería y decir que sería un buen proveedor para su hija si algo le sucediera. Ahora, Ibrahim se da cuenta de que su yerno tiene muy poco dinero y nada de ambición. Pero su desagrado por Samir, que es diez años menor que él, no es justificación para que Guillermo, su abogado, tenga una aventura con su propia hija. Aun así, le agrada tener a un hombre más joven cerca: no hay duda de que Ibrahim está feliz de juntar a Maryam y a Guillermo, así sea para encelar a Samir aunque nunca esté en casa durante estas citas a comer.

A Guillermo le gustaría invitar a Maryam a tomar unas copas o a cenar sin su padre como chaperón, pero sospecha que ella se le reiría en la cara. No es el tipo de mujer a la que simplemente pueda invitar a una tarde de cama en el Stofella, o al menos eso cree; es mucho más elegante y proviene de una familia decente y conservadora de cristianos maronitas. En esto, la familia de Ibrahim se parece mucho más a la de Rosa Esther.

Lo que más le agrada de Maryam es que desea saber lo que está pasando en el mundo. Mientras que la mayoría de las mujeres guatemaltecas leen el *Vanidades* o el *Cosmo en Español*, ella tiene una suscripción a *The Economist* y a *Poder* y se siente cómoda leyendo novelas y libros de no ficción tanto en inglés como en español.

Hablan de política, de Medio Oriente. Maryam está convencida de que Irak va a terminar igual que Líbano; docenas de facciones rivales bajo el control de una paz inestable posterior a la retirada estadounidense. O, de lo contrario, algo aún peor: la guerra civil.

Lo más embarazoso es que durante estas comidas Guillermo se sienta a la mesa con una gigantesca y dolorosa erección. Pasar a la mesita de té para tomar el postre se ha convertido en una maniobra difícil para él y ha habido varias ocasiones en que Maryam se le queda viendo al bulto de su entrepierna sin decir absolutamente nada.

Y hay algo más. Desde que Guillermo empezó a tener aventuras, divide a las mujeres que conoce en dos categorías distintas: el tipo decente que se casa y aquellas que se saben divertir. No quiere tener nada que ver con las primeras, a las que puede detectar de inmediato, y gravita hacia aquellas mujeres que o bien son solteras o bien son divorciadas; lo único que le interesa son encuentros físicos como sustitutos para la soledad. Guillermo no puede imaginar encontrarse con una mujer que sea independiente y sensual a un mismo tiempo a menos de que, por supuesto, esté felizmente casada. Puede anticipar que terminará yéndose a la cama con Maryam, si logra estar con ella a solas, y únicamente después de muchas comidas carísimas en el Tamarindo's y de un sinfín de regalitos de chocolates y perfume.

Cree esto al mismo tiempo que se da cuenta de que ella está a su altura intelectual: está titulada en Historia de la Economía por la Universidad del Valle.

Guillermo es arrogante en cuanto a sus proezas físicas, pero sigue inseguro en cuanto a cómo proceder. No quiere hacer nada que ponga en peligro estas comidas más que públicas con Ibrahim, que rápidamente se convirtieron en asuntos habituales de cada miércoles. Le fascina ver el oscuro cabello de Maryam y sus ojos verdes desde el asiento trasero, al mismo tiempo que nota que cada vez que la ve está más radiante y menos dispuesta a ser discreta en cuanto a las miradas que ella le regresa.

Guillermo sabe que él es la razón de este cambio.

Desde el primer día en que la vio con su coqueto atuendo de tenis, sabe que tiene un cuerpo exquisito; hecho perfectamente para complacerlo: piernas cortas pero contorneadas, senos amplios, una especie de seducción vivaz en cada movimiento. Sospecha que su vulva tendrá sabor a mango o a algo aún más dulce.

Tiene miedo de llevar las cosas al siguiente nivel debido a su amistad con Khalil y por las complicaciones con el marido de Maryam y con Rosa Esther. Se imagina que su siguiente paso podría arrojarlo a un precipicio y ha trabajado demasiado duro como para que eso suceda.

¿Y cómo podría dar el siguiente paso? No tiene su número de teléfono y enviarle una carta a su casa sería demasiado riesgoso.

Lo que le gustaría hacer es esconder una nota en su bolso en la que la invitara a comer en La Hacienda y dejar que las cosas progresaran de allí. Admite que fantasea terriblemente acerca de ella y que se ha convertido en una especie de obsesión aunque nada ha pasado entre ellos más que un leve y casi sardónico coqueteo. Últimamente se siente tan sexualizado que empieza a masturbarse otra vez, simplemente para poderse concentrar en el trabajo.

Y otra vez está viendo a Araceli al menos dos veces por semana, aun si esto supone el riesgo de que Rosa Esther se entere de ello.

Maryam debe darse cuenta de que constantemente se le queda viendo con algo más que deseo. De hecho, la está desvistiendo y a ella parece gustarle su lujuria a pesar de que ignora tanto sus miradas como sus erecciones.

En Guatemala, una mujer nunca desea a un hombre, en especial a un hombre casado, y más aún si ella misma está casada; la mujer nunca es la agresora. Guillermo está convencido de que aunque muchos de sus asociados están teniendo aventuras, sus mujeres siguen respetando sus votos matrimoniales. Ésta es su cosmovisión declarada: que los hombres tienen una libido mucho más desarrollada que las mujeres. Lo comprueban la ciencia y la naturaleza: sólo hay que ver a los conejos, a los ratones y a los leones. Los machos dominantes siempre están al frente.

Y justo entre él y Maryam, entre llevar a cabo esta fantasía que casi se ha convertido en obsesión, está Ibrahim: viejo y aparentemente poco interesado en jugar un papel más allá del de intermediario para acercarlos.

Un miércoles, tan pronto como Guillermo pone un pie en su oficina para su reunión semanal, Ibrahim toma a su abogado por el brazo.

—Guillermo, tengo algo que confesarte. Sé que nos respetamos el uno al otro, pero lo que tengo que decirte no lo puede saber nadie, especialmente mi hija Maryam. Necesito que me lo jures por tu vida.

Guillermo no se inmuta.

—Más que mi cliente, ahora eres mi amigo.

—Y tú el mío, pero de todos modos necesito que me lo prometas. ¿Tengo tu palabra?

—Ni siquiera me la tienes que pedir.

Khalil suelta el brazo de Guillermo y se dirige a la ventana que ve desde el tercer piso de su fábrica de textiles al estacionamiento y a la barda que rodea el perímetro. Es una horrible vista de autos, concreto y plataformas de carga en un área carente de plantas y árboles. Después regresa y hace señas para que Guillermo se siente al otro lado de la mesa de su oficina. Se suponía que iban a discutir la posibilidad de mudar las oficinas contables de la compañía a El Salvador dado que los bancos de allí operan estrictamente en cuentas de dólares y es más fácil transferir el dinero de allí a las diversas cuentas que Ibrahim tiene en Miami. Además, el Presidente Pocasangre ha empezado a hablar acerca de la nacionalización de la banca.

Guillermo se sorprende de que Khalil le pida que no mencione esta charla con Maryam, su confidente, pero que no le diga nada acerca de discutirlo con su propia esposa, Rosa Esther. Esta simple petición le revela que está consciente de parte de la atracción o intimidad que existen entre su hija y su abogado, aunque no haya progresado a nada que pudiera parecerse a una aventura, lo que podría poner en peligro sus relaciones de negocios.

—Además de las amenazas ocasionales, ahora alguien está grabando mis conversaciones telefónicas, tanto las de la casa, como las del celular.

—¿Estás seguro?

—Antes tenía conexiones limpias en los dos y ahora hay algo de estática además de una especie de eco sordo. Hablé a Guatel para quejarme. Me dicen que no hay nada malo ni en las líneas ni en las conexiones. Llevé mi celular para que lo revisaran y el técnico dice que está en perfecto orden. Pero sigo recibiendo llamadas extrañas seguidas del sonido de una respiración fuerte en la línea antes de que algunas de las llamadas se desconecten. No es normal.

—Bueno, las tormentas invernales han hecho un desastre —responde Guillermo sin creer lo que está diciendo.

Ibrahim se levanta y vuelve a tomarlo del brazo.

—Guillermo, te estoy tratando de decir algo y tú me tratas de calmar con explicaciones tontas. No necesito un abogado para eso —Khalil vuelve a sentarse—. Sabes que en varias de las reuniones del Consejo de Administración de Banurbano he dicho que la distribución de fondos públicos que subvencionan a algunos de estos negocios sospechosos no tiene ningún sentido. Hay discrepancias importantes.

Guillermo asiente con la cabeza.

—Volví a mencionarlo en la última junta y antes de que pudiera terminar, Ignacio Balicar, el representante del Presidente y Director del Consejo Consultivo de Banurbano me interrumpió para decirme que era peligroso que hiciera acusaciones infundadas imposibles de comprobar. Dice que los enemigos del Presidente están actuando de manera más abierta y que le había pedido a su personal y a sus asociados que tuvieran cuidado con lo que expresaran, especialmente en este clima.

—¿Y qué clima es ése? —pregunta Guillermo.

—Balicar dijo que todo es muy explosivo; como si yo no lo supiera. Yo le contesté, «Explosivo en el sentido de incendiario o inflamable, me imagino... Ésa es una palabra muy fuerte».

—Balicar simplemente sonrió y asintió con la cabeza. Después dijo casi como si nada que el Presidente y su esposa están alterados porque sienten que hay miembros del partido de oposición que están tratando de alentar al ejército para que lo derroquen. Y que no va a permitir que eso suceda. Que el ejército sólo está esperando cualquier excusa para dar otro golpe.

Guillermo chifla.

—Vaya conversación.

Ibrahim continúa:

—Me estaba viendo directamente cuando lo dijo. De hecho, no creo que sepas que Ignacio también es vicepresidente de Banurbano. Es empleado y asesor, cosa con la que no concuerdo.

—De modo que sus opiniones realmente no son objetivas.

—Exactamente. Después Ignacio dijo que unos contadores independientes de Price Waterhouse ya habían auditado los estados financieros de los últimos tres trimestres y que el Consejo se había convenido sólo como cortesía informativa y para asegurarle al Congreso que hay una absoluta transparencia en Banurbano. Reiteró que los contadores estaban más que satisfechos con los libros y que nuestro papel no era cuestionarlos.

—Caray. Me sorprende que haya dicho *auditado*. De seguro que no produjo ningún documento de Price Waterhouse para comprobar lo dicho. *Maquillado* hubiera sido un término más apropiado.

Ibrahim apunta un dedo hacia Guillermo y lo mueve frente a su cara.

—Exacto, amigo, exacto. No desperdicié un solo momento en decirle que tal vez tenga 74 años y que se me olviden algunas cosas, pero que jamás he aprobado nada sin cuestionarlo en mi vida. Soy un hombre honrado, honorable. Cuando se me invitó a formar parte del Consejo, le dije a Ignacio que era bajo el entendido de que seríamos un cuerpo independiente y que podríamos cuestionar o tratar cualquier cosa que pudiera parecer polémica o incorrecta. O sea que pondríamos en tela de juicio e incluso cancelaríamos cualquier préstamo inusual que hiciera el gobierno a empresas privadas o a agencias no gubernamentales. Y desde que formo parte del Consejo también he puesto en duda la política de la esposa del Presidente de hacer pagos mensuales en efectivo a los pobres. En primeras, a ella no la eligieron para supervisar ese tipo de gasto y en segundas nunca he creído en un Estado benefactor. No hay forma de saber quién está recibiendo la mayor parte de ese dinero ni si se está utilizando para comprar votos para que ella se postule a la Presidencia... Pero eso no importa; con eso estamos hablando de gastos de diez u once millones de quetzales al mes, pero cuando vi transferencias que ascendían a 40 y 50 millones de quetzales por mes es cuando empecé a dudar. Es cuando te contraté. ¿Será posible que el gobierno esté involucrado en un fraude de lavado de dinero? ¿Están usando maniobras extrañas para depositar dinero en cuentas extranjeras o simplemente están colocando el dinero en cuentas nacionales en dólares que controlan en secreto? Eso es lo que tú y yo hemos estado tratando de averiguar.

Guillermo asiente nuevamente:

—¿Y entonces qué pasó?

—Me dijeron que no me preocupara. Tú y yo ubicamos el mismo tipo de manipulación a los libros la última vez que nos vimos, pero te puedo enseñar lo que hicieron el mes pasado, sólo que con cantidades más pequeñas y de manera menos aparente. Balicar y el Secretario del Consejo se rieron de mí y me dijeron que no era necesario que nos preocupáramos de transacciones tan pequeñas cuando el Gobierno de Guatemala tiene un presupuesto de casi mil millones de dólares. Y eso es todo, Guillermo.

—¿Pero por qué razón me estás diciendo todo esto? ¿Hay algo que quieres que haga?

—Primero las amenazas, después las llamadas telefónicas con ruidos y ahora siento que también me están siguiendo, cosa que no me gusta nada.

—Carajo.

—Sí, *merde alors*.

—Esto sí es peligroso.

—Así es. En Líbano decimos «*Yellah*!»

—¿Que significa...?

—Es momento de irse. Tenemos que hacer algo.

Guillermo se rasca la barbilla.

—Necesitas protección las 24 horas. Yo hago los arreglos.

—Lo siento, pero prefiero morirme que tener que vivir así —responde Ibrahim.

—Esto no es broma. Esta gente habla en serio.

—Lo siento mucho, Guillermo, pero no hay nada que discutir. Ya tengo más protección en la oficina y en la fábrica de la que necesito —se frota la arrugada cara con ambas manos—. Tal vez no debí mencionarte nada de esto. Deberíamos seguir discutiendo la posibilidad de cambiar al personal de contaduría y presupuestos de la fábrica a otro país donde haya menos impuestos...

—No seas tonto. Tienes a otras personas que te pueden aconsejar acerca de eso. Al contrario, Ibrahim, como tu principal abogado necesito saber todo lo que está pasando en tu vida; necesitas a alguien de tu personal que pueda ver la imagen más general.

—Te he dado acceso total tanto a mis documentos como a mis pensamientos.

—Quiero que un equipo verifique los sistemas de seguridad de tu automóvil, de tu casa y de la fábrica para asegurarnos que no haya fugas posibles. Quiero que revisen tus teléfonos y todos tus registros telefónicos —Guillermo ve una oportunidad—, y quiero que inspeccionen el carro y el departamento de Maryam. De hecho, quiero que me des su teléfono de casa y su celular para que pueda estar en contacto con ella.

—¿Pero para qué?

—Para determinar si sus teléfonos están intervenidos. Lo que más me preocupa son tú y tu hija. Quiero asegurarme de que pueda comunicarme con cualquiera de ustedes dos en caso de que se necesite. También quiero que me des el celular de Samir.

—¿Para qué el de Samir? No está involucrado en nada de esto.

—Sí, pero lo más seguro es que él también esté en la mira, te guste o no. Voy a usar mis conexiones en Guatel y en la Secretaría de Seguridad para ver si puedo averiguar lo que está pasando.

Ibrahim escribe todos los números en una tarjeta y después de eso, los dos hombres siguen con sus negocios.

—No creerás lo que pasó en Banurbano desde nuestra última junta.

Guillermo levanta las cejas.

—Mira esto —Ibrahim le da a Guillermo un fólder con las transacciones más recientes de Banurbano. Por primera vez, todo parece estar más o menos en orden, como si alguien estuviese tratando de arreglar las cosas. Todas las controversias parecen estar en el pasado: aparecen nuevos depósitos que subsanan los retiros anteriores. Los pagos financieros son más pequeños y están dirigidos principalmente a las ONG con la más estricta supervisión financiera. Es evidente que sus indagatorias han producido mayor cuidado y escrutinio, pero también una gran cantidad de infelicidad. A nadie le gusta que le cierren su manantial de dinero; algo va a tener que pasar.

Los dos hombres deciden que deberían ver las auditorías de Price Waterhouse para asegurarse de que Ignacio está diciendo la verdad.

—Ibrahim, ¿hay alguna posibilidad de que estas amenazas tengan que ver con tu propia empresa?

Ibrahim tose.

—¿A qué te refieres?

—Todo este tiempo hemos supuesto que las amenazas que te han estado haciendo tienen que ver con tu nombramiento al Consejo de

Banurbano. ¿Pero y tu empresa textil? ¿Nadie ha tratado de extorsionarte por ese lado? ¿Algún empleado descontento?

—Yo trato a mis trabajadores como si fueran mi familia. No hay absolutamente ningún rastro de sindicalismo. Pregúntales. Todos me quieren —dice Ibrahim, algo ofendido.

—¿Y qué tal algún proveedor de la fábrica?

Ibrahim cierra los ojos y después coloca una mano sobre sus labios, que se han adelgazado.

—Pues, de hecho... —dice, antes de detenerse—. No, nunca; hay ladrones en todas partes y, sin duda, los hay en el negocio textil. Gente que me quiere ofrecer tela italiana que de alguna manera ingresó al país sin pagar los impuestos de importación o que en realidad está fabricada en Singapur o China. Sabes que creo que todos estamos en nuestro derecho de tratar de buscar la riqueza sin que interfiera el gobierno, pero nunca rompería la ley para hacer más dinero. No necesito hacerlo. Ésa no es la manera en que me educaron mis padres. Y si tú crees que yo haría algo ilegal para sacar provecho, Guillermo, entonces realmente no me conoces...

Juancho solía pensar lo mismo.

—Sólo te estaba preguntando. Te creo completamente, pero necesito asegurarme de que no esté pasando por alto cualquier vía posible para estas amenazas. Quiero estar perfectamente seguro de que estas llamadas y ruidos en el teléfono sean el resultado de tu trabajo en el Consejo de Banurbano.

—Puedes estar absolutamente seguro de ello.

—¿Y qué de Samir o cualquier otra persona en la comunidad libanesa?

Ibrahim sonríe.

—El marido de Maryam es un imbécil y los demás, pues, me admiran a mí.

Los dos hombres siguen trabajando otros minutos. La secretaria de Ibrahim entra para decirles que su hija acaba de llegar y que los espera abajo, en la reja de la planta baja, para llevarlos a comer.

Ibrahim se levanta y le hace señas a Guillermo para que se vayan.

—Voy a tener que excusarme de la comida de hoy.

Ibrahim se muestra decepcionado.

—Le prometí a Rosa Esther que iría a hablar con algunas de las maestras de mi hija.

Ibrahim se encoge de hombros.

—Por favor discúlpame con Maryam —dice Guillermo. Se siente un poco decepcionado de que no la verá ese día pero, al mismo tiempo, siente que una reducción en el interés que tiene por ella podría ser benéfico. No quiere perder la ventaja en su relación con Maryam.

Además, tiene investigaciones más importantes que hacer. Realmente no sabe qué hacer para mejorar los sistemas de seguridad de Ibrahim y Maryam. Prometió que haría indagaciones, pero en realidad no tiene conexión alguna con la Secretaría de Seguridad ni con la compañía telefónica. De todos modos, no debería ser tan difícil.

Por lo pronto, hay algo seguro: ahora tiene el teléfono de Maryam; una manera de comunicarse con ella independientemente de su padre, y eso lo hace sentirse feliz y más que un poco emocionado.

## 9
## Grandes esperanzas

Guillermo no hace nada con el teléfono de Maryam durante casi una semana. Todos los días, en lugar de prestarle toda su atención al trabajo, juguetea con la idea de hablarle. Está seguro de que él le gusta, pero de lo que no está seguro es de mezclar negocios con placer; aunque al mismo tiempo está el hecho de que se siente muy atraído hacia ella y de que eso podría llevar a algo más explosivo en su vida que el ocasional encuentro sexual con Araceli. Siempre ha tenido gran cuidado de cultivar relaciones con mujeres que no compliquen su vida personal.

Pero un martes por la mañana en su despacho, mientras trabaja con unos documentos de incorporación y se siente especialmente distraído, se percata de que no es capaz de concentrarse y de que tiene una erección formidable allí sentado frente a su escritorio. Le manda un mensaje de texto.

> *Maryam.*
> Un minuto después, recibe un *¿Quién eres?*
> *Guillermo, el abogado de tu padre.*
> *Ah, hola.*
> *¿Considerarías ir a comer conmigo?*
> Listo; había tomado al toro por los cuernos.

Al no obtener una respuesta inmediata, empieza a agonizar. ¿El mensaje fue demasiado formal o confuso en cuanto a su propósito? ¿Debió ser más directo? Tal vez pudiera haber dicho algo más urgente como *Maryam, necesito discutir en privado contigo unas cuestiones de seguridad relacionadas con tu padre.* Ciertamente eso le hubiera interesado, pero acaso también la hubiera preocupado.

Guillermo está seguro de que Ibrahim no ha discutido con su hija las amenazas, las llamadas truncas, ni los ruidos de estática en la línea telefónica dado que le prometió que no lo haría, pero sí tiene que estar enterada de que Ibrahim se ha estado haciendo notar en las juntas de Banurbano al hacer preguntas tan provocadoras; han discutido esto durante sus comidas de los miércoles. Seguramente sabe que su padre tiene una moral intachable y que es el tipo de persona que cuestionaría cualquier irregularidad, incluso por parte de algún miembro de su familia, hasta que se revelara toda la verdad.

Para el mediodía, Guillermo ya ha entrado en pánico. Desea que hubiera alguna manera de recuperar el texto enviado y que le hubiera hablado a Araceli para verse con ella después del trabajo. ¿Por qué no contesta? ¿La habrá ofendido? ¿Estará jugando tenis? ¡Si está leyendo, seguro que puede bajar el libro para contestarle el mensaje!

Se arrepiente de su intento. ¿Qué está haciendo involucrándose con Maryam, una mujer con la que realmente se puede imaginar hablando antes, durante y después del sexo en contraste con la cópula descontrolada que ha sostenido estos últimos años? ¿Para qué necesita más complicaciones, especialmente en un momento en que Guatemala se desestabiliza cada vez más a causa de las confrontaciones entre el Presidente y el Congreso?

Decide enviarle un mensaje a Araceli y verse con ella en el Stofella para un rapidín a la hora del almuerzo. Ella le contesta de inmediato que lo espera en el hotel a la una.

*Perfecto*, le responde, para después hablarle a Rosa Esther. La sirvienta contesta el teléfono.

—Dígale a la señora que no voy a ir a almorzar el día de hoy.

—Sí, señor.

—Dígale que tuve una junta urgente. Y que voy a llegar tarde —dice después, preguntándose por qué piensa que la sirvienta tiene que saber todo eso.

—¿No quiere decírselo usted mismo, don?

—No, no es necesario…

Tan pronto como lo dice, Rosa Esther se pone al teléfono.

—Lucía preparó milanesas de ternera y papas en mantequilla.

—De veras no puedo ir. Lo siento. Que lo disfruten.

—Sabes que yo estoy con una dieta vegetariana.

—Claro; le pediste que hiciera las milanesas por mí. Te lo agradezco, pero tendrá que ser otro día —está de lo más distraído—. ¿Cómo estás? —pregunta, como si estuviera interrogando a un familiar distante.

—¿Qué te pasa, Guillermo? ¿Sabes con quién estás hablando?

—Claro. Perdón. He tenido una mañana de lo más ocupada. ¿Cómo te fue en tu clase de conversación de francés hoy en la mañana? —dice para tratar de demostrar que no está en la luna.

—Ya sabes que la maestra es una aburrida. Le fascina decirnos lo *fatigué* que se siente todo el tiempo. Todo tiene que ver con *Quel dommage*.

—Sí —dice Guillermo—. Sé que se la pasa hablando de sí misma.

—Exacto. Lo maravilloso que es París, bla, bla, bla. Como si todos fuéramos indios viviendo en los maizales.

—¿Y por qué no se lo dicen? —quiere terminar la conversación, pero siente que estas preguntas le acumularán puntos con Rosa Esther.

—¿Para qué? Madame Raccah es una inconsciente. Yo entiendo todo lo que dice, pero Claudia no deja de interrumpirla para pedirle que repita todo porque no puede seguir el diálogo. Después de la clase me dijo que iba a abandonar el francés. No sé si quiera seguir yo sola. Claudia quiere empezar a tomar pilates conmigo.

—¿Qué es eso de pilates? —le dice Guillermo, preguntándose si será algún tipo de dialecto italiano.

—Es un tipo de ejercicio. Lo he estado haciendo los últimos cinco años en Pomona. ¿Cómo es posible que no lo recuerdes?

—¿Tipo yoga? —ya quiere colgar.

Se imagina a Rosa Esther sacudiendo la cabeza.

—Se supone que tonifica los músculos y aumenta la flexibilidad —le responde en tono descorazonado.

Guillermo ve que su celular está vibrando sobre el escritorio y mira hacia abajo. Acaba de recibir un mensaje de texto. Desbloquea el teléfono y lee el mensaje, que dice: *Pensé que nunca me lo pedirías*.

Sin pensarlo, Guillermo mira hacia el cielo y sonríe.

—¡Sí! —dice a voz en cuello.

—¿Qué, acabas de ganarte la lotería? —le pregunta Rosa Esther. Le sorprende oír a Guillermo tan repentinamente encantado.

—Es que he estado tratando de conseguir a un cliente nuevo desde hace bastante y acaba de decidir que va a firmar con nuestra empresa. Esto podría representar muchísimo dinero. Me tengo que ir, amor —responde Guillermo, ansioso por devolverle el mensaje a Maryam.

—Pues que tengas mucha suerte, Guillermo —le dice, aventándole un sorprendente beso por el teléfono. Sus palabras son como caricias. Debería sentirse culpable por sus artimañas, pero no es así. Ha logrado compartimentar su vida de manera tan exitosa que hasta su esposa acepta todas sus diferentes facetas como naturales.

Por lo general, cuando Guillermo inicia sus aventuras, prefiere que las mujeres esperen a su señal. Les especifica que nunca le hablen al celular ni al teléfono de la oficina a menos que él haya iniciado la comunicación o si sucede alguna urgencia que altere sus planes. Las restringe a que únicamente le envíen mensajes de texto y les advierte que si violan estas reglas finalizará la relación de manera inmediata. A veces deja que pasen uno o dos días antes de responder al correo electrónico de alguna de ellas, como para destacar que él es quien está en control.

Quiere que ellas lo esperen; que entiendan que él manda.

Tan pronto como Guillermo cuelga con Rosa Esther, le envía otro mensaje a Maryam.

*¿Qué tal si nos vemos hoy? ¿Ahora mismo?* Está seguro de que dirá que sí.

*¿Es broma, Guillermo?*

*¿Y mañana?*

Al instante, recibe su respuesta: *No puedo.*

Está empezando a enojarse; su enojo de yo soy quien manda. Está a punto de escribir *Mejor olvidémoslo* cuando recibe: *Estoy libre el viernes.*

*¿En tu departamento a medio día?* responde.

*¿?¿?¿?¿?¿?¿?¿?¿?¿?¿?*

*¿Entonces dónde?*

*Mejor en algún restaurante.*

*¿La Hacienda?*

*¡No! Demasiadas personas. El Centro Vasco a la una.*

*Allí nos vemos y a esa hora.*

Guillermo conduce hasta el Stofella para verse con Araceli mientras canta el bolero cubano *Dos gardenias para ti*. Se siente casi tan encantado como un niño. No había sido tan fácil como lo había imaginado y su osadía la hace parecer todavía más sensual. Pero es más que evidente que Maryam está enamorada de él; no puede haber otra explicación. Se vio bastante audaz con su *¿Qué te llevó tanto tiempo?* o *Pensé que nunca me lo pedirías*. ¿Cuál de los dos fue? Realmente no puede recordar qué es lo que escribió, pero en cualquier caso mordió el anzuelo. De todos modos, tiene la extraña sensación de que necesita cambiar su manera de pensar de *mordió el anzuelo* a *quiere verme*. Es una mujer con sus propias ideas y recursos, no un pez estúpido.

Es más que una cuestión de semántica; más bien tiene que ver con su actitud y su punto de vista.

De modo que tiene que esperar tres días antes de finalmente poder estar a solas con Maryam; casi una eternidad.

Aun así, no tiene ninguna intención de cambiar su rutina con base en la suposición de lo que podría o no podría suceder dentro de tres días.

Recibe un mensaje de texto de Araceli donde le dice que va a llegar algunos minutos tarde. Normalmente, se enojaría por su falta de previsión, pero está tan emocionado de verla que mientras va entrando al Stofella se tropieza en las escaleras del frente y casi se cae. El conserje de la recepción le da la llave para su habitación reservada, la 314, en el último piso, al final del pasillo, lejos del elevador, sin puerta de conexión y sólo un vecino.

Se acuesta en la cama sólo en ropa interior y con una erección de caballo. Sabe que él y Araceli se van a divertir. Se la va a coger con todas sus fuerzas, aunque le duela, y se va a imaginar que se está cogiendo a Maryam por primera vez.

## 10
## La maja desnuda o *le petite mort*

El Centro Vasco es un antiguo restaurante español en el Boulevard Reforma que vio sus días de gloria en los 60, cuando todo el mundo lo reconocía como el mejor restaurante de la ciudad de Guatemala. Ahora, en el 2008, es un sitio para viejos que todavía quedan apantallados con los meseros que visten apretados sacos negros, camisas de manga larga con gemelos, corbatas de cordón, chaleco negro y pantalones brillosos del mismo color. Hay juegos de cerámica de aceite y vinagre sobre los almidonados manteles blancos y muebles que se supone deberían ser españoles cuando en realidad se han traído desde una granja del departamento de San Marcos. El salero y pimentero son tiroleses, hechos de madera y con manijas que dan vuelta.

En realidad, es el lugar ideal para que se vean a comer porque nadie a quien conozcan Guillermo y Maryam comería allí en estos tiempos, con tantas nuevas opciones *gourmet* en Guatemala: la paella está recocida y salada, el bacalao sabe a harina y los pimientos que alguna vez hicieron famoso al restaurante saben artificiales, recién salidos de algún bote.

Tal vez el restaurante nunca había sido bueno y sólo era novedoso por su cocina española en los días en que salir a comer en la ciudad de Guatemala significaba hamburguesas, bistec o un ocasional plato chapín.

El viernes es un día lúgubre con nubes bajas y una constante lluvia helada. Guillermo entra al estacionamiento del restaurante y busca con la mirada si tienen servicio de *valet* dado que se le ha olvidado traer un paraguas. En lugar de ello, ve un manojo de autos en el estacionamiento de tierra y está seguro de que uno de ellos debe ser de Maryam dado que, según su plan, llegó diez minutos tarde y espera que ella sea como su padre Ibrahim, puntual casi exactamente al minuto.

Estaciona su BMW junto a un Hyundai Accent azul cuyo chasis está mitad bajo agua. Dentro de él hay un hombre que está mandando mensajes de texto. Cuando Guillermo abre la puerta de su carro, sus ojos se encuentran por un breve momento.

Al salir del carro, los zapatos de Guillermo se hunden en un charco de lodo que sube por encima de las suelas. Camina hasta la puerta con los talones, subiéndose las orillas de los pantalones y maldiciendo el clima, la elección de restaurante y la falta de servicio de *valet*. Detesta no estar en control, que las cosas no estén en orden. Antes de abrir la pesada puerta del restaurante, se limpia los zapatos con una de las toallas apiladas sobre el tapete de entrada: por lo menos tienen eso.

Para su sorpresa, Maryam no está allí. Toma una mesa para cuatro en una esquina y se sienta a esperar. El mesero se acerca y pregunta cuántas personas van a comer; Guillermo levanta dos dedos en el aire, le señala al mesero que sirva agua en dos de los vasos y que levante los otros dos lugares. Después pregunta qué *whiskys* tienen y se entera que sólo sirven el escandalosamente malo Vat 69, pero pide un jaibol. Se bebe su copa rápidamente, chupando los hielos y comiendo las ya rancias manías y semillas de marañón que están colocados en un platito descascarado sobre la mesa.

Los minutos pasan como caracoles. El mesero que le sirvió su copa vuelve a la mesa y coloca un plato de salchicha curada sobre la mesa además de dos platos de ensalada con la obligada lechuga romana y aderezo de tomate picante encima. Guillermo ordena una segunda copa y le envía un seco mensaje a Maryam.

*¿Qué pasa?*

Sólo es la una y cuarto, pero Guillermo empieza a desesperarse. Envía un segundo mensaje, *¿?¡!¿?!!*, menos de cinco minutos después pero, una vez más, no recibe respuesta. Viene su *whisky* y se lo bebe de dos tragos. Está pensando que tan pronto se aparezca Maryam la va a poner pinta y le va a explicar las reglas del juego.

Llama al mesero y le pregunta si alguien ha hablado al restaurante para dejarle un mensaje. El mesero simplemente levanta las cejas como si le acabara de hablar en chino o japonés. No parece querer entender.

Guillermo está que echa lumbre. Considera sus opciones: ¿pedir otro trago y ponerse realmente briago o simplemente marcharse?

Ve alrededor del restaurante con sus carteles enmarcados de toreros, el clásico dibujo de Picasso de Don Quijote y Sancho Panza a caballo, *La maja desnuda* de Goya, *Las meninas* de Velázquez, y *La persistencia de la memoria* de Dalí, que en este momento, después de dos tragos, le parece el peor cuadro que jamás ha visto en su vida. Sacude la cabeza ante la media docena de botas de vino que cuelgan de la pared con sus absurdos anillos rojos y el brocal como pene negro encogido. Sucias arañas con focos de bajo voltaje cuelgan por encima de cada una de las mesas; Guillermo está seguro de que se compraron en la tienda de su padre, La Candelaria, hace cincuenta años.

¿Qué diablos está haciendo aquí como una vieja y estúpida secretaria esperando a su jefe? ¿Qué está esperando? ¿Y a quién?

Decide hablarle a Sofía Muñoz. Le deja un recado en el celular para que se vea con él en el Stofella a las seis en punto de la mañana. Es la primera vez que le deja un mensaje de voz. Es un riesgo ya que está casada con un agente de seguros que posiblemente sepa cómo recuperar sus mensajes. A Guillermo no le importa: no quiere que el día sea un desperdicio completo. Y tendrá que abandonar el Stofella exactamente a las siete y media porque se va a ver con sus hijos al otro lado de la calle en el Tre Fratelli para cenar, después de lo cual van a ir al cine Oakland para ver la función de las diez de *Kung-Fu Panda*.

Pone unos 500 quetzales sobre el dispensador de servilletas y camina en línea recta, aunque con cierta dificultad, hacia la puerta de entrada. De reojo ve que el mesero empieza a caminar hacia él para después desviarse hacia la mesa, probablemente para examinar la denominación del dinero. Guillermo no puede imaginarse que más de diez personas vengan a comer a diario y, al retirarse, el número descenderá a nueve.

Cuando empieza a empujar la puerta, alguien la jala del otro lado; se tropieza y cae contra Maryam, que está tratando de entrar.

—¡Qué carajo! —dice mientras se estrella contra ella. En su frente parecen brotar dos alas de cuervo.

Ella lo detiene antes de que se caiga, pero lo enoja el tropezón. Antes de que pueda expresar su furia, lo besa en los labios y le susurra al oído:

—Lo siento, se me hizo tarde. La lluvia, el tráfico; mi carro se detuvo, se me olvidó el celular, por favor no te enojes…

—Te he estado esperando —dice altanero, alejándose de ella. Sus labios saben a protector labial de mango. La cabeza de Guillermo está dando vueltas.

—Sí, lo sé. —Ella trata de tomarle la mano, pero él impulsivamente la retira—. En realidad no tengo hambre —le dice Maryam—. ¿No podríamos ir a otro sitio?

Trae puestas unas mallas grises de lana y un suéter del mismo color. Una falda color vino rodea sus caderas, más por moda que por comodidad y lleva una bufanda tejida ceñida en torno al cuello. En la mano lleva un paraguas y trae botas Hunter color amarillo para la lluvia.

—Está bien —dice Guillermo mientras se incorpora. Ella enlaza su brazo en el suyo y salen del restaurante. Sigue lloviendo, de modo que pide prestado su paraguas y va por su vehículo (ella va a dejar el suyo en el estacionamiento) mientras Maryam lo espera debajo de la saliente.

Cuando se alejan, observa que un auto detrás del suyo prende sus luces. Es el Hyundai azul.

En el Stofella, Guillermo va por su llave a la recepción mientras Maryam lo espera junto al elevador. Tan pronto como entran a la habitación 314, ella se quita la ropa y se arroja completamente desnuda sobre la cama. Cierra los ojos y suelta una risita infantil. Sus amplios senos caen a cada lado de su pecho.

—Te estoy esperando —dice.

Se ha desvestido con tanta rapidez que Guillermo no sabe si está complacido o enojado. Así no es como había planeado que sucedieran las cosas. Se ve reducido a quitarse los zapatos, todavía manchados de lodo, su traje café, su corbata, su camisa blanca con gemelos, su camiseta y sus calzoncillos como si fuese un chico universitario.

Debido a que Maryam tiene diez años menos que él y está casada con un libanés mucho mayor, Guillermo se imaginaba que Samir era el único hombre con el que había tenido relaciones. Supuso que aunque tiene rasgos sensuales se mostraría tímida en la cama y que sería terriblemente inexperimentada, pero ya desde un principio lo ha superado.

Imaginó un encuentro más tradicional: algo de plática torpe y avergonzada, toqueteos inexpertos, un par de besos profundos, una mano debajo de su blusa y un desvío por debajo de su falda con la fingida resistencia de Maryam —la dama protesta demasiado— para terminar arrancándole la ropa y su resistencia a cualquier tipo de acto sensual. Tendría que instarla a que se relajara, a que disfrutara las exploraciones; él sería el agresor pero, al paso del tiempo, ella cedería a sus peticiones. Ésa era la manera en que tendría que haber pasado, en una especie de cámara lenta.

Maryam lo observa divertida mientras se esfuerza por quitarse la ropa. Cuando casi está desnudo, se incorpora en la cama sobre un codo y lo ve, burlona.

—¿Me vas a hacer el amor con tus calcetines negros puestos? —y se ríe.

Guillermo ve hacia abajo; calcetines negros hasta donde empiezan sus rodillas y su pene ascendiendo a través de sus holgados calzoncillos hacia su ombligo a una velocidad moderada. Se siente ridículo. Si pudiera verse desde cierta distancia también se reiría, pero resulta imposible ver el humorismo en las propias maniobras absurdas. Incluso lo avergüenza su pene haciendo de asta bandera a través de sus *bóxers*.

—¡Fuera con ellos, fuera! —le ordena, para que se quite la ropa interior, blandiendo su índice en el aire como si estuviera ordenando una decapitación.

Guillermo se sienta en la orilla de la cama y se quita los calcetines a tirones. Su cabeza sigue dando vueltas a causa de las dos copas y se pregunta si la vivacidad de Maryam también se debe a que haya bebido.

Voltea hacia ella y empieza a besarla profundamente, lo más profundamente que puede. Se siente agradecido de que todavía puede detectar el sabor a mango en los labios de Maryam. Ella no se resiste y empieza a explorar su boca expertamente con su lengua. Ambos están disfrutando este aumento en su pasión. Guillermo se baja los calzoncillos y se acuesta sobre ella; después se sienta sobre sus piernas y, desde arriba, empieza a frotar sus pezones suavemente con sus dedos. Supone que esto le agrada porque ella empieza a arquear la espalda y a ronronear de placer. Guillermo vuelve a yacer sobre ella y trata de penetrarla dos o tres veces, pero en cada ocasión ella cierra las piernas.

—¿Pasa algo? —pregunta; se siente totalmente perdido, adolescente y fuera de su elemento. Tal vez sea que no se puso un preservativo. Le molesta el recuerdo del herpes que pescó de Chichi, de modo que siempre los usa cuando se coge a alguna mujer por primera vez; e insiste en que sus chicas se sometan a pruebas de SIDA casi cada mes y que tomen la píldora del día siguiente para abortar tan pronto terminen de hacer el amor. No deja que se marchen hasta que no hayan tomado la pastilla o hasta que le hayan probado que no hay manera de que se embaracen. No necesita hijos ilegítimos.

Ella señala a su sexo y dice:

—Primero, cómeme; quiero que te imagines que estás disfrutando del pastelillo árabe más dulce que jamás hayas probado.

La obedece, se desliza hasta el pie de la cama y coloca su boca firmemente sobre su pubis. De nuevo, ella arquea la espalda, pero esta vez en anticipación, de modo que su vulva se levanta al encuentro de su boca. Cuando empieza a lamerla, ella se revuelve el cabello de manera enloquecida y empieza a jalarse los lóbulos de sus propias orejas. Está moviendo las caderas de un lado al otro y levantando las piernas hasta formar un pequeño Arco del Triunfo.

Sin aviso, agarra su cabeza y la empuja todavía más fuertemente contra su entrepierna de modo que él siente cómo el cartílago de su nariz se aplana contra la parte superior de su pubis y su clítoris. Casi no puede respirar.

Ella no deja que se detenga; aun cuando la lengua le duele y ha perdido toda sensación, ella sigue presionándolo contra su sexo. Chilla un par de veces y debe estarse viniendo, o al menos es como él interpreta sus temblores, pero entonces, cuando siente que su lengua está a punto de caerse, ella lo jala hacia arriba, lo toma por el pene y lo mete violentamente dentro de sí.

Esa tarde, Guillermo y Maryam hacen el amor varias veces. En verdad, parece que ella lo está usando para satisfacer sus propias necesidades, como si fuera una práctica herramienta casera o, tal vez, un consolador de piel. Él está más que feliz de servirle, pero siente una pérdida de control. Quiere que le sobe el clítoris, que la atraviese, que la llene por completo, que la penetre por atrás; y cuando él está a punto de venirse, ella se relaja y lo induce a atravesar capa tras capa de velos para llegar a ese punto donde hay un botón que tocar para que ella finalmente pueda descargarse como quiere.

Y cuando lo hace, tiembla entre sus brazos como un sauce que se mece por las ráfagas de una tormenta, con todas sus hojas en movimiento.

Pero aún después de pasada la tormenta, no deja que se detenga.

—Necesito esto —repite una y otra vez, y no lo deja descansar aun cuando siente que han pasado semanas desde que quisiera venirse. No está seguro si fueron las copas o si es la pasión de Maryam la que lo hace seguir rígido, aunque siente que ha perdido todo el control.

Ella lo está dirigiendo, diciéndole qué hacer y hacia dónde ir; es como si hubiera pasado años cruzando un desierto, el Sinaí, para toparse con un oasis al que podría acabársele el agua si deja de beber de él. Siempre que sus fuerzas parecen agotarse, ella lo azuza o toma su pene en la boca para succionarlo hasta que esté listo para la siguiente penetración.

En algún momento, él se baja de ella, exhausto, y se envuelve en las sábanas. Ella se acuesta de espaldas junto a él, la cara bañada en sudor. Puede oler su sudor, fuerte ahora, ya no con aroma a mango sino un poco fétido, con olor a guayabas podridas. Le gusta ese olor.

Son las cuatro y media de la tarde. A través de las cortinas verdes del Stofella puede ver una franja de cielo y algunas espesas nubes que forman un cinturón gris que señala la posibilidad de más lluvia y oscuridad.

¿Adónde se ha ido la tarde con tal velocidad?

—¿Maryam? —pregunta, ciñéndose la sábana al cuerpo como capullo, temeroso de que ella pueda querer volver a hacer el amor.

—¿Sí, Guillermo?

—¿No deberíamos irnos?

—¿Adónde, mi amor? —las palabras «mi amor» se repiten en su cabeza; dicen demasiado acerca de su compromiso y lo hacen sentir extremadamente nervioso.

—A casa; a tu casa, a la casa de tu padre —no se atreve a decir el nombre de su marido.

—Pueden esperar. No sabes lo mucho que necesitaba esto. Han pasado años. He experimentado cosas que no sabía que existían. Tienes un cuerpo tan masculino —lo toma por las caderas y les da un jalón.

—Gracias —le dice, viéndolo a los ojos sin parpadear; está agradecida.

Él esboza una sonrisa falsa y cierra los ojos. Admite que hacerle el amor a Maryam tiene algo de especial, totalmente distinto a lo que había esperado. Pero de todos modos se le dificulta disfrutar del momento. Está preocupado de lo que ha estado sucediendo en la oficina mientras él juguetea. Siempre pasa lo mismo, y después empieza a especular si la mujer con la que está usó algún método de control natal o si tiene alguna enfermedad transmisible como herpes o clamidia.

Ella no parece tener prisa en irse y coloca uno de los enormes cojines encima de su cuerpo.

—¿Y tu marido? Seguramente estará preocupado —dice estúpidamente.

Maryam suelta una gran carcajada.

—Pues mira, Samir es como un chivo viejo y apestoso; el tipo que trepa sobre las montañas secas, todo piel y huesos, sin músculo, en busca de briznas de pasto que comer. —Se da la vuelta y agarra el trasero de Guillermo. Casi sale fuego de sus ojos—. Esto es lo que me gusta —dice, mientras aprieta sus nalgas—, carnoso y firme.

Pasa otro momento de silencio y ella vuelve a reírse sonoramente.

—¿Qué te hace tanta gracia?

—No debería decirte esto.

Guillermo se prepara.

—¿Sí? —pregunta mientras se acomoda en la cama. Está seguro de que le va a decir que está enamorada de él; y entonces él tendrá que decirle que no está interesado en destruir su matrimonio ni el de ella, para el caso. Que tendrá que pasar cierto tiempo antes de que pueda volver a estar con ella.

—Desde un principio, Samir se negó a comerme; pensaba que era poco masculino —está moviendo su mano sobre su vientre por debajo de las sábanas y él está seguro de que se está tocando los labios del pubis.

—Muchos hombres piensan así; especialmente en Medio Oriente, me imagino —dice, sólo por decir algo. No está preparado para discutir estos temas con una mujer a la que apenas conoce. Sus años con Rosa Esther lo han acostumbrado a una gran modestia en cuanto a cualquier tema sexual. Y en este preciso momento no quiere que la imagen del marido de Maryam comiéndosela se vuelva preponderante en su mente.

—Me imagino, Guillermo, que no sabes de lo que estás hablando —dice sonriendo, casi riéndose de él—. Supongo que no sabes nada acerca de Medio Oriente. ¿Alguna vez has estado allí? ¿O sea, en Líbano?

—Tienes razón, nunca he ido —dice, aliviado. Tiene los ojos cerrados y nada le gustaría más en este momento que quedarse dormido.

Oye a Maryam moverse en la cama.

—Beirut es una ciudad internacional, como París o Londres, pero junto al mar —Guillermo abre los ojos y ve que se quita la almohada de encima y que ahora está a horcajadas sobre ella—. ¿Quieres que te diga lo que está mal con la manera en que Samir me hace el amor? —dice, cambiando de tema.

Guillermo no quiere saber nada. Le gustaría que simplemente se callara, de modo que sin pensarlo, le dice:

—Eso es algo entre ustedes dos.

Puede ver que sus ojos verdes están centelleando. Se toca la barbilla y continúa.

—Pensé que pudiera tener que ver con el grosor de mi vello púbico, que normalmente es tan espeso como un seto. Me lo afeité sólo para ti.

Pausa en espera de que Guillermo diga algo. Lo único en que él puede pensar es que hacía cinco horas no tenía la más mínima idea de que se acostarían juntos; simplemente pasó. Maryam empieza a hablar otra vez.

—De modo que en una ocasión le di una buena recortada y le mostré mi vagina. La miró como si estuviese viendo la cosa más fea de toda su vida. Insistió en que me cubriera y me dijo que no tenía pudor. Me aseguró que estaba demasiado viejo como para intentar cosas nuevas y que nunca en su vida había visto algo tan repulsivo. Me hizo jurar que nunca me volvería a rasurar. Pero allí está; lo hice.

—Supongo que lo desobedeciste —responde Guillermo torpemente. Realmente no quiere hablar acerca de estas cosas.

Ella agita la cabeza, se ríe y dice:

—Sabía que te gustaría. Tienes el tipo de cara de un hombre que haría lo que fuera por satisfacer a una mujer. Te criaste con *Playboy* y *Esquire*.

Él produce una fingida risa de complicidad y dice con nerviosismo:

—Y yo que pensaba que leías *The Economist*.

—¡Sí lo hago! Pero también me gusta el *Playgirl*. ¡Tengo toda una colección guardada en mi clóset!

Guillermo no parece divertido.

—Bueno, me debería estar yendo —dice. Recuerda que le había hablado a Sofía para que se vieran en ese mismo hotel, en esa misma habitación, a las seis. Necesita encontrar alguna manera de escaparse para hablarle.

Maryam mete la mano debajo de las sábanas y agarra su adormilado pene mientras empieza a masajear sus testículos suavemente.

—¿No puedes quedarte un rato más?

—Mis hijos me van a estar esperando —dice al tiempo que se aleja de ella, más que consciente de que su pene, con todo y lo mucho que le duele, está volviendo a endurecerse entre sus dedos.

—No lo sé, mi amor; me parece que no te importaría que te esperaran un rato más... —lo está acariciando tersamente.

—Se supone que vamos a ir por pizza al Tre Fratelli y después a una película animada en el Oakland Mall. Se van a decepcionar mucho si llego tarde.

—Yo no sé nada de niños. ¿Los tuyos ya saben ir al baño solos? —le pregunta mientras le lame la punta del pene.

—Qué graciosa. Ilán tiene 19 años y Andrea tiene 17. Los dos están en el Colegio Americano.

—Qué dulce —dice, y Guillermo no está seguro si se está refiriendo al sabor de su pene o a lo que acaba de decir acerca de sus hijos.

Trata de alejarse de ella, no por falta de placer, sino por miedo. Ella no lo deja ir.

—Maryam, éste no es el momento de contarte acerca de ellos. Me tengo que ir. De veras.

Maryam sigue viéndolo y lamiéndolo como si no hubiera dicho nada.

—Te apuesto a que le tienes miedo a tu esposa. Seguramente eso es. —Y al decir esto, Maryam aleja su pene de sí y se enconcha de espaldas a él.

No puede ser que Maryam tenga celos.

—Ésta es su noche de *bridge* con Las Nenas, sus amigas, te lo juro. Me voy a ver con mis niños. —Se inclina sobre ella y la besa en la oreja —observa que es plana— antes de levantarse de la cama.

Otra vez ha empezado a llover y las gotas están golpeando la ventana de la habitación, acumulándose en el dintel a causa de una fisura en el vidrio. El conserje del hotel no puede entender por qué siempre elige el mismo cuarto horrible que no tiene una vista.

—Realmente nos tenemos que ir, Maryam.

Le sonríe con picardía.

—Pues si nos tenemos que ir, necesito bañarme, guapo. No me tardo más que un minuto.

Mientras Maryam está en el baño, Guillermo toma su Blackberry y rápidamente le envía un mensaje a Sofía diciéndole que ha surgido un imprevisto y que no puede verse con ella esta noche. *No vengas al hotel.* Quiere que le conteste con un mensaje para confirmar. Después se vuelve a acostar. No puede creer que Maryam le diga que es su amor; todo esto está pasando un poco demasiado rápido.

¿Qué le pasa? Se da cuenta de que sigue estando un poco pasado de copas y que se siente agotado; feliz pero insatisfecho. Aun así, tiene la sensación de serenidad de no haberse limitado simplemente a revolcarse en la cama, aunque por supuesto eso está incluido, sino también de haber satisfecho sexualmente a Maryam. Siente que él y Maryam realmente *embonan*, sexualmente y en otros sentidos. Tiene una sensación de compatibilidad que nunca había experimentado, ni con Chichi, ni con Araceli.

Y lo asusta porque le recuerda lo que sintió en Nueva York con Meme.

Oye el agua de la regadera a potencia máxima. Maryam está cantando a voz en cuello en lo que casi con toda seguridad es árabe. Guillermo se siente liberado: durante algún tiempo ha estado cuestionando su relación con Rosa Esther, si deberían seguir viviendo juntos y el efecto que la separación podría tener sobre Ilán y Andrea. Su esposa se impacienta cada vez más con las excusas que da por llegar tarde a casa, por estar casi aburrido con ella y por no interesarse en los niños. Tal vez deberían cortar por lo sano. Los únicos que sufrirían serían los niños, pero Guillermo está convencido de que como tienen sus propias vidas, sus propios grupos de amigos y actividades, casi no les importaría. No es como si tuvieran seis u ocho años y está seguro de que harán lo que sea que su madre les pida que hagan...

Al mismo tiempo que oye que Maryam apaga la regadera, suena su teléfono. Sofía le contesta: *¡¡¡Perfecto!!! ¡¡¡Eres un cabrón!!! ¡¡¡Arruinaste mi noche de viernes!!!*

Tendrá que lidiar con su enojo en otra ocasión. Tal vez dándole 300 quetzales.

Maryam sale del baño envuelta en dos toallas blancas, peinándose la negra cabellera.

—Todo tuyo, mi amor —le dice.

Guillermo entra en la regadera. Su cuerpo apesta a sexo; a los fluidos corporales de Maryam y a su perfume. Se baña rápidamente y piensa que con Maryam no hay esa sensación de fingimiento. Realmente no le importa lo que piensen los demás, si salen de la habitación juntos o no. En la entrada del Stofella va a tomar un taxi para que la lleve de vuelta al estacionamiento del Centro Vasco para recoger su carro.

Antes de abandonar el cuarto, ella le pregunta:

—Guillermo, ¿en qué nos estamos metiendo?

Le responde con franqueza:

—No lo sé.

Ella lo abraza como si se acabaran de ver después de diez años de ausencia. No quiere dejarlo ir.

—Necesitaba esto, sentir ese placer animal. He estado sola por mucho tiempo; pero también sé que a la noche me voy a cuestionar por todo esto. Tengo miedo de que lo que acabamos de hacer va a arruinar nuestras vidas; nuestras vidas y las de los demás —lo dice como si fuera una repentina e incontrolable confesión—. Pero no me arrepiento; no me importa lo que pase después.

—Yo tampoco —responde él, sorprendido de oírse siendo tan honesto. Se da cuenta de que no puede deshacer lo que acaba de pasar. Es algo que no se puede revertir.

Maryam se desprende de él y toca su nariz.

—Y mírate. ¿Quién hubiera pensado que me pudieras dar tanto placer?

Él le sonríe.

—¿Me amas?

—Maryam, acabamos de...

—Sé que mis piernas podrían ser más largas y mi vientre más plano...

—Eres deliciosa —dice Guillermo, con toda intención, mientras recuerda el sabor a mango y, después, a pastelillos árabes.

—Me haces sentir como si fuera hermosa, sabes, y de repente no me importan mis defectos. Los dedos de mis pies que son demasiado largos y la verruga que tengo justo al terminar la espalda. Hacer el amor contigo esta tarde me hizo olvidar todas las dudas que pudiera tener de mí misma...

Guillermo se siente agradecido, pero preocupado al mismo tiempo. Ha sido una tarde de lo más intensa. Y de repente se muere de hambre.

—Nos tenemos que ir, Maryam —la manera en que dice su nombre está llena de ternura.

—Samir nunca me hizo sentir como algo más que un receptáculo...

Guillermo empieza a sentir los inicios de otra erección. Y casi para callarla, empieza a besarla en la boca otra vez. Se besan unos minutos más hasta que ella se baja las mallas. No tiene ropa interior, de modo que él se baja la bragueta y la penetra. Ya está mojada, recargada allí contra la pared. Ella acerca sus hombros y después agarra sus nalgas. Está respirando fuertemente, jadeando, y después gime y empieza a hablar mientras acaricia sus muslos.

—Sabes que mi padre te tiene mucho afecto pero si supiera... Dios mío... que esto está pasando... no, no, no, no, no... estaría de lo más, de lo más... allí, allí, así, así, Dios mío, por favor pon tu dedo allí... Dios mío. No, no, Guillermo, ¡¡allí, allí, allí!!

Lanza la cabeza hacia atrás y Guillermo, que también está totalmente perdido, tiene que sostener su cuerpo antes de que los dos caigan al piso.

Todavía dentro de ella, la carga de vuelta a la cama.

—Tienes que sacarlo o nunca vamos a salir de aquí.

Los dos se quedan acostados en la cama, de espaldas, respirando con dificultad, tratando de controlarse. Guillermo cierra los ojos y siente que está a punto de quedarse dormido.

Casi en un susurro, Maryam dice:

—Es un hombre muy estricto y moral.

—¿Samir? —dice Guillermo como en un trance.

—¡No, mi papá, tonto!

Esto sorprende a Guillermo.

—Maryam, tu papá ha estado planeando juntarnos desde un principio. Él fue quien me invitó a tu casa esa primera vez, ¿te acuerdas? Y es el que siempre insiste en que terminemos las juntas de los miércoles comiendo.

Maryam toca el pelo negro que empieza a escasear en la cabeza de Guillermo.

—Mi amor, no puedes confundir su deseo por que la gente se agrade con que realmente haya planeado algo como esto. Estaría horrorizado si supiera que experimenté *le petit morte* contigo.

—¿Eso es lo que acabas de tener?

—Sí, mi dulce hombre. Acabo de experimentarla tal vez media docena de veces seguidas. Esto ha sido algo más; como tocar el cielo con las manos.

# 11
# Reducción de la libido

Y así es como empieza la relación entre Guillermo Rosensweig y Maryam Khalil Mounier. Desde afuera, sólo parece una serie de encuentros carnales detrás de ventanas encortinadas, en hoteles donde nadie los puede ver. Es una aventura clandestina que sólo reconocen sus dos participantes, principalmente pactada a través de lascivos mensajes de texto secretos que se eliminan casi de inmediato, no sea que sus teléfonos caigan en las manos de sus parejas o de otros individuos curiosos. Dejan sus autos en distintos estacionamientos cercanos al Stofella y constantemente miran por encima de sus hombros. Sospechan de todo el mundo. Guillermo duplica la propina que le da al conserje; un hombre bajo y calvo de 60 años que siempre le da las llaves del cuarto 314 en un sobre blanco sin marcar.

Pero los mensajes de texto son su vía de comunicación.

Al principio, los textos son cortos, casi telegráficos. Su intención es confirmar horarios y fechas. Pero los mensajes que le envía Maryam son bastante pornográficos. Al principio, a Guillermo le avergüenza contestarlos, pero pronto está respondiéndolos en el mismo tenor. Es como si se hubiera abierto una presa y él también le cuenta acerca de sus constantes erecciones, de sus sueños húmedos, de su deseo de dejar su escritorio en el trabajo para ir a masturbarse al baño. Se da cuenta de que han iniciado una travesía por aguas inexploradas, pero está feliz, delirantemente feliz, casi despreocupado y disipado.

*¿Estás duro? Yo estoy desnuda encima de la cama.*

*¿Dónde estás? Quiero comerte.*

*Me acabo de pintar las uñas de verde. A la siguiente que te vea con mi padre me pondré sandalias para que puedas ver mis pies sensuales y te imagines lo mojada que estoy.*

*Casi me vine anoche cuando empecé a pensar en deslizarme entre tus piernas.*

*Esta noche me rasuré. Y usé a mi mejor amigo en la cama. En mi mente, mi mejor amigo eres tú.*

Y entonces sus mensajes se vuelven más elaborados y cautos, como el que recibe Guillermo un sábado por la mañana cuando lleva a su hija Andrea a sus clases de natación en Pomona.

*Guillermo, anoche no podía dormir por estar pensando en ti. Me siento como una idiota. Heme aquí, casada con Samir mientras tú te estás convirtiendo en la persona más importante de mi vida. Mi teléfono se ha vuelto una extensión de mi cuerpo mientras espero tu siguiente mensaje. ¿Y qué pasaría si me excitara mientras estoy cenando con mi papá y Samir? Sería un desastre. Ayer, mientras recordaba una de nuestras reuniones, llegué hasta a maldecirte por el hecho de que significas tanto para mí. No sé qué es lo que hemos empezado, pero siento que no sólo es un poco enloquecido, sino también bastante peligroso. Y quién sabe hacia dónde se dirige este romance y cómo va a terminar. Quiero verte todo el tiempo, pero estoy empezando a darme cuenta del peligro en que esto nos coloca a los dos. Tenemos que tener más cuidado.*

Guillermo se percata de que no puede dar una respuesta breve a un mensaje de estas dimensiones. De modo que mientras Andrea toma sus clases de brazada de espaldas y mariposa, se toma un café en el restaurante al otro lado de la calle y le responde. *Maryam, tu correo me ha entristecido mucho. Todó lo que dices es cierto. Tal vez todo esto ha sucedido demasiado rápido y hubiera sido mejor que no lleváramos nuestros sentimientos mutuos al siguiente nivel. Sé que crees que estás en desventaja pero no es así porque los dos estamos casados en una sociedad que desaprueba lo que estamos haciendo. Parece tan insensato que siquiera tengamos la expectativa de terminar juntos algún día. Y sé que no podría pedirte eso. Hacerte el amor es como encontrar el cielo en la tierra y realmente no creo en esas cosas... No quiero que tu padre se entere de lo nuestro porque aunque sé que es mi amigo, me odiaría por interferir en tu matrimonio.*

Cuando acaba la lección de natación, Andrea busca a su padre por todo Pomona hasta que lo encuentra en el café, agazapado sobre su teléfono.

—Estuviste aquí todo el tiempo.

—Surgió algo del trabajo —le responde con una sonrisa incómoda.

Andrea se da cuenta de que a su padre se le ha olvidado que le prometió que la vería desde las gradas frente a la piscina.

—¡Papá!

Sonríe tiernamente y responde:

—Dime *love-me-do* —su apodo para ella desde su nacimiento.

—No te acordaste.

Él mira su cabello mojado y sus ojos rojos, casi sin reconocer con quién está hablando.

—¡Olvídalo! —le responde mientras sale furiosa del restaurante.

Él se levanta lentamente.

—¡Un momento, jovencita! ¡No salgas corriendo igual que tu madre!

La puerta de vidrio del café se ha cerrado. Define claramente el grado de contacto que Guillermo tiene con sus hijos; se relaciona con ellos como si fuera a través de un filtro.

Y pronto sus mensajes de texto regresan a ser cortos; casi sólo saludos o despedidas.

*Buenas noches, mi amor.*

*Buenas noches, mi rey.*

O hacen erupción, como el Volcán de Pacaya, en un torrente de palabras.

*Me siento mejor esta mañana aunque todavía te extraño horriblemente. Tal vez no nos deberíamos mensajear con tanta frecuencia porque sólo aumenta mi nivel de ansiedad, en especial cuando te imagino comiendo o cenando con tu esposa y tu familia. A veces pienso que estoy más enamorada de tus palabras que de ti y que se nos ha olvidado lo poderosas que pueden ser las palabras. No me gusta estar esclavizada a tus palabras, que me someten a esta fantasía de la que ni siquiera puedo hablar. Y después, cuando me doy cuenta de la realidad, me percato de que nos hemos embarcado en un camino peligroso que sólo puede terminar en dolor. Pero entonces empiezo a pensar que hay algo único y poderoso entre los dos y que es una tontería ter-*

*minarlo cuando lo acabamos de empezar. ¿Qué vamos a hacer? Dime, tú que tienes más experiencia en este tipo de cosas...*

Sus mensajes de texto están llenos de sentimientos contradictorios, como sería de esperar entre dos personas enfrascadas en un amor ilícito. Comprometerse o no comprometerse. Ver su amorío como lo mejor que podrían aspirar a tener. Arriesgarlo todo o no arriesgar nada más y simplemente darle fin a su aventura y regresar a una vida más rutinaria.

Al principio, sólo se ven en el Stofella, que es tanto emocionante como peligroso y, en ciertos momentos, aterrorizante. En cualquier momento, alguien en el restaurante del hotel o en las salas de juntas podría reconocerlos cuando entran o salen o cuando dejan sus automóviles en los estacionamientos cercanos. Después de todo, el hotel se encuentra en el corazón de la Zona Viva, a donde acuden todos los estratos de la alta sociedad de Guatemala, donde tal vez estén seguros de los asaltos, pero no de los ojos de los curiosos. Después de todo, la ciudad de Guatemala no es más que un pueblito.

Guillermo piensa en gastar varios cientos de dólares para verse en el Hotel Grand Tikal Futura en la Calzada Roosevelt, pero el Futura está tan sólo a unos minutos de la fábrica de textiles de Ibrahim y el gerente es un hombre libanés al que Maryam conoce. También es riesgoso porque siempre hay gigantescos atorones de tránsito de ida y venida al hotel y ni Guillermo ni Maryam pueden darse el lujo de llegar tarde. Podrían ir al Quinta Real justo afuera de la ciudad, pero el despacho de Guillermo representa a los dueños, lo que aumenta el riesgo de descubrimiento si se toparan con alguno de ellos en el *lobby*.

Guillermo hace más indagatorias; el Mercure Veranda renta *suites* y habitaciones por mes en la 2ª Calle de la Zona 10, al igual que el Barceló, pero el costo ascendería a una pequeña fortuna y la posibilidad de que los vieran allí sería aún mayor que en el Stofella. Al final, decide rentar un departamento amueblado de una recámara en un edificio anónimo que mira hacia la Plazuela España, a menos de un kilómetro de sus oficinas en el edificio de Los Próceres. El riesgo es que se encuentra a dos cuadras de la sagrada Union Church de Rosa Esther, pero como sólo va allí los miércoles, el día en que él come en casa de Maryam con su padre, y los domingos, un día en que los amantes jamás se verán, el departamento es ideal. Los dos están a menos de diez o quince minutos de sus respectivos departamentos, de las oficinas de Guillermo e Ibrahim, y tiene estacionamiento en el sótano, lo que les permite llegar y salir prácticamente sin ser vistos.

Antes de que se percaten de lo que está sucediendo, se están viendo tres días a la semana. Hacen el amor dos o tres veces por tarde; nunca tienen tiempo para una simple conversación. Ninguno de los dos está interesado en absoluto en los pormenores de sus vidas, pero a ambos les gustaría platicar de música, de libros y películas, de comida, de la creciente violencia en los autobuses públicos y de los barrios bajos de la ciudad de Guatemala si tan sólo tuvieran el tiempo.

Pero el único lugar que les importa es la cama. Más rápido que nada, ya pasaron dos horas y sus últimos minutos juntos están ocupados con bañarse y vestirse y, en ocasiones, con leves recriminaciones por no poder encontrar una mejor manera para estar más tiempo juntos.

Guillermo promete idear un plan para que puedan escaparse un fin de semana largo al Cayo Ambergris en Belice.

Maryam lo mira con ojos dudosos.

—Estás soñando.

—Puedo hacer que funcione —le contesta—. Verás.

Al final, les da miedo irse un solo día a La Antigua a 35 kilómetros de distancia.

Un jueves, cuando se ven, Maryam insiste en que tienen que hablar.

Se sientan en la mala imitación de sala, él en un diván y ella en una incómoda silla tapizada de verde que mira hacia la Plazuela España. Están sentados uno frente al otro, más lejos de lo que nunca han estado.

—No puedo seguir así, Guillermo.

Cuando oye esto, el corazón de Guillermo se llena de pánico. Sospecha que el final está cerca. Los dos están totalmente comprometidos con la relación, pero él siente que no tiene derecho a insistir en que sigan viéndose en secreto. Tiene miedo de divorciarse de Rosa Esther por lo que podría causarle a ella y a los niños: está convencido de que su familia estaría indefensa sin él.

La relación entre Guillermo y Maryam no es ideal; ¿qué existe en la vida que lo sea? Él no quiere que cambie nada: al menos pueden estar juntos de manera regular. Y un divorcio, o incluso una separación, podría afectar su negocio.

—¿Qué quieres decirme, mi amor? —responde, tratando de ser tierno.

—Odio todos estos secretos e intrigas; es como si estuviéramos haciendo algo malo —él puede ver que está muy alterada y que está tratando de encontrar una solución que los lleve a un siguiente paso.

—Supongo que así es.

—Lo sé, a los ojos de los demás. Tal vez sea algo más —dice mientras se rasca la palma de la mano—. Detesto separarme de ti. Quiero estar contigo todo el tiempo.

Piensa en lo que ella acaba de decir y se encuentra diciendo algo que nunca le ha dicho a Araceli ni a sus otras docenas de amantes:

—Yo también.

Maryam da un golpe sobre su rodilla.

—No puedo simplemente abandonar a Samir. Nos casamos ocho meses después de que su esposa muriera de cáncer.

—Eso no lo sabía —esta es la primera vez en que Maryam menciona algo acerca de la forma en que se conocieron; de sus ideas de dejarlo.

—Él es el líder de la pequeña comunidad libanesa de Guatemala y es muy respetado. Incluso mi padre lo admira porque aunque somos cristianos maronitas, ha entablado contacto con nuestros hermanos musulmanes y judíos. ¿Sabes a lo que se dedica? —lo reta.

Avergonzado, Guillermo admite que no.

—Es dueño de una ferretería en la 11ª Avenida del centro. Casi no gana dinero. Trabaja duro y todo el mundo lo respeta. Tiene dos hijos adultos, un hombre y una mujer, que regresaron a Líbano. ¿Sabías que soy la madrastra de dos personas que son casi de mi misma edad? Y por más que me repugne ahora, por tu causa, no puedo abandonarlo. No sólo por cómo quedaría, sino también por lo que pudiera hacer para vengarse.

—Nadie te está pidiendo que lo dejes —responde Guillermo algo exasperado.

Maryam lo ve a los ojos y observa que no tienen expresión alguna.

—Te voy a pedir que no me levantes la voz, Guillermo. No soy Rosa Esther. Siempre que planeamos vernos, tengo que inventar algún pretexto; que me voy de compras, que fui a Sophos.

—Ya lo sé.

—No lo sabes. Esto me agota, todas estas hurtadillas. Yo no puedo dejarlo así como así, por lo menos no en este momento. Cualquier día de estos alguien nos va a ver y yo necesito saber dónde nos encontramos. Para ser franca, no tengo idea de hacia dónde se dirige esto.

Este comentario hace eco de algunos de sus mensajes anteriores, antes de que empezaran a verse de manera más regular y Guillermo rentara el departamento. Parecería que cada par de semanas, Maryam entra en pánico; llega a un punto en el que quiere que las cosas cambien, que se ajusten a la nueva realidad de su relación, en la que demanda un mayor compromiso. Cree que no pueden simplemente seguir cogiendo tres veces por semana durante los siguientes cuarenta años de sus vidas. ¿O podrán?

—¿Por qué necesitamos decidir esto ahora? Te prometo que pensaré en alguna solución —le dice, como si estuviera tratando de calmar a un cliente—. ¿No podemos tratar de divertirnos?

En lugar de responder a su pregunta, Maryam simplemente lo ignora. Se rehúsa a que la distraiga del rumbo que llevan sus pensamientos.

—Samir me pide tan poco. Tengo casi veinticinco años menos que él. Tal vez no quieras oír esto, pero no le interesa venirse dentro de mí. Está feliz si lo masturbo una vez al mes. Y gracias a Dios que puedo hacerlo con la mano y que no tengo que usar la boca.

—No necesito oír esto, Maryam —dice Guillermo mientras se levanta. No está interesado en escuchar los detalles de su relación sexual, de la misma manera en que no tiene deseo alguno de revelar lo que él hace en la cama con Rosa Esther.

—...es su edad o una reducción de la libido. No tiene deseos por mí o simplemente está más interesado en que administre la casa mientras él trabaja. Se pasa la mayor parte del tiempo comunicándose con sus viejos amigos de Sidón, donde viven sus hijos con su hermana menor, Dalia. Es un hombre de placeres sencillos, más acostumbrado a usar pantuflas y bata el domingo por la mañana que a salir corriendo para jugar golf.

—Ajá.

—¿Entiendes lo que te estoy diciendo?

Detesta los momentos en que se pone histérica, según su manera de pensar. Esto no es histeria, lejos de ello; Maryam ha examinado su relación con cierta frialdad y cree que *tienen que* tomar una decisión; si no de manera inmediata, pronto. El método de Guillermo es quedarse esperando, demorar, como buen abogado, con la esperanza de que la otra parte se canse de dar argumentos. Ésta es la manera en que ha tomado decisiones toda su vida: quedándose quieto dentro del ojo del huracán. Nunca se precipita a hacer las cosas. Sabe que podría ofrecerle el divorcio a Rosa Esther, pero no quiere hacerlo porque lo despreciarían sus clientes y mucha gente hablaría de él a sus espaldas.

—¿Qué podemos hacer? —dice finalmente, resistiéndose al impulso de tocarla.

Sus ojos están hinchados y enrojecidos, llenos de lágrimas, y se aferra a su silla.

—Samir sospecha que algo ha cambiado. Incluso es posible que tenga espías, por lo que sé. O tal vez se da cuenta de que estoy distraída. Lo que me frustra es saber que tú no vas a hacer nada.

Guillermo se dirige hacia ella y le acaricia el cabello.

—Dame una oportunidad para pensar en algo. Maryam, ¿estás a punto de tener tu regla?

Ella lo ve con furia.

—¿Crees que esto se reduce a hormonas? —le responde, levantándose para irse.

—¿Maryam, adónde vas?

Azota la puerta sin dirigirle la palabra.

Es su primera pelea y de los dos, quien está sintiendo pánico es él. La deja ir, esperando que su rebeldía y su propia falta de intervención calmen sus sentimientos.

Tal vez Samir no esté dispuesto a confrontar a Maryam en cuanto a su cambio de actitud, pero Rosa Esther, por el contrario, está tratando de encontrar una manera de enfrentarse a Guillermo.

En realidad, no se trata de las desapariciones de Guillermo al mediodía, ni de sus ocasionales jugueteos nocturnos, que siempre ha tolerado sin preguntar demasiado. Esta nueva aventura debe ser algo serio. Percibe que está más en calma, menos dispuesto a maldecir todo lo que sucede en Guatemala, a culpar al Presidente liberal por todos los males de la sociedad. Imagina que o se está viendo con una bellísima prostituta de altos vuelos o que está jugueteando regularmente con la esposa de algún asociado o cliente, que ella posiblemente conozca o no. Parece más emocionalmente remoto y cada vez más preocupado acerca de que sus trajes y camisas se planchen con regularidad. Aunque en realidad ella es padre y madre para los niños, él le está haciendo más preguntas acerca de cómo les está yendo a Ilán y Andrea en la escuela y con sus amigos, pero siempre desde cierta distancia.

Aunque han pasado meses sin que hagan el amor, él parece tener un mayor deseo por ella. Cada par de semanas empieza a sobarle el trasero a media noche y después, si ella lo deja, se le monta. Rosa Esther siente que debería dejar de tener sexo con él por completo como una especie de castigo, pero la realidad es que disfruta el creciente deseo que él siente, así como el suyo propio: ella no busca tener relaciones sexuales activamente, pero tampoco le niega el acceso.

A cambio de su aceptación por sus aventuras, lo único que ella le pide es que le tenga consideración. Sólo se pone lívida cuando a él se le olvida llamar para decir que no va a estar en la cena y cuando llega borracho horas después. Los niños ya dejaron de preguntar por qué su papá rara vez llega a cenar. Es en estas ocasiones en que ella se pone furiosa y le habla y envía mensajes de texto, pero él nunca los responde.

Y cuando finalmente llega por la noche después de las diez, lo primero que quiere hacer es ducharse. Nunca se bañaba de noche, pero dice que ha estado jugando boliche con diversos clientes en el Metro Bol de la Colonia del Maestro y que la falta de aire acondicionado y todo el humo de los cigarrillos son demasiado intensos; además, le duelen todos los músculos. A Rosa Esther le asquea la aseveración de que el boliche se ha convertido en una de sus actividades nocturnas.

Está esperando el momento para confrontarlo o la oportunidad de encontrar la evidencia de a quién se ha estado cogiendo.

Una noche, casi dos meses después de la primera vez en que Guillermo y Maryam se reúnen en el Stofella, Rosa Esther saca el celular de Guillermo del estuche que lleva en el cinturón mientras está tomando una de sus duchas nocturnas. Siempre le ha dado miedo hacer esto y, además, supone que tendría la cautela de tener una contraseña.

Cuando despierta al Blackberry, observa que tiene once mensajes de texto en el buzón de entrada que ha olvidado borrar. Cierra los ojos brevemente, anticipando que el siguiente paso la llevará a un lugar al que no debiera ir...

Y, de hecho, decide que no quiere ir allí; no esta noche. De modo que regresa el teléfono a su estuche de piel.

La siguiente vez que Guillermo procede al baño nocturno, se arma de valor. Quiere saber qué está sucediendo en la otra faceta de la vida de su marido. Su rostro se ensombrece a medida que lee los textos que él estúpidamente ha guardado.

Los mensajes están regados de palabras como *divino*, *amor*, *querido* y *corazón*, y con otras que son de lo más gráficas en términos sexuales. *Divino, acabo de terminar de jugar tenis y mis calzones están mojados... por ti;* o *Habibi, estoy de compras y cuando toco los pepinos y las berenjenas empiezo a sudar;* o bien *Corazón, el sueño que tuve de ti, con tu pene erecto, hizo que me tocara hasta que me viniera dos o tres veces en la cama.* Y después revisa los mensajes enviados: *estoy en una junta con unos abogados corporativos y lo único en que puedo pensar es en comerte;* o *Te veo desnuda, con tus abundantes senos bailando encima de mí;* o *Amor, no puedo levantarme de la mesa por la enorme erección que tengo por pensar en ti. Tengo sed de ti y quiero saborear tu coño picante.*

Esto es más que suficiente. Piensa en confrontarlo en cuanto salga de la regadera, pero decide que debería estar calmada si quiere que sus palabras sean *eficaces*. Está convencida de que debe planear su escape de manera estratégica para que sea imposible que se frustren sus planes. Necesita determinar qué es lo mejor para ella y para los niños.

Ya llegará el momento.

Espera varias semanas, documentando el número de veces que él le da excusas idiotas para no presentarse a comer o para llegar tarde a cenar. Quiere tener una cuenta precisa antes de confrontarlo. Mientras tanto, se pone en contacto con su tío de México y le describe la sórdida aventura de su marido. Él le advierte que guarde silencio, al menos por el momento. Quiere que afinen todos los detalles de su huida con Ilán y Andrea a México para que en el momento en que decida dejar a Guillermo, no haya manera en que él pueda detenerla. Lo último que necesita es verse involucrada con un abogado que podría acusarla de estar secuestrando a sus propios hijos.

Aunque tendrá que dejar a su hermana en Guatemala, a Rosa Esther le gusta la idea de irse a México, de escaparse de todos los sórdidos chismes y miradas, y de empezar una vida nueva en la que nadie sepa ni quiera saber el número de veces en que Guillermo la ha engañado.

Hace una cita para verse con el pastor Huggins de la Union Church el miércoles. De inmediato le cuenta que su marido ha tenido varias aventuras, pero que ahora está teniendo un amorío con una puta musulmana. El pastor, que originalmente proviene de Louisville, Kentucky y que es de lo más conservador, se ve escandalizado por la falta de refinamiento en la elección de palabras de Rosa Esther. Le sugiere que vaya a terapia con alguien a quien él recomiende porque, en principio, no es conveniente que él se vea con dos miembros de su congregación que estén en conflicto. En realidad, le parece que las pocas sesiones que ha tenido con parejas que se culpan mutuamente son indecorosas; le avergüenza tener que escuchar las acusaciones procaces y los escabrosos detalles. Además, sus sesiones de orientación nunca funcionan y siempre termina perdiendo a ambos miembros de la congregación; nada bueno sale de ellas.

Rosa Esther se siente decepcionada con la reacción del pastor Huggins. Quiere alguna acción o consejo específico y lo único que recibe es una palmadita en la mano, una serie de lugares comunes y una petición de mayor paciencia y devoción a la santidad de su unión. La Union Church es más que perfecta para acercar a su congregación a Dios, pero es un rotundo fracaso en lo que a resolver problemas matrimoniales modernos se refiere.

Le da las gracias al pastor y se retira, sabiendo que deberá actuar por sí sola, sin su bendición ni su permiso.

Rosa Esther urde un plan viable con su tío. En Semana Santa ella y los niños viajarán a México para visitarlo a él y a sus primos. Se quedarán unos días en la casa de su tío en el área de San Ángel y después vacacionarán otros días más en un lujoso hotel de Cuernavaca. Sabe que Guillermo no querrá acompañarlos dado que no puede estar lejos del trabajo por diez días, además de que seguramente le serán ideales para irse libremente con su nueva puta sin necesidad de hablar a casa y dar explicaciones.

A los niños sólo les dice que van a visitar a su tío abuelo y a los primos de Rosa Esther; todo lo demás parece normal.

Diez días en México con sus únicos otros familiares sobrevivientes.

Guillermo va al Aeropuerto La Aurora para recoger a Rosa Esther y a los niños a su regreso de México.

—¿Dónde están los niños? —pregunta cuando ve a Rosa Esther saliendo del área de recolección de equipaje en el nivel inferior, con un hombre que lleva sus dos maletas en un carrito. Guillermo no tiene ni la más remota idea de lo que está sucediendo, de modo que no siente ninguna sospecha. No sabe nada acerca del calendario escolar de sus hijos. Tal vez se la hayan estado pasando de maravilla con sus primos y hayan querido quedarse una semana más.

—Pensé que podrían quedarse un rato más en México —le dice Rosa Esther mientras lo besa en la mejilla, confirmándole que nada está sucediendo.

El único problema es que el ego de Guillermo está un poco afectado porque no se le consultó.

—¿Y tomaste esta decisión sin mí? —pregunta mientras se dirigen al auto en el estacionamiento. Están en la parte del aeropuerto en que los transportes del hotel hacen cola para recoger a los huéspedes y llevarlos de inmediato a los hoteles cercanos. Es un área tranquila sin gran cantidad de tráfico. El hombre del carrito está empujando el equipaje detrás de ellos.

Cuando finalmente se encuentran en el automóvil, Rosa Esther voltea a verlo de frente.

—Guillermo, si Ilán y Andrea te importaran tanto como piensas, nunca te hubieras relacionado con esa puta.

—¿Con esa qué? —pregunta Guillermo.

—Con tu puta musulmana. Lo sé todo. Leí tus asquerosos mensajes. ¿Ella es tu princesa? ¿Eso significa que tú eres *su príncipe* o ya te convirtió en *su rey* o *su ayatola*?

Guillermo ve que la cara de Rosa Esther no muestra emoción alguna. Ni dolor, ni resentimiento; tiene una mirada desapasionada casi carente de expresión.

No tiene caso que lo niegue a estas alturas. Ya no había nada que ocultar. Tendría que lidiar con las consecuencias, algo que estaba reacio a hacer.

—¿Qué quieres de mí? —le pregunta, viendo por la ventana hacia los demás carros del estacionamiento.

—Una separación, para empezar; seguida de un divorcio. Y tu promesa de no disputar la custodia de los niños. Quiero la mitad del dinero que hay en todas las cuentas del banco y quiero que vendas el departamento. Nos dividiremos las ganancias. No quiero que te vayas a vivir allí con esa puta.

Voltea a verla, sorprendido por lo que está diciendo. Cuando le había preguntado qué quería de él, había esperado que le dijera *Quiero que empieces a vivir en el estudio* o *Quiero que nos reunamos con el pastor Huggins*. Evidentemente, las cosas han cambiado.

—Compramos ese departamento con el dinero que hicimos de la venta de la casa de Vista Hermosa que yo pagué con el dinero de la herencia de mis padres. En realidad, ese departamento debería ser sólo mío.

—Pues no lo es. Y no existe un solo juez en todo Guatemala que te deje quedarte con lo que ahora es propiedad de los dos; especialmente cuando le presente la evidencia de tus aventuras. De hecho, me merecería el valor completo del departamento, o sea que me estoy viendo de lo más generosa contigo. Además, quiero que me mandes 16 000 quetzales al mes para la manutención de los niños hasta que los dos terminen sus estudios universitarios.

—¿Y dónde estás planeando vivir?

—En la Ciudad de México.

—Dos mil dólares al mes. ¿Eso es todo? ¿Y de qué esperas que viva yo después de que te envíe ese dinero? —le pregunta Guillermo con desprecio—. ¿De agua, de aire?

—Francamente, Guillermo, me importa poco de qué vivas. De *hummus* por lo que me interesa; y no me merezco ese tono de desdén. En esta situación, yo soy la víctima y tú eres el transgresor. Podrías haber considerado ser un poco más directo conmigo acerca de tu putita y tal vez los términos de nuestra separación te hubieran favorecido un poco más.

—Maryam no es ninguna puta.

—La cualquiera tiene nombre.

—Así es, y es un nombre hermoso.

Rosa Esther está a punto de abofetearlo, pero se detiene:

—Me das asco.

Él le responde:

—Parece que estabas planeando largarte desde hace mucho.

—Ay, Guillermo. No tiene caso hablar contigo; siempre serás el abogado. Tienes montones de argumentos y premisas y sabes cómo usarlos. Lo que me pregunto es dónde fue que perdiste tu consideración, la humanidad que tenías cuando primero te conocí en el Pecos Bill. Te has vuelto corriente y, además, ¡eres un cobarde! Yo te di dos hijos preciosos y tú no me has dado más que dolor de corazón y una enfermedad venérea que hace que la cara se me llene de granos cada dos meses. Gracias por arruinarme la vida.

—Excelente —es todo lo que se le ocurre decir. Todavía le sigue reclamando lo del herpes que sucedió hace casi veinte años. Y antes de que él pueda añadir nada más, ella le dice:

—Dime: ¿en qué momento me convertí en tu enemiga?

—No eres mi enemiga —se siente injustamente acusado e injustamente obligado a responder.

Rosa Esther se ríe a carcajadas.

—Pero sí que lo soy. Sé que tienes otros enemigos que tú *consideras* como mucho más importantes, como el Presidente y su esposa, como los periodistas liberales y los reformadores fiscales: lo que sea que se interponga en tu camino para lograr un estado de perfecta libertad. Pues ahora estás libre de perseguir tus sueños y el precio que te estoy haciendo pagar es barato. Muy barato. No vas a perder a tus hijos para siempre: estás en entera libertad de visitarlos en México y ellos pueden venir a visitarte en Guatemala siempre y cuando no estés viviendo con esa puta. Y no quiero oír mención de que me los estoy secuestrando o de que trates de impedir que me vaya. Puedes quedarte viviendo en este país de mierda. ¿Te queda bien claro?

Guillermo está furioso; desde un punto de vista legal, sabe que Rosa Esther está siendo más que generosa. Después de todo, él es un abogado exitoso y experimentado, y está más que consciente de las leyes y estatutos guatemaltecos relacionados con divorcio y culpabilidad. Sabe que le ha ganado y, además, que lo ha dejado bien parado; es un acuerdo más que justo. Lo que le molesta es que no hay nada que quede por negociar con ella, ni siquiera su negativa a aceptar que nada bueno pudo haber venido de su matrimonio, aparte de los niños.

—¿Qué más vas a querer?

—No quiero nada más de ti, y mucho menos tu lástima. Es demasiado tarde para eso. Podrías haberlo pensado con más cuidado hace veinte años cuando primero empezaste a tener sexo con Chichi y Mercedes.

Guillermo no puede decir nada en defensa propia.

Rosa Esther no tiene más que decir.

—¿Podrías arrancar? Ya quiero llegar a la casa.

De modo que se van a la casa como una pareja civilizada. Rosa Esther se muda al cuarto de Andrea, llena de carteles y dibujos y peluches color de rosa. Se queda en Guatemala dos semanas más, mientras empaca las cosas de los niños, y se despide de su hermana, que promete visitarla antes de que pase un mes, y de todas sus amistades, antes de volar a México.

No hay exabruptos ni nada que impugnar. De hecho, ni siquiera necesitan contratar abogados separados. Rosa Esther trajo su propio contrato de divorcio desde México y sólo necesita que Guillermo copie los términos en el Decreto de Divorcio de Guatemala para que su separación pueda ser oficial. Rosa Esther está dispuesta a conceder que Guillermo no va a tratar de esquilmarla en términos financieros. Él siempre ha cumplido en ese respecto.

El pastor Huggins está más que dispuesto a preparar un divorcio unitario legal de la Union Church en el que ambas partes carecen de culpa como personas que se han dado cuenta de que tienen diferencias irreconciliables. Rosa Esther no quiere armar un escándalo acusándolo formalmente de infidelidad: dado que el divorcio no es legal en Guatemala, está dispuesta a que el matrimonio se anule, para protegerse a sí misma y a los niños, bajo la estipulación de que nunca estuvieron enamorados y que se trató de un mero contrato a los ojos del Hombre y una unión no sagrada a los ojos de Dios.

Naturalmente, Guillermo accede.

Cada noche, mientras Rosa Esther finaliza sus asuntos, él les habla a los niños por Skype. Estas conversaciones terminan en lágrimas por parte de Andrea, como sería de esperar, pero Ilán se comporta de manera más estoica, como si sólo hubieran hecho un intercambio de equipos o como si una anciana estrella de futbol hubiera recibido su jubilación. Guillermo les promete a los dos que los visitará frecuentemente en la Ciudad de México, donde se quedará una semana entera por vez en alguna suite de la Zona Rosa. Ambos dudan que vaya, pero tienen demasiado miedo de decirlo, de modo que se portan obedientemente tristes. No quiere perderlos, o por lo menos eso es lo que les dice.

Con todo y todo, tiene que admitirlo Guillermo, Rosa Esther se está comportando de manera decente.

El problema mayor es lo que va a pasar con Maryam; y con Samir.

## 12
## Una balada árabe: *habiba, sharmuta*

Cuando Guillermo le cuenta a Maryam lo que ha sucedido, queda muy sorprendida. Todo este tiempo ha sospechado que ella sería quien diera el primer paso si alguna vez existía la posibilidad de que ella y Guillermo estuvieran juntos. Ahora, Rosa Esther actuó y Maryam le da a su amante el espacio que necesita para reflexionar acerca de las cosas. Es un periodo difícil porque hay mucho que hacer y no hay tiempo para que se reúnan.

Al cabo de una semana del regreso de Rosa Esther, Guillermo pone en venta su departamento a través del Bamboo Group. Las propiedades en la Zona 14 se están vendiendo como pan caliente porque hay guardias armados que patrullan las áreas residenciales y los guatemaltecos ricos quieren tener seguridad más que ninguna otra cosa. Es una colonia muy cotizada. Le insiste al agente de bienes raíces que quiere recibir al menos 400 000 dólares por el departamento. Guatemala está que se pudre en dinero de las drogas y al cabo de dos días de la puesta en venta, se presenta un comprador que insiste en pagar en efectivo.

Guillermo le paga su mitad a Rosa Esther y firma un contrato de renta para un departamento compacto de dos recámaras en un nuevo edificio que tiene once pisos con un departamento por cada uno en la Colonia España. Como primer inquilino del edificio, a Guillermo le hacen un buen descuento en la renta de todo el primer año. Le gusta que sea una unidad en alquiler: simboliza la transitoriedad que caracteriza su nuevo estilo de vida.

Rosa Esther contrata una empresa de mudanzas que transportará las cosas de los niños y algunos de los muebles por tierra hasta la Ciudad de México. El día de la mudanza, insiste en que Guillermo se quede en la oficina; no lo quiere alrededor interrumpiendo cualquier emoción que ella pueda querer expresar.

Cuando él regresa a casa, descubre que le han dejado una cama, un buró y un par de mesas laterales con lámparas. La sala tiene una silla y el comedor está completamente vacío excepto por una lámpara de pie en la esquina trasera y una moderna araña de cristal al centro del techo; ambos, saldos de la tienda de su padre.

Las paredes muestran sombras en los sitios en que alguna vez colgaron cuadros y adornos.

Sin familia que llene sus noches, Guillermo se siente solo. Pero todavía tiene que quedarse allí otra semana más antes de que pueda mudarse a su nuevo departamento más pequeño. Le sorprenden sus sentimientos de pérdida, algo que nunca anticipó durante todos sus amoríos.

Una tarde, varios días después de que Rosa Esther se ha ido a México, Guillermo y Maryam se encuentran acostados en la cama del departamento de la Plazuela España bebiendo Chivas en las rocas y comiendo almendras después de hacer el amor. Sus relaciones siempre son una aventura impredecible, con una novedad que Guillermo ya no cuestiona pero que claramente le fascina. Maryam jura que le ha sido fiel a Samir todos estos años, pero que a medida que ha madurado, se ha percatado de su creciente impulso sexual y de sus deseos de satisfacerlo. Sus años de leer *Playgirl* a escondidas le han ayudado a darse cuentas de lo que quiere sexualmente de su hombre.

—¿Y ahora qué sigue? —le pregunta Guillermo mientras le acaricia la cabellera.

Maryam lo ve sorprendida.

—¿A qué te refieres?

—¿Qué es lo que vamos a hacer?

—Esa es una pregunta de lo más importante. ¿Acaso le has dicho a mi padre que Rosa Esther te abandonó?

Guillermo deja de acariciarla.

—Le dije que mi matrimonio estaba a punto de terminar. No me atreví a decirle que Rosa Esther se había mudado a México.

—¡Pues yo no puedo decírselo! —le responde ella.

—Yo se lo digo a la siguiente que lo vea, aunque no creo que lo haga nada feliz. A tu padre le gusta el orden.

—¿Y qué se supone que haga con Samir? ¿Seguir felizmente casada con él?

—Yo esperaría que no —dice Guillermo al tiempo que inclina su vaso hacia ella. Maryam está acostada con la cabeza sobre su regazo, viéndolo, mientras sostiene su propio vaso en una mano. Cada vez que quiere beber se levanta, cosa que sucede ahora—. No lo amas.

—No, es cierto, pero le tengo miedo —dice mientras toma un sorbo de su copa y usa su lengua para juguetear con uno de los hielos—. Siempre parece muy calmado frente a los desconocidos, pero tiene un carácter explosivo. He visto cómo les grita a los empleados de la tienda. A veces no se percata de ello; y a veces me grita a mí.

—¿Crees que te pudiera golpear? Porque si ese es el caso, le deberíamos decir juntos.

—Esa, Guillermo, es una pésima idea. Una cosa es que yo se lo cuente en privado y otra completamente distinta es que su reemplazo sea testigo de lo que yo le esté diciendo. O sea, ¿cómo te sentirías si Rosa Esther y su nuevo amante te dijeran que ella está a punto de dejarte?

—Querría matarlos a los dos; en ese mismo instante.

—Exacto. Sería mejor si se lo digo yo. Necesito encontrar el momento.

—¿Cuándo?

—Ahora no —está pensando—; tal vez en un par de semanas.

—¡Maryam!

—Necesitas darme un par de semanas.

Diez días después de la partida de Rosa Esther, Guillermo decide renunciar al departamento amueblado del edificio de la Plazuela España. ¿Para qué pagar otra renta cuando ahora vive solo y Maryam puede visitarlo en cualquier momento? Nunca pensó que podría escaparse de su matrimonio; además, nunca pensó que estaría interesado en vivir con otra mujer; siempre se imaginó viviendo solo.

Pero las semanas pasan. Cuando le cuenta a Ibrahim que su esposa lo ha dejado con Ilán y Andrea y que ahora están viviendo en México, Guillermo se sorprende ante la respuesta de su cliente. Ibrahim queda boquiabierto, pero no le hace ninguna pregunta y no dice nada más aparte de ofrecerle sus condolencias. Debe sospechar que hay algo más que una amistad entre su hija y su abogado y debe estarse preguntando qué es lo que sucederá a continuación.

Maryam no le dice nada a Samir. Guillermo está furioso ante esta falta de progreso. Confía en Maryam, pero se pregunta por qué tiene tantas dudas de simplemente decirle a Samir que ya no quiere vivir con él; no es como si tuvieran hijos que proteger.

Guillermo llena sus noches trabajando en sus casos, en especial el de Ibrahim. Después de varios meses de informes prácticamente perfectos sin retiros sospechosos, observa nuevas discrepancias en las cuentas mensuales de Banurbano, esta vez en cantidades cada vez mayores. Algo le dice que mientras se cierran otros canales de lavado de dinero, hay cada vez mayor presión por utilizar al banco como medio para mover fondos y patrocinar programas que no cuentan con aprobación legislativa. Guillermo se siente algo fuera de su elemento dado que no es contador y no comprende ciertas transacciones por completo; pero sabe que está sucediendo algo ilegal.

No le confiesa a Ibrahim su confusión acerca de algunas de las transferencias bancarias ya que éste confía en su juicio y ha puesto su reputación en juego en cuanto a que logrará que las transacciones del banco sean completamente transparentes. Cuando Guillermo le informa acerca de las irregularidades, Ibrahim se lo cuenta a los demás miembros del Consejo. Al recibir una respuesta indiferente, les dice que está considerando discutir sus hallazgos con la prensa ya que no puede confiar en el Presidente y al Departamento Judicial no parece importarle sus acusaciones. Tal vez apelar al pueblo lleve a los gerentes de Banurbano o incluso al Presidente a hacer una aclaración pública de lo que está sucediendo.

Consciente de la manera en que el gobierno puede manipular la verdad, Guillermo le aconseja que no lo haga: siente que lo que necesitan son pruebas de los malos manejos, no acusaciones. Le indica que necesitan más evidencia, pero Ibrahim es terco e impaciente de una manera increíble; siente que ha llegado el momento oportuno.

Lo que sucede a continuación es más ominoso. Después de amenazar al Consejo, Ibrahim empieza a recibir un mayor número de llamadas truncas y de amenazas en su contra. Alguien quiere que renuncie al Consejo y de inmediato.

Es evidente que ni el Presidente ni su esposa le pueden pedir que renuncie de manera directa y, extrañamente, Ignacio Balicar deja de defender los proyectos predilectos del Presidente en las juntas. Parece estar esperando a que algo suceda. Nada se hace de manera directa en Guatemala; todo es disimulo, cortinas de humo, pantallas, nubes, ocultamiento. Es claro que algo catastrófico está a punto de suceder —ésta es la calma antes de la tormenta— pero Ibrahim quiere revelarlo todo a la prensa.

Mientras tanto, Guillermo se está sintiendo cada vez más solo. Está profundamente enamorado de Maryam, pero es difícil romper con las viejas costumbres. Una noche, después del trabajo, se reúne con Araceli en el Stofella, pero resulta ser un desastre. De hecho, se le dificulta mantener una erección aun cuando ella lo está acariciando. Ella le sugiere que tome una pastillita azul, lo que lo enoja aún más; no necesita una pastillita azul. Necesita a Maryam.

Esa noche le envía un mensaje de texto.

*¿Puedes hablar?*

*No, no puedo.*

*¿Por qué?*

*Te estoy escribiendo desde el baño. No importa a dónde vaya, Samir siempre se aparece. ¡Me está siguiendo dentro de nuestro propio departamento!*

*Le tienes que contar acerca de nosotros.*

*Tal vez ya lo sepa. Hay algo distinto en él.*

*Maryam, ya no aguanto.*

No le responde con palabras de aliento.

De modo que una noche, después de que Samir y Maryam hacen una cena ligera con pequeños aperitivos libaneses e Hiba, su sirvienta, se ha retirado, decide que el momento ha llegado. Más tarde, Maryam atribuirá sus acciones precipitadas a la voz de Assala Nasri, como si su canto fuese el responsable de su confesión.

Están sentados en la sala, cuyas paredes están decoradas con fotografías ramplonas de la campiña libanesa: campos de olivos, montañas escarpadas, el campus de la Universidad Americana; todas ellas escenas turísticas de sus viajes, separados y juntos, a Beirut.

Maryam trae puesto un vestido color azul oscuro. Parece una campesina del siglo XIX y está sentada sobre el sofá, leyendo en *Poder* un artículo donde se discute la importancia de la elección de Obama como Presidente de Estados Unidos y la manera en que esta elección afectará las relaciones entre Israel y las naciones árabes. Samir está estirado sobre un sillón reclinable Barca, con sus amarillos pies descalzos en el aire. Sus ojos están cerrados; trae puesto un batín encima de la ropa y es posible que esté dormitando.

Están escuchando la más reciente grabación de las conmovedoras baladas árabes de Assala Nasri. Algo en la manera en que Nasri canta acerca del amor, la adoración y su increíblemente triste corazón en un árabe que Maryam no acaba de entender, la trastornan por completo. Siente que su corazón es el río Jordán a punto de desbordarse.

Camina hasta el aparato reproductor y reduce el volumen. Hay lágrimas en sus ojos.

—¿Qué pasa? —dice Samir, sorprendido, mientras se incorpora.

—Necesito hablar contigo acerca de algo.

Su marido sacude la cabeza.

—¿Por qué siempre que estoy disfrutando algo y que estoy en un estado de absoluta felicidad sientes la obligación de interrumpirme? ¿Te está molestando la música? ¿Quieres que use los audífonos?

El corazón de Maryam está saliéndose de su pecho. Los dos están escuchando la misma música, pero sus reacciones son diametralmente opuestas. Ella está pensando en las largas y poderosas piernas de Guillermo, en la forma en que el vello le crece en crestas levemente pobladas sobre el pecho, en cómo sus manos se sienten tan seguras cuando la está acariciando; en la manera en que sabe mover su pene dentro de ella de modo que constantemente se siente sorprendida por dónde la lleva y por lo que siente; por la forma en que se viene con él.

Y simplemente no puede imaginar lo que está pensando Samir. Tal vez esté recordando el amor que alguna vez sintió por su esposa, muerta hace mucho después de veintidós años de matrimonio, o de su infancia en Sidón. Quizá esté considerando la escasez de pinzas y extensiones eléctricas en Guatemala; en el precio de las ménsulas o de las tortillas.

Pero éste es el momento. ¿Cómo abordarlo? ¿Debería incluir su amor por Guillermo dentro del ábaco de justificaciones que destacan su infelicidad por tener que compartir su vida con un marido viejo y poco atractivo? ¿Realmente puede culpar a Samir, que ella sabe se sentirá libre de culpa y que podría recurrir a describirla como una mujer fácil o como una simple prostituta?

¿O debería empezar con una disculpa: admitir su culpa como algo más allá de la razón y el control, rogarle que la libere y aceptar el hecho de que ha actuado con engaños y que ha violado sus votos nupciales? ¿Debería decir que hay algo malo en ella y que siempre ha sentido que nació defectuosa y que en realidad es una persona egoísta, insensible e impulsiva?

Al final, opta por la cruda verdad, expresada en lo que siente son las palabras menos hirientes, aun cuando sabe al empezar a hablar que él no la recompensará por su bondad.

—Samir, ya no me siento feliz de compartir mi vida contigo.

Él cierra los ojos y su cara, marcada de verrugas y grietas profundas, adquiere una mirada adolorida y amargada. No hay nada atractivo en él. Baja el reposapiés del sillón para poderse incorporar por completo, aunque está un poco jorobado; tal vez para asegurarse de que ha escuchado las palabras de Maryam de manera correcta y para que ella oiga las suyas, ensayadas tantas veces y con tanta anticipación del momento en que pudiera decirlas.

—Querida, hemos compartido más que una vida juntos, mi *habibati* —se calza las pantuflas de cuero que están al pie del sillón aunque no tiene planes de levantarse. Suelta una risa divertida a través de sus delgados y descoloridos labios—. ¿Estoy interpretando tus palabras de manera correcta? ¿Quieres romper tus votos y divorciarte de *mí*?

A Maryam le desagrada su tono burlesco, pero trata de no entablar una discusión.

—Quiero dejarte; no te hago feliz —dignamente, quiere tomar toda la culpa sobre sí, pero después se retracta—. Ya no nos podemos dar lo que necesitamos; tú no me satisfaces y yo ya no puedo darte lo que necesitas.

—¿Y qué es lo que crees que necesito, jovencita?

Maryam siente que está a punto de perder el control, pero trata de mantenerse firme. Bajo ninguna circunstancia puede referirse a ninguna de sus deficiencias, que él seguramente no aceptará, ni dejarse caer al mismo nivel de su sarcasmo.

—Lo que siempre has necesitado: una mujer que te admire, que te consuele, que refleje tu ser.

Samir suelta una risita que va más allá del desprecio, que la ridiculiza por sugerir que ella pudiera estar al mismo nivel que él.

—Nunca has reflejado mi ser, *habiba*. Cuando primero nos casamos, eras una niña dulce, tontita; pero sin duda como un trozo nuevo y reluciente de cobre. Supuse que tu corazón nunca se había abierto a ningún hombre, pero pensé que por el respeto que yo le tenía a tu padre y por el respeto que tú me tenías a mí, que me serías fiel. Eso era lo único que quería.

—Sí te abrí mi corazón —confiesa ella, bajando la cabeza de manera penitente, evitando el asunto de su fidelidad—. He sido una buena esposa.

Samir entrecierra un ojo como si eso le permitiera verla mejor. Su voz se levanta:

—Durante los últimos meses te has escapado de mí como una venadita que salta la reja en la noche y regresa por las mañanas, toda inocencia, pero con el pelaje sucio. Podrás argumentar tu inocencia, pero los hechos hablan por sí solos, *habibati*.

—Mi intención nunca fue traicionarte.

—Claro que lo fue, no seamos demasiado falsos. Traición es la palabra perfecta. Lo que es más, has intentado destruirme con tu insolencia y tu falta de disposición a cumplir con la más sencilla de tus obligaciones maritales hacia mí mientras te ocultabas detrás de una sonrisa falsa. ¿Acaso te soy tan repulsivo?

Mira a Samir, convertido en un desagradable y encogido hombrecillo que a menudo deja que pasen días sin rasurarse los vellos blancos que surgen como hierbajos congelados dentro de los huecos de sus mejillas. Hay un poco de saliva en la comisura de sus labios vueltos hacia abajo y sus dientes han adquirido un tono amarillento. Le recuerda a Yasser Arafat, que siempre le pareció completamente desagradable e imposible de contemplar. Piensa en Guillermo, en su rostro elegante, en su oscuro cabello ondulado y en la intensidad de sus ojos que siempre parecen estarle arrancando la ropa de encima. Sus ojos están llenos de fuego, al menos para ella, un fuego incontrolable, mientras que los ojos de Samir están hundidos en la ensoñación.

—No puedo seguir así. Siento que me estoy muriendo poco a poco —ve su pene arrugado en la espesura de vellos grises, inmóvil, vetusto, en contraste con la erguida lanza de Guillermo.

Samir asiente con la cabeza:

—Ya veo, ya veo. No es sólo que te sea tan aborrecible que no puedes estar conmigo como una mujer debería estar con su marido. Te pido tan poco que ya ni siquiera te exijo que te abras de piernas conmigo. Pero ahora resulta que te estoy llevando a la tumba... qué detestable debo ser como para colocar a una persona tan inocente y pura como tú en una situación de tanto sufrimiento... pero déjame hacerte una pregunta práctica. ¿Cómo planeas vivir sin mí?

—Tengo el dinero de mi padre.

De inmediato, Samir sonríe:

—Se te olvida que cuando nos casamos tu padre me dio tu dote. El dinero que tú tenías ahora principalmente me pertenece a mí. Tengo que agradecerles esa generosidad a ti y a él.

—Eso ya lo he tomado en cuenta. Estoy segura de que mi padre cuidará de mí, *habibi*.

—¡Por favor! No uses esa palabra. En tus labios es una blasfemia.

—Está bien, Samir. —De nuevo, hay lágrimas en los ojos de Maryam. Es un momento existencial: nunca pensó que fuera a ser tan difícil pedir su libertad.

—Desde el momento en que me dejes, porque tú serás la que tendrá que abandonar esta casa, no te daré un solo centavo para mantenerte. ¿Qué dices a eso?

—Entiendo tus condiciones —sabe que de inicio tendrá que depender de su padre o de Guillermo, pero también está consciente de que tiene el talento, las habilidades y la perseverancia para hacerse cargo de sí misma, sin necesidad alguna de ayuda adicional. Podrá admitir sus pecados, su incapacidad para amarlo, pero no se humillará ante él. Qué idiota fue al poner todo su dinero a nombre de ambos, al amparo de su contrato de matrimonio—. Pero debo volver a decirte que no soy feliz. ¿Qué mi felicidad no vale nada?

Ahora, Samir se pone de pie. Quiere intimidarla, expresar su triunfo.

—¿Acaso tienes un amante acaudalado? ¿De eso se trata? Es lo más común y es lo que he sospechado todos estos meses. Me imagino que será algún hombre joven, de aspecto estúpido, con ojos sentimentales e igual de ordinario que tú.

—No sabes nada al respecto —responde Maryam con furia al tiempo que se da cuenta de que ha dicho demasiado.

—Ajá; justo lo que pensé. Toqué un nervio expuesto en mi pequeña *hamama* —dice con tono malhumorado—. Debe ser alguien a quien conozco. Sí, seguramente. Alguien de la iglesia. Un libanés de la mitad de mi edad. ¿O tal vez uno de los asociados de tu padre?

—No hay nadie —dice Maryam, temblando, segura de que su voz traiciona sus palabras. Ha permitido que Samir la desequilibre.

—Ah, pero debe haber alguien. No tendrías el valor de confesar tu falta de amor a menos de que tuvieras a alguien más. Lo he sospechado todo este tiempo, sabiendo lo poco confiable que eres. Pero si eres igualita que tu padre.

—Por favor no lo menciones; mi padre no tiene nada que ver con esto.

La toma por la muñeca; la revista que tiene a Obama en la portada cae de su regazo al piso. Le está torciendo el brazo con su propia escuálida extremidad.

—¿Acaso crees que la cocinera Hiba te debe algo a ti simplemente porque las dos son mujeres? Me ha servido a lo largo de dos esposas y treinta años. ¿Crees que todo este tiempo no sabía lo que estaba pasando aquí mientras yo me encontraba trabajando? A ese abogaducho seguramente le fue fácil engañar a tu padre con sus encantos y sus argumentos. ¿O es que a tu papi le ha gustado hacer de alcahuete para que los dos pudieran crear una situación en la que tus piernas, tengo que decirlo, se abrieran de par en par a un extraño de la misma manera en que tu corazón se ha cerrado ante mí?

Maryam ve la ponzoña en sus ojos. Está lastimándole la muñeca y siente miedo. Esto no está marchando para nada bien. Pero tiene la fuerza física para empujar a Samir lejos de ella, hasta su sillón, donde cae sentado y empieza a reírse.

—Eres una *sharmuta*. Como Gomer en la Biblia.

—¡Hombre desgraciado! Insultarme no va a lograr nada.

Los ojos de Samir están brillando.

—Eres tan mala como Tamar, aunque hasta donde yo sé no has cometido incesto ni te has acostado con tu padre. Supongo que no llegas a ese grado de depravación.

Maryam está bañada en lágrimas y está temblando. Corre al baño del corredor y le envía un mensaje de texto a Guillermo. *Acaba de pasar algo horrible con Samir. Necesito verte esta misma noche.*

*Te enviaré un mensaje cuando me pueda escapar. Por favor no me desampares.*

Pone el teléfono en la repisa del lavabo y se lava la cara. Se talla la parte de atrás de las orejas como si eso pudiera limpiar las palabras ponzoñosas que ha pronunciado Samir. Sabe que no es inocente, pero no es ninguna golfa. Sus manos están temblando mientras trata de aplicarse el labial y de ponerse algo de rímel en sus ojos húmedos. Pasan cinco minutos, pero le parecen días. ¿Qué le está tomando tanto tiempo a Guillermo? Tal vez está hablando con sus hijos por Skype o se ha quedado dormido después de beber demasiado.

*Guillermo, por favor contéstame. Ahora mismo.*

Por la puerta del baño, vuelve a oír la voz de Nasri, más plena y más lastimera que antes, en el reproductor. No puede comprender por qué le gusta a Samir, con sus emociones y romance exagerados, dado que parecería que él se ha encogido como ciruela pasa y que su corazón se ha vuelto de piedra.

¿Qué había estado pensando cuando se casó con él? ¿Que estaría feliz con una vida de orden, aburrimiento, disciplina y obediencia? ¿Que casarse con un viejo respetable sería mejor que vivir sola? ¡Su matrimonio había producido sólo una vida de miseria!

Abre la puerta, sale rápidamente al clóset del pasillo y agarra un suéter. Tiene que salir de esa casa, ir a algún lugar, a cualquier lugar, sea que Guillermo responda a sus mensajes o no. Tal vez tome el auto, tome la 2ª Calle a Vista Hermosa y maneje alrededor del campus de la Universidad del Valle, donde es seguro y silencioso. Hay un mirador hasta el tope donde los estudiantes van a besarse. Tal vez allí, protegida por una multitud de amantes, es donde encontrará algo de paz.

Antes de cerrar la puerta del departamento, aguza los oídos. Increíblemente, Samir está tratando de cantar con Assala Nasri, como si sus dos voces pudieran formar el mismo himno al amor perdido.

Mientras Maryam espera el elevador, sintiendo comezón en la lengua, su celular empieza a vibrar.

Un mensaje nuevo.

*¡Ven, corazón!*

13

# La ramera

Tan pronto como Maryam sale de la casa, Samir medita cuál debería ser su siguiente paso. Apenas han pasado las nueve y aún es temprano, de modo que decide hablarle a su suegro. Ibrahim no va a estar contento de oír que su hija ha confesado sus pecados y que está a punto de verse echada de la casa por su insultado marido. Un escándalo en la pequeña y cerrada comunidad libanesa de Guatemala se consideraría indecoroso; mejor que Samir le comunique la noticia, lo que le dará la oportunidad de medir la reacción de Ibrahim.

—¿Ibrahim? Habla Samir.

—¡Samir! ¡Pero qué gusto oír de ti! Apenas estaba leyendo el *Beirut Times*...

Samir lo interrumpe groseramente.

—¿Desde cuándo sabías que la *sharmuta* de tu hija estaba teniendo un amorío con tu propio abogado?

Ibrahim no sabe qué responder. Samir ha puesto en tela de juicio el honor de su hija y, por extensión, el suyo propio, en un solo golpe violento. En este momento de su vida no necesita más desorden, especialmente ahora que está plenamente enfrascado en combate con la junta de Banurbano por las inconsistencias en los préstamos y las discrepancias que ha informado.

Ibrahim se queda en silencio unos segundos.

—No tienes derecho alguno de usar ese tipo de lenguaje al hablar de mi hija Maryam. Tus palabras también arrojan una sombra oscura sobre mí. Me debes una disculpa, Samir.

—Tengo pruebas de que tu hija es una ramera.

—Por favor, no te refieras a mi hija, tu esposa de diez años, en ese tono —le ruega.

—Aquí lo que está a discusión no es el lenguaje que utilice. Centrémonos en los hechos. Maryam ha estado teniendo un amorío con tu abogado detrás de mis espaldas por varios meses y tú no sólo lo sabías, sino que los has alentado...

—¡No he hecho nada por el estilo! —responde Ibrahim al tiempo que levanta la voz—. La idea de que ella y Guillermo estén teniendo algo que ver me repugna.

—Tu hija es una puta.

—De nuevo, te tengo que pedir que no uses ese tipo de lenguaje. Sé que estás enojado y, para ser francos, Samir, si lo que estás diciendo es cierto, me sentiré terriblemente decepcionado de Maryam, pero te aseguro que ésta es la primera vez que tengo noticias de ello. Te ruego que moderes tus palabras.

—Esto ha estado sucediendo justo debajo de tus narices, *akhi*.

—*Tozz fiik*. Yo no he tenido participación en alentarlo.

—Sí lo hiciste, Ibrahim, al aceptar a ese judío en tu vida y en tu hogar.

De nuevo, Ibrahim se siente repelido por el lenguaje incendiario de Samir.

—Para empezar, Guillermo Rosensweig no es judío y aunque así lo fuera, tú, más que nadie, deberías saber que no haría ninguna diferencia para mí. Creo que necesitas calmarte antes de que digas algo que yo ya no pueda perdonarte.

Dice esto con toda la fuerza que es capaz de reunir un hombre de 74 años.

—Fuiste cómplice.

—Samir, te estás metiendo en terreno muy peligroso.

E Ibrahim le cuelga a su yerno al darse cuenta de que ha oído suficiente.

Guillermo está leyendo cuando el guardia le toca para anunciarle que tiene una visitante, una mujer, y que está subiendo a su departamento. Sabe que es Maryam por el mensaje de texto. Subirá sola desde el estacionamiento del sótano hasta su departamento del último piso ya que él le ha dado la llave.

Tan pronto como abre la puerta, Maryam cae en sus brazos, sollozando contra su hombro.

—¿Qué pasa, mi amor?

—Le dije a Samir que lo voy a dejar. Se portó terrible, simplemente terrible. Me llamó golfa. Sabe todo acerca de nosotros y nunca me dará el divorcio.

Guillermo le acaricia la abundante cabellera y trata de calmarla.

—No pensé que se lo dijeras directamente. Pensé que primero le ibas a pedir que se mudara.

—Estaba tocando esta romántica música árabe... Simplemente es algo que sucedió. Si hubieras estado allí podrías entenderlo —Maryam empieza a acariciar la parte baja de la espalda y las nalgas de Guillermo para calmarse. Tocar su cuerpo la ayuda a aferrarse a su realidad. Realmente existe—. ¡Por favor, abrázame! —exclama.

Él la envuelve en sus brazos y la presiona contra su cuerpo. Después se aleja y besa sus labios, que aún tienen el sabor de la pasta de dientes de menta que probó antes de subir. Guillermo siente cómo empieza a despertar su pene, pero su mente está en otro lado, reflexionando y calculando. Se aleja de Maryam y dice:

—No hay nada que quiera hacer más que hacerte el amor, pero creo que es mejor que hablemos.

Maryam lo mira, sus ojos encendidos de lágrimas.

—Necesito algo de beber; algo fuerte.

Guillermo accede y camina hasta su cocina por una botella de tequila. Abre un mueble, toma una botella de Don Julio reposado y llena dos caballitos. Camina hasta donde Maryam está sentada en el pequeño sofá que él compró la semana pasada. Se sienta junto a ella, la ve a los ojos y choca su vaso contra el suyo:

—A nosotros; al camino que nos reunió. Al largo camino que nos alejará de todo este desastre.

Sentados uno junto al otro, Maryam le cuenta de su intercambio con Samir, la historia completa, con todos los detalles y todos los insultos. Todo el tiempo Guillermo sacude la cabeza. Le dan asco los comentarios de Samir y al mismo tiempo trata de pensar en qué deberían hacer a continuación. Después de todo, es un abogado; debería idear un plan, una estrategia, como lo hace con sus clientes, pero su mente está en blanco. Está enfrentado a una cuestión para la que nunca lo preparó ningún curso universitario ni sus veinte años de experiencia legal: el divorcio o la mediación o, incluso, los asuntos del corazón.

—¡Ay, Guillermo! ¿Qué vamos a hacer? —suspira Maryam mientras lo vuelve a abrazar—. ¿Qué vamos a hacer?

—No creo que sea buena idea que te quedes con él. Especialmente si estás tratando de conseguir una separación o un divorcio. Samir parece no sólo enojado, sino vengativo.

—Me temo que así sea.

—¿Puedes ir a vivir con tu padre hasta que se arregle la situación?

Maryam toma un buen trago de tequila y hace una mueca.

—No; no quiero involucrarlo así. Lo pondría en una situación incómoda dentro de la comunidad libanesa y fortalecería el argumento de Samir en cuanto a que mi padre nos reunió de alguna manera y de que he salido corriendo hacia él porque soy culpable. Y francamente, no sé si me daría asilo. En muchas maneras, mi padre es igual que Samir, muy rígido y muy moral, y no creo que esté nada feliz cuando se entere de nuestra relación.

Guillermo se rasca un granito que tiene en la calva.

—Creo que tienes razón. Una cosa es que te agrade trabajar con tu abogado y otra es que esté teniendo un amorío con tu hija justo enfrente de tus ojos.

—Detesto el poder que los hombres tienen sobre las mujeres.

A Guillermo le gustaría poder defender a su género, pero realmente no sabe qué decir. No es ningún ejemplo de la sensatez del sexo masculino. Se percata de que sus actitudes siempre han sido tan paternalistas y sexistas como las de Ibrahim y Samir.

—¿Y si volvemos a tratar de rentar el departamentito de la Plazuela España por semana?

Maryam sacude la cabeza.

—Sería demasiado caro y le daría a Samir armas en mi contra, como te dije antes. No, simplemente me tendré que quedar en el cuarto de huéspedes de nuestro departamento. Tiene camas gemelas. Samir es malo en muchas maneras, pero respetará mi privacidad. Mi negativa a mudarme fortalecerá mi postura en casa al mostrarle a todo el mundo que no tengo nada de qué avergonzarme. Tendré que conseguirme un buen abogado de divorcios. Tal vez encuentre la manera de anular el matrimonio…

—No en Guatemala; éste es un país católico.

—¿Entonces una mujer tiene que tolerar la tortura y abusos de su marido?

—¿Qué abusos? —le pregunta Guillermo en su tono de voz más profesional.

—Crueldad mental. Samir me trata como su hija, como su sirvienta, como su esclava. Siempre ha usado su edad y su autoridad dentro de la comunidad libanesa para ridiculizar mis ideas. No es justo.

Guillermo la besa.

—No podrás alejarte de él usando esos argumentos. No, tal vez puedas introducir una demanda de divorcio por incompatibilidad, por diferencias irreconciliables o por infidelidad, si pudieras comprobarla. Pero él tiene el permiso legal de abusar de ti tanto verbal como mentalmente.

—Samir no es capaz de serme fiel en el sentido bíblico, de modo que sin duda no puede ser infiel. ¿Por qué me casé con un hombre tan monstruoso? ¿En qué estaba pensando?

—Lo más sencillo sería simplemente que te mudaras y empezaras a vivir una vida separada...

—Si me separo de él, Samir convertirá mi vida en un infierno. Toda la comunidad libanesa me condenará al ostracismo y todo el mundo le creerá a él porque es un hombre, y muy respetado. Incluso si no dice nada de nosotros, se le verá como víctima de su mentirosa y manipuladora esposa joven y yo no seré nada más que una ramera.

—Maryam, quiero vivir contigo, lo sabes, pero estoy dispuesto a esperar. Soy muy disciplinado, puedo esperar mucho tiempo.

Maryam sonríe ante esto. Lo que más ama de Guillermo es que sabe esperar: puede contener su orgasmo por horas, alentarla, dejar que ella lo use para su placer, una y otra vez, arriba, abajo, desde atrás. Sí, puede esperar un largo tiempo. Por lo que sea. Está segura de ello. Sea que se trate de hacerle el amor o de esperar a que sea libre.

Empiezan a besarse en el sofá y después caen sobre la afelpada alfombra café que se encuentra sobre el piso de parquet. Su sexo tiene una cualidad feroz: fuerte, violento, con una especie de ritmo de expiación. Y cuando él se viene dentro de ella, quedan juntos, entrelazados.

—Cómo desearía haberte conocido hace veinticinco años —dice— antes de Rosa Esther.

—¡Apenas hubiera tenido 14 años! No hubiera estado interesada en un viejo gracioso como tú —dice al tiempo que le da un gran beso en la mejilla.

Y más tarde, después de más lamentos y llanto, mientras los dos se encuentran acostados medio cubiertos por la ropa regada por el piso, Guillermo dice:

—No sabemos qué es lo que va a pasar ahora, mi amor. Quiero estar contigo. Deberíamos estar celebrando porque ahora estamos más cerca que nunca de estar juntos. Pero esto es Guatemala y cualquier cosa puede salir mal. Necesitamos hacer planes, tomar en cuenta todos los posibles resultados, en caso de que nos obliguen a separarnos.

Nota que los ojos de Maryam se arrugan en protesta cuando dice esto. Tal vez no entienda lo que le quiere decir.

—No, querida. Samir es impredecible. Tal vez no lo hayas notado, pero sospecho que hay personas que están vigilando nuestros movimientos. Lo sentí la primera vez que nos vimos en el Centro Vasco. Había un Hyundai azul en el estacionamiento...

Maryam vuelve a besarlo en la mejilla.

—Sé que siempre estás mirando por encima de tu hombro.

Guillermo asiente.

—Y con buena razón. Y ahora necesitamos ser todavía más estratégicos porque estamos en una posición débil. Si algo pasa, necesitamos tener un lugar donde nos podamos ver en secreto.

—Estoy cansada de dejar que mi mente rija mi corazón, Guillermo.

Él la silencia.

—No estoy hablando de eso.

—¿Entonces simplemente nos debemos decir adiós y planear vernos en París el próximo 25 de diciembre?

—Qué graciosa; no tenemos que separarnos en este momento.

—No por lo que está pasando con Samir —Maryam mira hacia su tequila, pero no se levanta para tomarlo.

—Mira, tu padre no ha querido preocuparte, pero ha estado recibiendo más llamadas donde le cuelgan. Todo esto se debe a sus amenazas en las juntas de Banurbano, aunque podría tener algo que ver con cómo está administrando la fábrica de textiles; simplemente no lo sé.

Los ojos de Maryam vuelven a llenarse de lágrimas.

—¿Por qué aceptó ese nombramiento? Mi padre es tan terco.

—Sí, lo es; pero yo soy su abogado y el Presidente no se atrevería a tocarlo. Estoy bastante seguro de ello. Claro que, por supuesto, hay espías.

—Entonces, ¿cuál es el plan maestro?

Guillermo se levanta del piso y camina hacia la mesa. Sirve más tequila en su vaso y le lleva a Maryam lo que queda en el suyo.

Empieza a hablar en voz alta, casi como si estuviera hablando a solas.

—Sugiero que nos veamos en un lugar menos romántico que París. Algún lugar más cercano a casa; tal vez en El Salvador. Hay un feísimo pueblito cerca de la costa, La Libertad, como a cuarenta minutos de la capital. En realidad no hay nada allí; sólo una fea iglesia en la plaza central. Si pasara cualquier cosa, planeemos vernos allí, frente a la iglesia, el 1° de mayo. Nada de llamadas telefónicas, ni mensajes de texto, ni correos electrónicos entre los dos porque todos nuestros movimientos estarán vigilados. Si cualquier cosa se interpone entre nosotros, veámonos allí empezando el año que entra y cada 1° de mayo después de eso.

—Si algo fuera a pasar, uno de los dos *no* estaría allí.

—Y el otro lo sabría y actuaría en consonancia; y planearía regresar a la misma hora el año siguiente. ¿Podemos hacernos esa promesa?

—Ay, Guillermo...

Se miran directamente a los ojos, casi como si quisieran examinar la profundidad de su amor. Y, de hecho, es muy profundo, este amor.

Tocan sus vasos y beben.

—Hay algo más. Algo de lo que ni siquiera nos hemos percatado.

Maryam acurruca su cuerpo contra el de Guillermo sobre la alfombra como si fuese una gran esponja que pudiera absorberla.

—Estamos libres, Maryam, totalmente libres. ¿Te habías dado cuenta de eso?

Maryam asiente con la cabeza, aunque su cara denota preocupación. Sabe que pronto tendrá que conducir a casa y que empezará la batalla campal contra Samir.

—Estamos libres, pero en cadenas —dice.

—Sí, como Prometeo.

## 14
## No puedes secuestrar un auto

Ahora, Maryam está durmiendo en el cuarto de huéspedes de su departamento. Es su decisión mudarse, pero Samir le presume a Hiba que él es quien la ha exiliado de su habitación porque confesó su amorío con «Rosensweig», aunque ella jamás ha admitido nada. Samir se burla de su mujer por acostarse con un judío a pesar de que sabe que la familia de Guillermo es una establecida familia cristiana de Guatemala y que él y su esposa Rosa Esther asistieron fielmente a la Union Church por años.

De hecho, ella prefiere estar sola porque así ya no tiene que ver el cuerpo de Samir. Por años ha tolerado verlo y sentir la áspera textura de su piel junto a ella en la cama y ha tenido que ver las manchas que aparecían en su cara casi a diario para convertirse en verrugas con enorme rapidez.

Muchos hombres envejecen con gracia, pero no Samir. Cada una de sus deficiencias físicas parece amplificarse ante sus ojos después de la confrontación: sus hombros están indudablemente curvados, se arrastra más que caminar y ahora, cuando se quita los zapatos para ponerse las pantuflas, un hedor a pies sucios permea el aire de la sala. Maryam está segura de que ha estado usando los mismos calcetines por días, sólo para molestarla.

Maryam se asegura de que Hiba, a la que ya casi no puede tolerar, le coloque calcetines y ropa interior limpia sobre la cama a diario para que se cambie después de bañarse. Pero las duchas se han vuelto menos frecuentes; ¿acaso querrá que su esposa lo deje a causa de su pestilencia? Por las noches, Maryam cierra su puerta, pero el tufo a calcetines sucios es imposible de evitar y se cuela hasta su cama por debajo de la puerta.

A decir verdad, su confesión de falta de amor por él no pudo haber sucedido en mejor momento: no hay manera en que pudiera haber pasado una sola noche más en su cama.

Guillermo y Maryam empiezan a pasar dos tardes por semana juntos, después del trabajo, en el nuevo y pequeño departamento de dos recámaras de Guillermo. Con sólo tres inquilinos en todo el edificio, se asemeja a un gran castillo fortificado; su pequeño paraíso privado.

Dado que Samir se niega a darle el divorcio, Maryam se da cuenta de que es posible que ella y Guillermo jamás compartan una vida juntos. Esto la entristece porque está profundamente enamorada de él y él de ella. Seguramente hay un elemento sexual, pero ahora hay mucho más que eso. Su amor es indispensable. Es posible que Rosa Esther le conceda el divorcio a Guillermo al paso del tiempo, pero Samir no cederá, y en Guatemala es imposible que vivan «en pecado».

—¿Qué pasa, mi amor? —le pregunta Guillermo. Están sentados en la cama, bebiendo té verde después de hacer el amor.

—Nada, en realidad. Síndrome premenstrual —dice, admitiendo algo que antes nunca hubiera hecho; que los cambios hormonales afectan sus estados de ánimo.

—No te creo —le responde él, apartando el cabello de su frente—. No deberíamos tener secretos el uno del otro.

—Está bien —dice Maryam mientras coloca su taza en la mesa de noche—. ¿Adónde vamos?

—¿A qué te refieres?

—¿Cuál es nuestro futuro?

—No lo sé. Sólo piensa que antes de que nos conociéramos, no teníamos ningún futuro juntos y ahora al menos tenemos esto…

—¿Te refieres a nuestra aventura quincenal?

—Es más que eso. Yo ya estoy fuera de mi matrimonio…

—Y yo nunca estaré fuera del mío. Siento que le sigo mintiendo a mi padre acerca de nosotros. Estoy segura de que Samir le ha dicho que «su abogado está teniendo una aventura con su hija». Simplemente le debería contar la verdad y ver qué me diría; no es correcto que yo no le cuente de esto.

Guillermo sabe que esto la deprimirá aún más, pero no puede ocultarle la verdad.

—Tienes razón, tu padre ya lo sabe. Samir le habló la noche en que le dijiste que ya no lo querías. Ibrahim me pidió que no le hablara al respecto, pero para ser prudente y discreto, por respeto a él, y yo se lo prometí. No aprueba lo nuestro en absoluto.

—Hubiera querido que me lo dijeras.

—Te lo estoy diciendo en este momento. ¿No te preguntabas por qué tu padre dejó de invitarme a comer con ustedes? Le da vergüenza estar con nosotros.

Maryam se hunde en la cama; le gustaría poderse ocultar entre las sábanas y almohadas.

—Mi vida —le dice Guillermo.

—No deberías guardarme secretos.

—Se lo prometí a tu padre.

—Mi padre no soy yo. Necesito que seas franco conmigo. Samir y yo estamos en un *impasse*. Lo único que puedo hacer es rogar que se muera... o tal vez tú y yo podríamos planear matarlo.

—Maravillosa solución, Maryam; los dos pasaremos el resto de nuestras vidas en una penitenciaría guatemalteca con kaibiles, asesinos, violadores y drogadictos por haber urdido un plan para asesinar a tu esposo. Aun si contratáramos a alguien por 1 000 dólares para que asesinara a Samir, ¿qué nos conseguiría? El noventa por ciento de los crímenes en Guatemala no se resuelven, pero ¡seguramente ese asesinato podría atribuirse a nosotros dos!

Maryam levanta la ceja derecha.

—Lo digo en serio. Es fácil contratar asesinos. Aquí se hace todos los días. Sabes que aquí se procesan sólo 80 de cada 100 delitos y que sólo uno de cada ocho criminales es llevado frente a la justicia. Eso significa que se resuelve sólo el 2% de todos los asesinatos de Guatemala; pero cuando el asesinato involucra un acto pasional, esa cifra se eleva hasta 50%.

—Yo no podría vivir con sangre en las manos.

—Ni yo tampoco —dice Guillermo. Sabe que tan sólo es plática. No es ningún crimen hablar en voz alta, pero de pronto se da cuenta de que fácilmente podrían contratar a alguien que asesinara a Samir para deshacerse del problema.

—No hay esperanzas. ¿Qué estamos esperando?

—¿Qué tal si tú y yo nos fugamos a otro país? Yo tengo amigos en Honduras, Nicaragua y Costa Rica que nos podrían ayudar a establecernos. Y hasta donde sé, mi hermana sigue viviendo en San Francisco.

—Yo no podría nada más largarme con la cola entre las piernas; por lo menos no mientras mi padre siga vivo. Literalmente le rompería el corazón si simplemente me marchara —pausa—. Y no creo que tú quisieras alejarte todavía más de tus hijos. ¿No están suficientemente lejos en México?

—Así es —Guillermo se levanta y va al baño.

Cuando regresa, Maryam se ha envuelto en una sábana y está sentada en la cama viendo la televisión. Mira hacia el aparato y ve a un chico y una chica llorando en la pantalla.

—¿Es una telenovela?

—No, no es una telenovela Guillermo; es la vida real. Una mujer de Vista Hermosa fue de compras a Paiz en su Dodge Explorer. Tenía bolsas de comida en el auto y se estacionó un segundo en la calle para abrir la reja de su casa. De repente un carro con ventanas polarizadas se acercó y dos hombres saltaron sobre ella; esto según la sirvienta que vio todo desde la ventana de la casa. La mataron a tiros, y los ladrones la mataron sólo para secuestrar el auto.

—No puedes secuestrar un auto...

—Carajo, Guillermo, sabes lo que quiero decir. Se llevaron su carro. Tenía dos hijos adolescentes. Son los que están llorando —dice, mientras señala a la pantalla—. La familia está destruida ¡y todo por un robo estúpido!

Guillermo se sienta junto a Maryam y la abraza fuertemente. En términos generales, éste no ha sido un buen día. Maryam está tan alterada por su vida con Samir que se siente desesperada, casi carente de esperanzas. Y después, la plática acerca de su futuro la ha deprimido aún más; y ahora este asesinato sin sentido.

—No puedo seguir haciendo esto —dice ella rompiendo en llanto—. Me niego a hacerlo. Te amo, pero esto me va a matar. Nos va a matar. Necesitamos encontrar alguna manera de alejarnos de esta vida...

—¿Y llevarnos a tu padre y a su fábrica y a mi despacho con nosotros?

—Sabes que eso no es lo que quiero decir. Hemos llegado al punto en que ya no es seguro tomar un autobús a cualquier parte porque te pueden asaltar, robar y violar. Y ahora ya ni siquiera puedes ir de compras en tu propio automóvil sin que te maten. El otro día, mi sirvienta Lucía entró y se puso a llorar. Me contó que acababan de asesinar a su sobrino de 30 años; lo acribillaron con 32 balas porque se rehusó a unirse a la pandilla que opera en su vecindario en la colonia La Libertad. Era un buen muchacho, asistía a la universidad y se cruzaba la calle para no toparse con las maras hasta que le dijeron que tenía que ser uno de ellos. Siguió ocultándose de ellos hasta que finalmente lo agarraron solo un día cerca de la Plaza Berlín. Lo acribillaron y lo dejaron allí para que muriera. La hermana de Lucía, Mirta, quiere suicidarse. Era su único hijo.

Guillermo abraza a Maryam aunque ella trata de alejarlo a empujones. Se rehúsa a soltarla hasta que finalmente deja de luchar contra él.

—Quiero proponerte algo.

Maryam estira la mano para tomar un Kleenex de la mesa de noche.

—Por favor, escúchame.

Ella asiente con la cabeza como perrito obediente.

—De ahora en adelante, quiero que a todas partes que vayas lleves contigo tu pasaporte y 1000 dólares, sea que vayas al salón de belleza, al gimnasio, a la cancha de tenis o de compras. Yo voy a hacer lo mismo. Quiero asegurarme de que ambos tengamos nuestros documentos y dinero suficiente para podernos ir de este país de mierda en cualquier momento.

—¿Crees que necesitemos hacerlo? —Maryam parece pensar que debido a que Guillermo es abogado no sería capaz de simplemente desaparecer.

—Absolutamente. No podemos quedarnos aquí esperando a que nuestro futuro se nos presente. Maryam, no sé qué vaya a pasar con Samir. Supongo que sabes que era broma lo de asesinarlo...

—Más te vale que haya sido broma —le responde, dándole un golpe bastante fuerte con la palma de la mano en el pecho.

—Sí, ya; fue una idea estúpida —dice para calmarla—. Tenemos que pensar en cuál va a ser nuestro siguiente paso. No quiero que tú pases otro año de tu vida bajo el mismo techo que Samir. Tenemos que pensar en algo —repite—, pero sí hay algo que sé de cierto: los dos tenemos que estar listos para salir corriendo. ¿Entiendes?

—Sí, entiendo —dice Maryam, tomando su taza de té para terminársela.

—Y tenemos nuestro plan de vernos en La Libertad.

—El 1º de mayo. De cada año hasta que nos encontremos. Y espero en Dios que sólo estemos exagerando.

—Yo también; soy un optimista, pero quiero estar seguro de que no nos tomen por sorpresa. Necesitamos tener un plan alternativo.

Mientras dice esto, ve que el canal de televisión está repitiendo el fragmento de video en el que le disparan a la mujer de Vista Hermosa. Aparentemente, un adolescente que vivía al otro lado de la calle lo filmó con su teléfono.

Guillermo tiene miedo por sí mismo y más que un poco por Maryam.

Algo tiene que cambiar.

## 15
## Llevemos la montaña hasta Mahoma

Ya cerca de la noche de un martes, Maryam está jugando solitario en la mesa del comedor y preguntándose cuánto durará el *impasse* entre ella y su marido, cuando Samir regresa a casa temprano del trabajo. Se dirige hasta ella, arrastrando los pies, y le anuncia que su sobrina, Verónica Handal, vendrá a visitarlos desde Tegucigalpa, Honduras, esa misma noche y que pasará algunos días con ellos.

—¿Y yo no tengo derecho a decir nada al respecto? —dice ella levantando la mirada de sus cartas.

—Es sólo gracias a mi bondad que sigues viviendo en mi departamento. Cualquier otra persona ya te habría echado desde hace mucho a causa de tus indiscreciones.

—No necesitas echarme; cuando me vaya, será de manera voluntaria.

Samir asiente con la cabeza de manera despreciativa. Está usando un traje gris de tres piezas con una camisa blanca.

—Te he dicho que no estoy dispuesto a ser el hazmerreír de la comunidad libanesa. Te irás cuando yo te lo ordene. Mientras tanto, como has visto, eres libre de ir y venir a tu arbitrio... Pero Verónica es mi única sobrina y está cuidando de sus padres, mi hermano y su esposa, en una casa de reposo. Mi casa es su casa y yo la puedo invitar aquí siempre que me dé la gana sin consultártelo.

A Maryam siempre le ha caído mal Verónica. Tiene alrededor de diez años más que ella, está a principios de sus cincuenta, y nunca se ha casado. Dado que sus padres tienen demencia, se pasea por la vida actuando como si fuera la única verdadera y sufrida mártir del Universo por haber sacrificado su felicidad a fin de cuidar de sus progenitores. En verdad, nunca tuvo una vida feliz que sacrificar. Es rigurosa en sus gustos, adusta en su vestir y disfruta de criticar a cualquiera que tenga un gramo de coraje o rebeldía.

Tiene rasgos exagerados; sus orejas, sus labios y, ciertamente, esos senos que tiene que parecen gigantescas e informes berenjenas que ningún hombre estaría interesado en ver y, mucho menos, tocar. Pero no es su aspecto lo que le molesta a Maryam, sino su falta de sinceridad y su insistencia en meterse en todo como si estuviera rascando una costra. Las dos mujeres nunca se han llevado, no desde el momento en que se conocieron en la fiesta de compromiso de ella y Samir en la casa de Jorge Serrano Elías, un anterior presidente de Guatemala de origen libanés, y en que Verónica empezó a criticarla por su escote. En lugar de disfrutar el momento y sentirse bella, Maryam había pasado la noche jalándose el vestido tratando de cubrir sus bien formados senos.

Lo extraño es que las dos mujeres son de la misma estatura y tienen el mismo color de cabello y de ojos. Pero allí es donde se acaban las semejanzas. Verónica no tiene luz propia y es un reflejo deficiente de la luz de los demás; y si fuera a morir, ahora que sus padres están en agonía, nadie en el planeta la extrañaría. Ni siquiera Samir.

—¿Y cuánto tiempo se va a quedar? —Maryam está volteando tres cartas a la vez y no está prestando gran atención a su juego. Ya están visibles los cuatro reyes y existe la posibilidad de que gane.

—Sólo unas noches.

—¿La envió tu hermano Saleh en misión especial?

—¿Te refieres a mi pobre hermano demenciado que vive en la casa de reposo? Tu sentido de la decencia te ha abandonado.

Maryam está de pésimo humor. Tiene un retraso de dos semanas en la regla y se pregunta si está embarazada. También está teniendo cólicos particularmente intensos. ¿Se estará desmoronando?

—Siempre has detestado a tu sobrina.

—No tengo idea de lo que estás hablando, Maryam. Cada día, tus ideas se vuelven más y más extrañas. Sabes que tanto Saleh como Hamsa están en la misma casa de reposo. Casi no se reconocen entre sí y mucho menos recuerdan quién soy. Y con toda seguridad se habrán olvidado de quién eres tú. Mi sobrina es una bendición de Dios.

—Entonces, si Verónica es tan indispensable, ¿por qué está viniendo?

—Soy el único familiar que le queda. Le he pedido que venga a pasar un tiempo conmigo. Tal vez se te dificulte comprender esto, pero estoy de luto. He padecido un fallecimiento. Mi matrimonio está muerto.

De nuevo, Maryam decide no confrontarlo. Siempre está tratando de provocarla, mientras los dos se desplazan por las áreas comunes del departamento como boxeadores cautelosos dentro de un ring. Cuando se casaron, a menudo jugaban *backgammon* por las noches y una táctica común de Samir era dejar una de sus fichas descubierta y vulnerable para ver si ella abandonaba su estrategia con tal de comerse la ficha. Después de algunas derrotas en que había permitido que la engañara, Maryam se había dado cuenta de que tenía que ignorar su estratagema para jugar su propio juego; y ganar con cierta frecuencia.

—Supongo que le habrás contado de los problemas entre nosotros —dice mientras sigue volteando cartas. Ya sólo le quedan cinco y, con un poco de suerte, podrá terminar el juego y ganarlo.

Samir saca el reloj de oro de la bolsa de su chaleco y ve la hora.

—No existe ningún problema entre nosotros, Maryam; simplemente traicionaste la confianza de nuestro matrimonio. Pero para responder a tu pregunta: no negaré que le conté de tu amorío. ¿Para qué mantenerlo en secreto? Está tan asqueada por ello como yo. ¿Qué más se podría esperar?

—No voy a tolerar que interfiera.

—Pues entonces por qué no simplemente dejas de meterte en lo que no te incumbe y dejas que venga a pasar unos días tranquilos conmigo, su tío admirado.

Maryam casi se atraganta cuando oye la palabra «admirado». Samir tiene una imagen totalmente inflada de sí mismo, como si fuera algún tipo de corsario o piloto valiente y no el dueño de una ferretería en una parte de la ciudad que ni siquiera frecuentan los zopilotes.

—Si siente cualquier cosa por ti, Samir, debe ser odio. Debe saber que eres cruel y despreciable; y que eres un tacaño: no has levantado un solo dedo para ayudar a sus padres y eso que podrías hacerlo con facilidad.

Samir ignora el comentario.

—Llega en un vuelo de TACA hoy por la noche. Te agradecería que me acompañaras al aeropuerto para al menos fingir que somos capaces de ser civilizados el uno con el otro.

Maryam está contenta de la manera en que ha salido el juego de solitario. Ha tenido éxito en colocar todas sus cartas sobre las cuatro columnas con reyes. Su victoria la ha envalentonado.

—¿Me darás el divorcio si te acompaño? —le pregunta.

—¡De ninguna manera!

—Entonces lo siento, Samir, pero tendrás que irla a recoger tú solo —Maryam se levanta y empieza a caminar hasta su recámara.

Samir arrastra los pies hasta la mesa donde están dispuestas las cartas y ve que Maryam ha superado las probabilidades. Antes de que pueda salir del alcance de su oído, le dice:

—Veo que has ganado el solitario; un nombre muy apropiado para tu situación: una mujer completamente sola, despojada de cualquier tipo de compañía. Felicidades.

—A veces sucede —responde ella de manera espontánea.

Antes de que pueda cerrar la puerta, Samir le grita lo bastante alto como para que lo oiga:

—Lo que me pregunto es si ganaste honradamente o si tuviste que hacer trampa.

Se han estado presentando unas lluvias torrenciales que empiezan justo cuando baja el sol. Se espera que el vuelo llegue a las ocho, pero evidentemente estará demorado. Maryam se siente un poco cansada; se come una pierna de pollo que sobró con algo de *tabule* y decide acostarse temprano. Una vez que está segura de que Samir se ha ido al aeropuerto, le habla a Guillermo.

Maryam le cuenta la conversación que tuvo con su marido. Guillermo se limita a escucharla. Hablan por veinte minutos más y después Maryam concluye la llamada para prepararse para la cama.

Alrededor de las diez de la noche, oye voces. Si se portara de manera educada, se levantaría de la cama, se pondría la bata y saldría a saludar a su sobrina política. ¿Pero por qué habría de hacerlo? Además, está exhausta. Oye sus voces levantadas hablando en árabe, posiblemente discutiendo. Maryam oye que Samir dice *Ibn sharmuta*. Y su sobrina le contesta algo que evidentemente lo enfurece; Maryam se imagina que Verónica le está diciendo a Samir que desde un principio era evidente que era una prostituta y que él no había querido creerlo o que debió haber hecho más por el cuidado de su hermano y su esposa.

Escucha el inconfundible sonido de una bofetada.

Verónica le grita a Samir en árabe diciéndole algo como *tienes una verga por nariz* o *tu culo es tan rojo como el de un mandril*, dos insultos comunes que ha escuchado antes. ¡Qué familia! No tienen ni un ápice de decencia.

En la casa de Ibrahim, su padre, el día ha empezado como siempre. Su chofer lo deja frente a la puerta principal de la fábrica y regresa a la casa para hacer algunos encargos. Ibrahim va a pasar el día entero reuniéndose con sus empleados en grupos; con los operadores de la maquinaria, los supervisores, el personal de ventas e incluso el personal de limpieza. Quiere estar seguro de que todos están contentos porque el año entrante será muy difícil a causa de la recesión en Estados Unidos. Y los pedidos están de lo más escasos debido a la terrible competencia de los talleres de explotación de Bengala y Haití. Ibrahim casi no puede competir; lo único que puede hacer es ofrecerles calidad y un servicio puntual a sus clientes aunque sea a mayor precio.

Esa mañana, Maryam se levanta más temprano que de costumbre, un poco después de las siete, para evitar tenerse que topar tanto con los ojos inquisitivos de Samir y lo que sabe será un interrogatorio por parte de Verónica en el desayuno. Come un plato de rebanadas de papaya y melón con yogur hecho en casa parada junto a la pequeña mesa de la cocina y sale a las nueve a su clase de ejercicio en el World Gym de Los Próceres. Después de sus rutinas, decide nadar cincuenta vueltas en la piscina y tomar un baño sauna breve.

El ejercicio es su manera de lidiar con las tensiones de la casa.

La natación y el sauna han sido más extenuantes que de costumbre y Maryam se siente débil. Tal vez debió ejercitarse menos a causa del retraso de su regla. Bebe varios vasos de agua y toma una larga ducha fría, esperando que el cambio de temperatura revierta su debilidad.

El gimnasio no queda lejos de la casa. Necesita cambiarse antes de ir a la fábrica para recoger a su padre en la Calzada Roosevelt a las doce y media para su comida semanal de los miércoles. Desde que tuvo la confrontación con Samir, Maryam y su padre han estado yendo a comer juntos, sin Guillermo, evidentemente, al departamento de él. Maryam no quiere arriesgarse a que Samir se presente en una de esas y empiece a hacer referencia a su relación con Guillermo. Las bromas acerca de su infidelidad matarían a su padre: es muy libanés no discutir asuntos incómodos; mejor ocultarlos y fingir que uno está feliz.

La ducha no le ayuda y Maryam se siente débil y mareada por el ejercicio. Le ruega a Dios que Samir se haya marchado a trabajar y que Verónica haya salido a caminar.

No tiene tanta suerte.

—Te ves muy pálida, querida —Verónica la saluda y le planta un beso en cada mejilla—. Anda, dame un abrazo. Por lo que escucho, andas corriendo por todas partes. No deberías poner tu salud en riesgo.

Maryam no sabe cómo tomar esto. ¿Acaso Verónica está haciendo una referencia velada a su aventura o realmente estará preocupada por su bienestar? Abraza a su sobrina política, con cierta rigidez, y le dice, mientras coloca su bolso de gimnasia en el piso:

—Me gustaría acostarme, pero tengo que ir a recoger a mi padre y llevarlo a su departamento a comer.

—¿Por qué no te lo tomas con calma? Yo puedo llevarlo.

—Ni siquiera sabes a dónde tienes que ir. No tienes idea de dónde está la fábrica ni de dónde vive. Como tiene chofer, hace mucho que dejó de prestar atención de los sitios a donde va. Ni siquiera sabe por qué calles irse.

—Pues entonces simplemente pídele al chofer de tu padre que lo lleve de la fábrica a su departamento.

—Realmente debería ir yo —insiste Maryam. No quiere perderse la cita con su padre. Insiste en tratarlo con el mismo respeto y deferencia que siempre para comprobarle que nada ha cambiado sin importar lo que le diga Samir. Aunque ya han pasado varias semanas, quiere que su padre sepa que seguirá consintiéndolo sin que nada más importe. Es una costumbre libanesa no discutir o fingir ignorancia a pesar de lo que sepan ambas partes, pero realmente se siente demasiado aturdida como para conducir a la fábrica y no sabe qué hacer.

Verónica le lee la mente.

—¿Por qué no vamos juntas? Puedes sentarte en el asiento del copiloto para darme indicaciones. Si puedo manejar en Tegucigalpa, con todos esos conductores locos y cerros empinados, sin duda puedo manejar aquí.

Maryam accede.

—Primero, déjame ir al baño. —Le duele el estómago. Toma un Midol para el dolor. De nuevo, la posibilidad de estar embarazada pasa por su cabeza. Últimamente, con Guillermo han estado de lo más descuidados; él nunca quiere eyacular fuera de ella, por lo menos las últimas varias veces que han hecho el amor. Le gusta venirse dentro, como también le gusta a Maryam.

Entrega las llaves a Verónica y toman el elevador hasta el estacionamiento del sótano. Se sienta junto a ella y empieza a describirle la ruta más rápida. Hace que tome la salida de la Aguilar Batres, justo antes de la entrada al Hospital Roosevelt.

Repentinamente, Maryam se percata de que necesita acostarse. Le pide a Verónica que se orille y se pasa al asiento de atrás para poder acostarse. Para este momento, están a menos de un kilómetro de la fábrica, junto a la entrada de Ciudad San Cristóbal.

Como van tarde, Ibrahim ha bajado de su oficina y está parado hablando con Fulgencio, el guardia, a la entrada del estacionamiento de la fábrica. Tan pronto como ve el auto de Maryam, deja de hablar y empieza a caminar hacia la reja para esperar a que el carro entre en el estacionamiento.

A causa de los vidrios polarizados, no ve que es la sobrina de Samir la que va manejando el auto de Maryam hasta que ella baja el vidrio del lado del copiloto y él se asoma al interior.

—Hola, Ibrahim —dice Verónica mientras quita los seguros.

—¡Qué sorpresa, Verónica! No tenía idea de que estuvieras en Guatemala. ¿Y Maryam? —dice, preocupado, mientras sus ojos recorren el interior.

—Estoy acá atrás, papá, acostada. No me siento bien —responde ella, adormilada, sin recordar que es más que posible que su padre necesite ayuda para que le dé instrucciones a Verónica para llegar a casa.

Ibrahim mete la cabeza por la ventanilla y le avienta un beso. Después abre la portezuela y se sienta al frente junto a Verónica. Ahora se siente más tranquilo aunque es evidente que su hija está enferma. Recorre su asiento hacia adelante para darle más espacio en la parte trasera y habla calladamente con Verónica para que Maryam pueda descansar mejor.

Verónica da una vuelta completa antes de salir del estacionamiento enrejado. Norteada, da vuelta a la derecha en vez de la izquierda al salir a la calle. Supone que va en la dirección adecuada, especialmente porque la van siguiendo de regreso a la carretera principal. Ibrahim, que va perdido en sus propios pensamientos, no parece darse cuenta.

Verónica está desorientada y ni siquiera puede recordar cómo llegó a la fábrica. De repente, se da cuenta de que está en un área relativamente abandonada de la Ciudad Universitaria, una obra en construcción que fue abandonada porque aparentemente se acabaron los recursos para finalizarla.

Se detiene en un alto y el motor se apaga. Verónica vuelve a encenderlo y se adentra todavía más en el área de la obra. Ibrahim empieza a tratar de darle instrucciones, intentando que regrese a la Calzada Roosevelt. Pero en un parpadeo, él también está perdido.

—¿Adónde vas? —farfulla Ibrahim, inclinándose hacia adelante—. Debiste haber dejado que manejara Maryam.

—Me estás poniendo muy nerviosa, Ibrahim —dice Verónica al tiempo que cambia de velocidades, haciendo que el carro dé un brinco. Quita el pie del embrague y vuelve a detenerse.

—¿Y ahora qué hiciste? —grita él, bajando la ventanilla y viendo alrededor para tratar de orientarse. Está empezando a entrar en pánico.

Maryam, en el asiento trasero, empieza a moverse después de despertar. Se da cuenta de que debería estar al volante, pero sigue medio dormida aunque se está empezando a sentir mejor.

En ese momento, se acerca un Nissan gris al lado del copiloto del auto de Maryam, como para ofrecerles ayuda. Ibrahim ve las ventanas polarizadas que se acercan y se pone extremadamente nervioso.

—¡Mujer estúpida! ¡Arranca y acelera! —grita, mientras golpea el tablero.

Verónica no puede encontrar la llave de arranque y empieza a llorar.

Finalmente logra arrancar e Ibrahim suelta un suspiro de alivio, pero entonces empieza a bajar el vidrio de su ventanilla.

—¡Súbelo, idiota! ¡Arranca, arranca! —le grita él.

Pero lo que pasa a continuación, sucede muy rápido. De reojo, Ibrahim logra ver a un hombre que sale corriendo del lado del copiloto del Nissan. Brinca sobre el cofre de su auto y se abalanza hacia donde está sentado. Ve que el hombre está sudando y que agita enloquecidamente algo que tiene en la mano. Ibrahim siente terror. Con la mano derecha empuja el botón para elevar la ventanilla polarizada mientras que con la otra trata de abrir el broche del cinturón de seguridad para poder agacharse.

El arma, una pistola de 9 mm con cargador, es lo último que ve Ibrahim antes de oír: «¡PUM! ¡PUM! ¡PUM! ¡PUM!». La ventanilla polarizada está tres cuartos cerrada, pero estalla de inmediato ante el impacto de las balas. Maryam oye que Verónica empieza a gritar en el momento en que hieren a Ibrahim, pero antes de que la primera exclamación haya terminado de salir de su boca, recibe el impacto de algunos de los mismos proyectiles que han traspasado el cuerpo de Ibrahim.

Después, para asegurarse, el asesino dispara otras tres veces al cadáver de Ibrahim. El estruendo de los disparos, el estallido de los vidrios y los gritos parecen conjuntarse en una sola explosión cacofónica. Maryam se tira de cara al piso del asiento trasero y se cubre las orejas.

Un segundo después, sólo se escucha un ensordecedor y vacío silencio. Maryam puede oír su corazón palpitando fuertemente en su pecho y siente las lágrimas que caen de sus ojos. Tiene miedo por su vida, pero también está más que consciente de la matanza que acaba de suceder.

El silencio se siente protector, así que Maryam se incorpora lentamente en su asiento. A través de su ventanilla polarizada puede ver que el tirador se está dirigiendo lentamente al asiento del copiloto de su propio auto. Maryam estira la cabeza hacia adelante para ver mejor, asegurándose de quedar fuera de su línea de visión, y ve que tanto su padre como Verónica están como maniquíes doblados sobre el tablero y que el parabrisas, milagrosamente intacto, está manchado con cantidades inusitadas de sangre; su sangre.

Maryam siente el silencio acumulándose en sus oídos.

Sabe que su padre está muerto, pero se siente demasiado impactada como para llorar. Vuelve a ver hacia el Nissan que no se ha movido ni un centímetro. Es como si se encontraran en algún lugar en medio de un erial. Ve que el pasajero abre la puerta detrás del conductor y que saca un gran contenedor de plástico. El tirador arroja el arma que todavía tiene en la mano derecha al interior.

Maryam se vuelve a acostar y escucha. Oye algunos movimientos extraños y lo que suena como un líquido que cae sobre el toldo del auto. Sabe lo que está sucediendo, lo que está a punto de pasar, pero no sabe qué hacer. Está segura de que si dice una sola palabra, el hombre también le disparará a ella. Su corazón está latiendo con tanta fuerza que hace un ruido contra el asiento trasero, algo que espera no pueda escuchar el asesino.

De repente, se oye un chasquido y aparece un enorme destello de luz sobre el toldo; las flamas salen disparadas hacia el cielo. Hay una pira, un chisporroteo y, en unos segundos, se oye el sonido de un carro que acelera rápidamente. Maryam escucha una pequeña explosión, no mayor a la de un globo que estalla, y ve que las flamas están empezando a correr por los lados del automóvil.

En un solo movimiento, Maryam sube la manija de la puerta trasera, del mismo lado del conductor y, con su bolsa en la mano, rueda sobre el rugoso pavimento. El olor a gasolina y a pintura quemándose es nauseabundo.

Tan pronto como puede, se levanta y empieza a correr. Si le disparan por la espalda, será el precio que tendrá que pagar por no querer que la quemen viva. Se apresura a la entrada de uno de los edificios abandonados cuando oye una explosión tras ella, con el cuerpo de su padre y de Verónica dentro.

Una vez que se encuentra segura, voltea a ver el infierno de llamas que se eleva diez metros en el aire. Si hubiera esperado dos segundos más, ella también hubiera terminado rostizándose en el interior. Siente un poco de orina que corre por una de sus piernas y sus ojos arden de furia y dolor; su auto se ha convertido en una bola de fuego.

Maryam se queda parada aunque se siente exhausta, primero por su enfermedad y, luego, por la explosión. Está demasiado impactada como para llorar. Por lo que puede ver, alguien ha querido que tanto ella como su padre mueran. Este alguien ha estado intensamente consciente de cada paso que los dos han tomado en algunas semanas. Lo que los asesinos no pudieron prever fue la enfermedad de Maryam y la visita de Verónica: y gracias a esos dos sucesos, Verónica está muerta y ella está viva.

Al menos por el momento.

Abre su bolsa, ve su pasaporte y la pequeña bolsa con diez billetes de cien dólares, y se da cuenta de lo importante que fue el consejo de Guillermo. Piensa en hablarle, para hacerte saber lo que ha pasado y que está viva, pero rápidamente cambia de parecer. En muchas ocasiones, Guillermo le ha dicho que sus teléfonos están intervenidos y que la única manera de comunicarse de manera privada es por medio de la compra semanal de teléfonos desechables que tienen números imposibles de rastrear. Nunca se tomó el tiempo de hacerlo y ahora que realmente necesita hacer una llamada, no puede hacerlo. Apaga el teléfono, sabiendo que debe deshacerse de él lo más pronto que pueda.

Está tan cansada que se deja deslizar por la pared de bloques de concreto y se sienta en el piso. Necesita pensar con claridad.

¿Por qué alguien la querría muerta?

Su padre tiene enemigos, lo puede entender, a causa de su papel como consejero en Banurbano y sus constantes y abiertas acusaciones de que el gobierno está desviando fondos a sus amigos y abriendo cuentas bancarias ilegales por todo el país. Y además, está la cuestión, según le han dicho, de que existe la posibilidad —y está segura de que él no sabía que lo estaba haciendo— de que su padre haya comprado textiles a algunos contrabandistas que importaron la tela ilegalmente a Guatemala sin haber pagado los debidos impuestos. Y después está ese trabajador inconforme, más holgazán que nada, que amenaza a Ibrahim todos los días si hace efectiva sus amenazas de despedirlo.

Hay más que suficientes personas que tienen problemas con su padre.

¿Pero qué hay con ella? ¿Ella qué le ha hecho a ninguno de ellos? No odia a nadie y nadie la odia a ella.

Bueno, casi nadie.

Sólo Samir, con su sonrisa empalagosa y su voz insultante.

¿Sería capaz de matar a su padre, a quien en realidad desprecia, y también a ella por atreverse a querer divorciarse? Si Verónica no hubiese estado en el auto, podría haber sucedido. Pero no hubiera matado a su sobrina. Claro que, por supuesto, Samir no podría haberse imaginado que sería la persona que estuviera manejando el vehículo de Maryam.

En un mundo normal, este tipo de delito estaría más allá de la comprensión de cualquier persona. Pero esto es Guatemala, donde los hijos se aprovechan de sus padres y viceversa.

Hay tanto que se desconoce, tanto que no se puede saber, tanto que tal vez nunca se sepa.

El tiempo está pasando.

Maryam se levanta con dificultad. Está cubierta de polvo y se lo va quitando mientras sale apresurada del edificio hacia la calle. Todavía hay un absoluto silencio que sólo interrumpe el sonido del fuego. La peste de hule, plástico y algodón es repugnante.

Una enorme nube de humo surge de los restos y se eleva al cielo azul, flotando por encima del edificio más alto del Hospital Roosevelt para disiparse rápidamente hacia las colinas y montañas circundantes como si se tratara de una pipa.

Maryam empieza a alejarse caminando por la banqueta destruida. Después de tres cuadras, escucha el sonido de sirenas que se acercan y ve dos carros de bomberos y una ambulancia que corren hacia las llamas.

Se siente tentada a salir al medio de la calle y hacerles señas para decirles que simplemente deberían regresarse, que es demasiado tarde, tanto para el auto como para los que se encontraban dentro, incluyendo a su amado padre que se ha convertido en cenizas oscuras y escamosas; que ella es la única sobreviviente.

Pero entonces Maryam se da cuenta de que está en un peligroso dilema dado que la expectativa es que ella también debería estar muerta. No sabe si había sido uno de los blancos verdaderos o sólo una víctima incidental, pero comprende que su siguiente paso debe ser contrario a la lógica; es decir, debe desafiar cualquier tipo de expectativa por completo.

Y ése es el punto. Sin importar lo doloroso que pueda resultarle, debe hacer algo totalmente inesperado. ¿Y qué podría ser?

Su mente está dando vueltas más rápido que una ruleta y apresuradamente está pasando por todas las opciones que pueda numerar. Observa que la bola está viajando en dirección contraria al plato que gira y que puede aterrizar en los números 1 a 36, en cero o en doble cero.

Ve que aterriza en el cero verde.

Su corazón está roto, pero ella sigue viva.

Repentinamente, escucha un chirrido de llantas, puertas que se abren y el sonido de gente que sale de un auto y empieza a correr tras ella.

Vuela hacia los edificios sin construir. Una bala chilla junto a ella, la plana, como la llamaba Guillermo. Oye voces y gritos.

Sigue corriendo por el laberinto de concreto y vigas de madera.

Se escucha la detonación de cuatro o cinco balas más; después escucha el ruido de sirenas y huele más hule quemándose.

Maryam se tira al piso, cierra los ojos fuertemente y espera que una bala la atraviese.

# 16
# Un montón de cenizas

Algo que no puede negarse de Guatemala es que siempre se están cometiendo errores; y muy serios. Es casi como un síntoma nacional, como una característica definitoria, parte de tu constitución genética, seas indígena, mestizo o caucásico. Secuestran a las personas equivocadas, matan a las personas equivocadas; hay una ineptitud endémica en el país. Y esto se extiende al más mínimo de los detalles, incluso a la compra de frutas y verduras.

Por ejemplo, si vas a la ferretería y pides una pieza en particular para tu estufa, te darán algo más práctico para tu refrigerador; todo es de lo más extraño. Un vecino pide un Jaguar XKE, ilegalmente, por supuesto, para no tener que pagar impuestos de importación, y recibe un XKL. No hay nada que pueda hacer para rectificar la equivocación, a menos, por supuesto, que quiera regresar su compra y arriesgarse a que lo arresten.

Podrás tener una factura donde se describa lo que pediste, una lámpara con una pantalla verde, digamos, pero al final tendrás que pagar por lo que recibas: una lámpara de pie con pantallas de plástico color amarillo. Incluso si no es exactamente lo que querías, te conviene mantener la boca cerrada y quedarte con lo que te den, que casi es lo que compraste. Aunque no lo sea del todo.

Así es como son las cosas.

Guillermo está en una junta con Favio Altalef, quien tiene la esperanza de fundar una empresa de consultoría ahora que el gobierno de Guatemala exige que todas las fábricas se adhieran a las leyes ambientales relacionadas con la liberación de combustibles fósiles a la atmósfera. Favio es ingeniero y ambiciona tener su propia empresa.

Sabe mucho acerca de cómo convertir emisiones en gases inofensivos, pero no sabe nada acerca de cómo establecer un negocio legítimo: espera que Guillermo pueda facilitar el establecimiento de los artículos de incorporación de su compañía y que obtenga las licencias federales y municipales necesarias para que él pueda empezar a aconsejar a sus clientes. Guillermo le informa que, además de sus honorarios habituales por hora, requerirá de un depósito de 200 000 quetzales para facilitar el movimiento de lo que llama «los engranajes del gobierno».

Favio sabe que no lo están engañando. Los sobornos son parte del precio de hacer negocios. Acudió con Guillermo porque su reputación es impecable dentro de la comunidad empresarial de Guatemala. Tiene un título de la Universidad de Columbia para probarlo pero, además, se le conoce por su honradez y perseverancia. Favio sabe que está en buenas manos y que no lo va a conducir por un pozo sin fondo, en términos financieros.

Repentinamente, Luisa, la secretaria de Guillermo, entra en su oficina y lo aleja de la junta.

En el corredor le dice:

—Don Guillermo, acabamos de recibir noticias de que Ibrahim Khalil estuvo en un grave accidente automovilístico como a un kilómetro de su fábrica, cerca del Hospital Roosevelt.

Guillermo se tensa; su nariz empieza a gotear. Saca su pañuelo para limpiarse; su ojo derecho empieza a entrar en espasmo.

—¿Había alguien más en el carro? —Tiene miedo de mencionar el nombre de Maryam frente a Luisa aunque ya antes lo ha comunicado con ella por teléfono.

—Es todo lo que dijo el hombre; sonaba oficial. Lo siento mucho, don Guillermo.

Guillermo no tiene tiempo de preguntarse quién podría ser «el hombre». En Guatemala, siempre hay un «hombre» misterioso que de alguna manera es el portador de malas noticias.

Le pide a Luisa que le indique a Favio que deje todos los documentos pertinentes sobre su escritorio y que vuelva a programar su cita para más tarde esa misma semana. Camina hasta el escritorio de la recepcionista y le habla a Maryam desde el teléfono de la oficina. Suena unas seis veces antes de ir al buzón y oye su dulce voz pidiéndole a la persona que ha llamado que deje su nombre y número de teléfono.

—Me comunicaré contigo tan pronto pueda.

Le parece extraño. Maryam nunca está a más de un metro de su celular, a menos de que se esté bañando, y no estaría haciéndolo a las dos de la tarde. Saca su Blackberry y vuelve a llamarla; esta vez, la llamada entra directamente al buzón de voz.

Esto es todavía más raro: seis timbrazos y luego nada. ¿Por qué habrá apagado el celular? Algo está pasando.

Se limpia la nariz en la manga del saco y llama al departamento de Maryam. Hiba, la sirvienta, le dice que no se encuentra en casa; es hosca y poco informativa, como siempre.

Cuando él insiste, ella le dice:

—Si quiere más información, pregúntele a su marido —y le cuelga.

Guillermo marca al departamento de Ibrahim y contesta Fernanda, la sirvienta, que está que echa humo. Después de que se identifica, ella le dice que ya son las dos de la tarde, que la comida se está enfriando, y que ni Ibrahim ni su hija han llegado ni hablado para decir que van retrasados. De manera más casual, añade que acaba de recibir una llamada de la policía, según cree, que le ha pedido hablar con la señora de la casa. Le dijo lo que le acaba de decir a Guillermo.

—¿Y cómo sabe que la llamada era de la policía? —le pregunta Guillermo, agitado.

—Porque me dijo que hablaba el sargento Enrique Palacios.

—Sargento Enrique Palacios, mi abuela —dice Guillermo antes de colgar. Está empezando a perder la compostura; y con buena razón.

Está sintiendo que la cólera invade su pecho como un repentino ataque de asma que cierra sus bronquios.

Se marcha de la oficina y conduce directamente a la fábrica de Ibrahim, maniobrando como un loco en el tránsito, presionando la bocina del auto mientras maneja. Vuela alrededor de la Plaza del Obelisco y se enfila hacia el poniente. En dos minutos, está pasando frente al gigantesco hospital del IGSS al sur de la calzada Roosevelt. Pasa la entrada del Trébol que conduce al Hospital Roosevelt y se dirige por la 9ª Avenida hacia la fábrica en la 12 Calle. Al acercarse a la caseta del guardia, observa que hay al menos cinco patrullas estacionadas, con las torretas dando vueltas y el sonido intermitente de sirenas. Ve más de una docena de policías platicando y riéndose; suficientes como para formar un equipo completo de futbol. Están pateando los guijarros cercanos a sus zapatos. Todo parece extrañamente festivo, como si el Presidente de la República hubiera acudido a saludar a uno de los principales industriales de Guatemala o a darle algún premio internacional de negocios.

Guillermo deja su carro afuera de la reja y corre hasta ellos.

—¿Qué está pasando?

Uno de los policías se aleja del grupo principal y le pregunta:

—¿Y usted es?

—Guillermo Rosensweig. Soy el abogado del señor Ibrahim Khalil —dice, torpemente, intentando sacar una tarjeta de negocios de la bolsa del saco. Nota que la nariz le sigue goteando, pero ya no le importa el aspecto que pueda tener—. Recibí una llamada diciéndome que mi cliente había estado en un accidente. Quiero hablar con él de inmediato.

La gorra del policía es excesivamente grande y está demasiado caída sobre su frente cobriza. No puede dejar de levantar la orilla para poder ver, pero como tiene el pelo grasoso vuelve a caerse. Sus orejas se proyectan estúpidamente a cada lado como hojas rebeldes de lechuga orejona. Vuelve a inclinar la gorra hacia atrás y examina la tarjeta con cuidado hasta que pasa el tiempo suficiente para convencer a cualquiera dentro del área metropolitana de Guatemala de que está seguro de su autenticidad.

—No creo que pueda hacer eso, don Guillermo…

—¿Y eso por qué?

—Porque el señor Khalil está muerto.

—¡¿Qué?! —grita Guillermo en total confusión.

—…y temo decirle que también falleció su hija.

Guillermo pasa una mano por su ralo cabello. Su cuero cabelludo está sudando profusamente y empieza a darle comezón como si le hubieran puesto veneno. Aunque no siente nada allí, se rasca el cuello con tanta violencia que empieza a sangrar.

Siente que su pecho está comprimido por tenazas. Parece totalmente perdido, como si estuviera a punto de perder toda capacidad para respirar. Las luces que giran y el ruido lo desorientan todavía más. Está convencido de que ha oído algo mal.

—Está muerto. ¡Ibrahim Khalil está muerto!

—Igual que su hija —le responde el policía.

—Si cree que esto es una broma, a mí no me lo parece.

—No es broma, don Guillermo. Samir Mounier, marido de la finada, acaba de confirmar que el carro que explotó pertenecía a su esposa. Y que ella y su padre, aparentemente, iban conduciendo a casa de él juntos. Un auto los interceptó y se presume que están muertos. Quemados por completo, como pan francés —añade, como si hubiera esperado toda su vida para decir algo tan estúpido como eso.

—Samir Mounier es una burla de hombre. No sabe nada. ¿Y por qué no está aquí?

—Está haciendo arreglos para los funerales.

Todo está sucediendo con demasiada velocidad. La llamada a la oficina, su incapacidad para comunicarse con Maryam, su llamada a Hiba y, después, a Fernanda. El viaje enloquecido de la oficina a la fábrica; su mente está zumbando.

—Le estoy diciendo que aquí se ha cometido algún tipo de error muy, pero muy grave... —Guillermo está tratando de aferrarse a lo que sea, pero en este momento no sabe a qué. Sólo siente algo como el peso de un chaleco antibalas que se aprieta fuertemente contra su pecho, haciéndolo sentir cansado y torpe.

—Si me acompaña, puedo enseñarle el vehículo, o lo que queda de él. Tal vez tenga algo más que añadir cuando lo vea.

Guillermo sigue al policía mientras dice con furia:

—No sé de lo que está hablando; realmente no lo sé.

—Cálmese, don Guillermo.

Se acomoda en el asiento delantero de la patrulla, que está asqueroso, lleno de vasos de cartón, servilletas color café, bolsas vacías de plástico, tres pares de lentes oscuros, bolsas de basura, trozos de celofán hechos bola. Ajusta el asiento para que tenga más espacio para las piernas.

De pronto, se siente nervioso. ¿Por qué acaba de meterse en la patrulla de un policía cualquiera? Ésta es una situación peligrosa; es posible que estén tratando de secuestrarlo.

—¿Adónde vamos?

—A la escena del crimen.

—¡Llévenme de vuelta a la fábrica! —grita Guillermo, temeroso de un plagio.

El policía señala la columna de humo que sigue elevándose a algunas cuadras de distancia.

—Ése es el sitio donde pasó; ya casi llegamos.

En menos de un minuto están en el lugar, en medio de la obra inconclusa con calles recién asfaltadas. Junto a la banqueta está una grúa azul con el motor encendido; está empezando a bajar una enorme plataforma de metal. En medio de la calle está el esqueleto incinerado de un Mercedes negro que junto tiene un trozo doblado de metal, que podría ser una de las puertas. La grúa está a punto de recoger lo que queda.

El auto está rodeado por cinco o seis hombres en trajes mal ajustados. Hay más trozos de metal esparcidos en un mar de pegajoso aceite multicolor. Se percibe un sutil, pero inconfundible, aroma de carne y huesos calcinados, pero no se puede ver ningún resto corporal.

Guillermo sale de la patrulla y se aproxima para ver más de cerca el carro, cuya parte frontal, hasta el asiento trasero, se asemeja a un trozo de carbón frágil y consumido. Tan pronto como ve la puerta de la cajuela, sabe que es el vehículo de Maryam porque sobre el asfalto puede ver trozos de una frazada verde que ella le colocaba a su padre cuando sentía frío. Camina del lado del conductor y ve la destrucción de la puerta y la ventana, el tablero convertido en cenizas pulverizadas y plástico quemado, y una cruz de metal ennegrecida que cuelga del toldo: los restos del espejo retrovisor. Sobre los alambrados vestigios de los asientos del frente, ve un montón de compuestos minerales consumidos, lo que podrían ser huesos viejos, en pilas de residuos blanquecinos.

Los pasajeros no sólo quedaron incinerados, sino también vaporizados.

Y súbitamente, Guillermo entiende que Maryam e Ibrahim han dejado de existir. Si están allí, es sólo como un montón de calcinadas astillas blancas sobre el armazón de los asientos. Son montones de polvo, prácticamente desaparecidos.

Guillermo trata de acercarse más. Ve la puerta del pasajero todavía unida al chasis por una sola bisagra. Toca la puerta y nota que la manija sigue estando caliente. Uno de los detectives lo detiene.

—Ésta es la escena de un crimen, señor, no puede tocar la evidencia.

—¿Evidencia? ¿Qué tipo de evidencia necesita? ¿No puede ver lo que ha pasado? Los pasajeros quedaron vaporizados, ya no están.

¡Mi Maryam está muerta! —se oye diciendo, impactado por sus propias palabras, viendo una imagen de ella vestida en el traje de tenis con las bolitas rosas asomadas de los talones de sus tenis y después su cuerpo voluptuoso estirado sobre la cama del Stofella. Por segunda vez, Guillermo intenta tocar la manija de la puerta, quizá abrirla, pero la bisagra la ha soldado por completo.

—Mi preciosa está muerta. Está muerta. Dios mío, mi amor se ha ido.

El detective agarra a Guillermo por la cintura y trata de alejarlo. Le hace señales al policía que lo trajo a la escena del crimen para que lo ayude. El policía arroja su gorra demasiado grande al interior de la patrulla y se apresura a ayudar. Ambos alejan al inconsolable abogado y lo sientan en una de las banquetas frente a los edificios a medio construir. El policía le explica al detective la razón por la que trajo a Guillermo; que acababa de llegar a la fábrica. Añade en un discreto susurro que evidentemente era el amante de la hija de Ibrahim Khalil dado que el marido ya había ido a la fábrica y se había marchado para hacer los preparativos de los funerales.

—Pero no sabe nada —oye Guillermo.

Atestado de abultadas nubes que se elevan a grandes alturas, el cielo se ha puesto oscuro, pero en realidad nadie lo nota ni le da importancia. Empieza a llover, una caída suave pero regular y duradera que empapa las cenizas calientes y crea nuevas reacciones químicas que sueltan columnas ácidas de humo hacia el aire. Toda el área parece desprovista de vida, como un campo de batalla lleno de cadáveres y extraños olores.

Guillermo coloca la cabeza sobre sus brazos doblados y siente la mano del policía sobre sus hombros. Una vez más, ve a Maryam acostada desnuda en la cama del Stofella, su cabeza sobre los brazos, sus amplios senos desbordándose a los lados de su cuerpo; ve las lisas plantas de sus pies, la amplia curva de sus tobillos, los dedos de sus pies colgados sobre la orilla de la cama, moviéndose, el tatuaje de un murciélago rojo y sonriente sobre el hoyuelo de su nalga izquierda. La puede escuchar hablándole con su voz ligeramente ronca mientras él se queda parado junto a sus pies, listo para masajearlos o para chuparle los dedos con su barniz verde. En un trance como de ensueño, ella le dice que puede hacer lo que quiera con su cuerpo, lastimarla, incluso, lastimarla más que sólo un poco; le gusta el dolor, siempre y cuando se detenga cuando ella se lo pida.

Guillermo piensa que tal vez quiera experimentar dolor, pero sólo un poco, posiblemente lo suficiente para saber que está viva, que no está en un sueño ni en un estado de insensibilidad. Toma su cabello para hacerlo a un lado y le da una mordida en el cuello.

—¿Qué voy a hacer ahora? —dice en voz alta. Sospecha que su nariz ya no está goteando; no puede estar seguro porque la lluvia está cayéndole sobre la cara y sobre el traje húmedo. Siente que jamás volverá a sentirse seguro de nada ahora que Maryam está muerta.

—Ya no tiene nada que hacer aquí, señor Rosensweig. Debería irse a casa. Es posible que queramos entrevistarlo más tarde o en la noche dado que es evidente que conocía de cerca a las víctimas.

—Tiene que haber algo que pueda hacer —dice Guillermo, preguntándose si podrá recoger las cenizas del asiento con una pala para colocarlas en urnas separadas. Siempre ha creído que hay algo que se puede hacer; que nada en la vida es final, a excepción de la muerte de sus padres—. ¿Qué voy a hacer solo en la casa? —Piensa en los niños y en Rosa Esther, en la Ciudad de México, disfrutando de sus vidas. Él no siente nada.

—Samir Mounier estuvo aquí hace un momento —repite el detective—. Él es el marido, el familiar más cercano. Identificó el carro dado que se podría decir que no hay restos corporales; tal vez él necesite su ayuda.

—Ese hijo de puta de Samir —exclama Guillermo—. ¿Cómo saben que él no está detrás de todo esto?

El detective sonríe; no se le puede ocurrir algo más absurdo. El reciente viudo es tan decrépito que difícilmente podría recoger un palo de escoba. No puede imaginarse que esa pobre excusa de hombre pudiera estar detrás de nada más que asegurarse de tomar sus medicamentos para simplemente no desplomarse si le cayera una mosca en la cabeza.

El policía empieza a hablar.

—Es usted un hombre muy dolido, don Guillermo. Tendrá que hacer lo que hacemos todos los afligidos. Pórtese como hombre decente y váyase a casa.

Guillermo voltea a verlo, ahora que no tiene gorra. Ahora nota más claramente que tiene una cabeza puntiaguda y, sí, orejas como hojas de lechuga orejona. Después mira al detective, quien parece haberle estado hablando en algún idioma extraño como urdu o cantonés.

—Pero no quiero irme a mi casa. ¿No hay nada que pueda hacer? —pregunta, su corazón hecho trizas, evidentemente sin una clara comprensión de lo que acaba de suceder.

—Va a dejar que el marido se haga cargo de los detalles; y como buen amante, va a llorar. Y después va a llorar todavía más. Y cuando termine de llorar la muerte de su amada, se nos va a unir para que agarremos a los hijos de puta responsables de este crimen.

Las palabras *petit morte* le vienen a la cabeza a Guillermo. Esto es cualquier cosa menos una *pequeña muerte*. Y nunca jamás volverá a experimentar una de ellas con Maryam. Se percata de que esto es real. Muerte. Asesinato puro y sencillo.

Y llorar es justo lo que hace, al darse cuenta de que uno de los más grandes, aunque comunes, errores de Guatemala le ha sucedido a él. A través de una enloquecida constelación de sucesos, su amor, Maryam Khalil, ha resultado muerta de alguna extraña manera cuando el blanco se había limitado únicamente a su padre.

A menos, claro, de que Samir...

No podría ser.

No haría algo de esa magnitud, ¿o sí?

## 17
## Atando cabos

Samir Mounier es el único que sabe, o que cree saber, lo que sucedió. Y debido a que nada de lo que acaba de suceder va en contra de su estrategia, sigue como si nada porque lo que ha sucedido coincide perfectamente con su plan.

Había invitado a su sobrina Verónica Handal a visitarlo para que fuera testigo de su dolor ante la infidelidad de su esposa, para que le ofreciera cierto consuelo y para molestar a Maryam, dado que le desagradaba intensamente. Y si no se hubiera metido donde nadie la llamaba y no se hubiera ofrecido para acompañar a Maryam, hoy seguiría viva para ayudarlo a atar cualquier cabo suelto que pudiera haber y para asistirlo en la planificación de los funerales de su suegro y su esposa. El que se hubiera convertido en cenizas no cambiaba nada.

Nadie la extrañaría. Con sus padres, Saleh y Hamsa, en una casa de reposo en Tegucigalpa y Verónica viviendo sola como la solterona que era, su desaparición de Honduras, el país con la tasa de homicidios más alta del mundo, no despertaría sospechas. Tegucigalpa es una ciudad donde los puentes no conducen a ninguna parte. Su vaporización no es más que un suceso insignificante... *O sea, vamos, docenas de personas desaparecen en Honduras cada semana y a nadie le importa.*

Lo más que tendrá que hacer Samir es tomar un vuelo a Tegucigalpa para cerrar el departamento de su sobrina. Si fuera decente y tuviera el tiempo, también se tomaría un momento para visitar a su hermano y su esposa en la casa de reposo una última vez. ¿Pero qué caso tendría? No tendrían idea de quién los estaría visitando y si terminaban bajo la tutela del gobierno en un asqueroso centro inundado de orina, así tendría que ser. ¿Qué necesidad hay de gastar dinero para tranquilizar a alguien que carece de mente?

*Nadie extrañará a Verónica.* La mera idea lo hace sonreír.

—La policía de Guatemala no tiene ni la más mínima idea de lo que pasó en realidad. No sospechan que haya habido cualquier tipo de acto delictivo. El único peligro sería que las autoridades descubrieran cualquier evidencia que indicara la muerte de tres personas. A nadie le importaba mi sobrina. En realidad, ella no le importa un carajo a ninguna persona. Por lo menos no a mí, su tío Samir. Y lo mismo pasa con Ibrahim y Maryam Khalil: son la noticia de hoy y los periódicos viejos de mañana.

En la escena del crimen, ve el Mercedes de Maryam convertido en una masa de metal retorcido. No es un científico, pero sospecha que no habrá evidencia forense que recolectar; ningún tipo de ADN que pudiera comprobar que allí habían muerto tres personas. Guatemala está a años luz de las pruebas genéticas, para su suerte, pero de todos modos es imposible sacar ADN de los restos incendiados. Los montones de cenizas de los asientos delanteros y la pequeña pila adicional del asiento trasero, o lo que quedaba de él, parecerán residuos de fosfato de calcio y nada más. Todas las piezas de joyería y los pequeños trozos de oro de las incrustaciones dentales se remitirían a Maryam porque la verdad de lo que acaba de suceder es demasiado complicada como para investigarla.

Fue increíblemente inteligente de su parte darle la mañana libre a Hiba y pedirle que regresara a las doce y media para cocinarle el almuerzo a él y a su sobrina. Por alguna razón, había supuesto que su presencia podría inhibir la conversación entre Verónica y Maryam en la mañana y que posiblemente demorara la salida de su esposa para recoger a su padre a la hora de la comida.

El hecho de que Hiba entrara más tarde no despertaría ningún tipo de sospecha.

A Samir no se le dificulta fingir su dolor; acaba de perder a su joven esposa y la textura de su vida tendría que cambiar ante los ojos del mundo. Con tan sólo pensar en sus padres muertos, puede hacer que le broten lágrimas verdaderas de los ojos, pero al verlo, nadie imaginaría que no siente ninguna aflicción. No es necesario que ponga cara de tragedia; para empezar, su cara tiene la desfiguración natural que una vida de decepciones le ha traído y, además, están todas las distorsiones que trae consigo la edad.

Añadir otra carga de dolor no cambia las cosas en absoluto.

Llama a la casa y de la manera más casual le dice a Hiba que la señora está muerta y que por favor se vaya a casa. Le sorprenden las muestras de dolor de la sirvienta, su llanto por el teléfono.

—No hay nada más que pueda hacer —le dice toscamente—, si la necesito, yo le hablo.

Cuando llega de vuelta al departamento, abre la puerta de la habitación de Verónica y reúne sus pocas pertenencias. Examina cada artículo en busca de alguna etiqueta o marca que lo pudiera identificar como suyo y, al no encontrar nada, vuelve a colocar las cosas en su valija. Mientras conduce a la Iglesia de San Francisco en el centro para discutir los servicios funerarios con el padre Reboleda, se detiene en la orilla de un pequeño parque que rodea la Plaza Simón Bolívar en el Boulevard Las Américas y la coloca sobre la acera. Los indios pobres están cerrando sus puestos de comida por el día y el contenido de la maleta rápidamente llegará a manos de alguna familia de escasos recursos y desaparecerá de vista.

La belleza de vivir en un país tan corrupto como Guatemala es que la evidencia puede desaparecer tan rápido como el humo y que nunca habrá testigos que se den a conocer para contradecirla. La escasez crea una sociedad en la que la verdad de cualquier situación puede ser variable y paradójica, y en la que a pocos les importa.

Sucede todo el tiempo.

Samir tiene una sonrisa mordaz en la cara mientras conduce al centro de la ciudad. Todo ha salido de perlas. Los asesinos a sueldo se han desempeñado excelentemente por lo poco que se les pagó. No puede imaginar que haya manera alguna de que la explosión se le achaque a él. Los detectives, Dios los tenga en su gracia, idearán un número creíble de teorías acerca de quién estuvo detrás de los asesinatos.

Está más que consciente de que Ibrahim tiene tres o cuatro enemigos que lo quieren ver muerto. Proveedores de textiles corruptos, compañeros del estúpido Consejo presidencial en el que se desempeñaba e, incluso, Guillermo Rosensweig si creyera que el padre de Maryam pudiera ser un obstáculo en su plan de quedarse con su hija.

Nadie sospecharía de Samir. Como presidente anterior de la comunidad libanesa, su reputación es intachable, más allá de cualquier duda. Es un ciudadano ideal. Sí, sabe que tendrá que deshacerse de su jovial sonrisa y de la sensación de regocijo que experimenta antes de discutir los arreglos funerarios con el sacerdote.

Pero, al final de cuentas, es un pequeño precio que pagar.

Todos son tan estúpidos.

Y sabe que con la desaparición de Khalil y Maryam, existe la posibilidad de que herede todo otro montón de dinero, una verdadera cornucopia de dinero, suficiente como para mantenerlo a él, a sus hijos y a sus familiares en Líbano durante los años por venir. Y el dinero le vendrá como anillo al dedo justo ahora que planea abandonar Guatemala para regresar a Sidón.

Todo está acomodándose de lo lindo.

Deshacerse de su sonrisa es un precio minúsculo que pagar; Samir se siente orgulloso de sí mismo.

Absolutamente orgulloso.

18

# El perro se persigue la cola

Las cenizas, o lo que suponen que son las cenizas de Ibrahim y Maryam (y Verónica), se colocan en dos urnas de cerámica para su inhumación. Si los restos se hubieran encontrado en una fosa común en el Triángulo Ixil, se hubiera pedido la intervención de antropólogos forenses para que la evidencia pudiera estudiarse en el extranjero y utilizarse para juzgar a algún presidente guatemalteco anterior por, digamos, el genocidio que sin duda hubiera cometido. Pero ésta es sólo la explosión de un auto en una calle abandonada de una colonia despreciable. Si hubiera habido una mayor cantidad de residuos más allá de las pequeñas astillas de hueso y los minúsculos trozos de diente, es posible que se hubiera pedido un análisis del cadáver, pero los detectives del caso sienten que es innecesario examinar las cenizas para corroborar la presencia de materia orgánica dado que Fulgencio, el guardia de la fábrica de Ibrahim, les dijo a los detectives que vio que su jefe se subía solo al Mercedes de su hija. Las pruebas forenses podrían probar que las cenizas provenían de material orgánico, pero no ofrecerían evidencia alguna en cuanto a la identidad de las víctimas. ¿Y qué podría probar un análisis químico toxicológico? Las cenizas están tan contaminadas con aceite, gasolina e hidrocarburos consumidos que nunca se podría comprobar la existencia de cantidades minúsculas de drogas o venenos.

No hay razón alguna para extender la investigación. Los muertos, muertos están. Es un caso cerrado.

La policía sabe que Ibrahim está muerto porque encuentran los vestigios de su marcapasos, algo que todo el mundo sabía. Guillermo sabe que Maryam está muerta porque le habla todos los días y sus llamadas se van directamente al buzón de voz.

Con todo y todo, se pregunta por qué el departamento de policía o los judiciales están tan poco dispuestos a llevar a cabo una investigación concienzuda. Dado que Samir es el familiar más cercano, es el único que puede autorizar la investigación de la causa de muerte. Por su parte, Samir les ha dicho a las autoridades que está consumido por una pena tan abrumadora que quiere que el asunto se acabe lo más pronto posible y que la investigación se detenga. Cree que enviar los restos a exámenes y análisis a los Estados Unidos no traerá a su esposa y a su suegro de vuelta a la vida. Lo único que quiere es estar en paz y poder olvidarse de estos horrendos asesinatos. De hecho, Samir dice que, en cuanto pueda, quiere irse a Honduras para visitar a su hermano y a su cuñada, que sufren de demencia y viven en una casa de reposo en Tegucigalpa, por última vez. Está considerando seriamente regresarse a Beirut o a Sidón después de esto para pasar el resto de sus días con sus hijos, rodeado de la única familia que le queda.

En resumen, no quiere nada más que ver con las investigaciones. Y con más de 6 300 asesinatos en Guatemala en el 2009, los pocos equipos forenses viables se han retirado de la morgue y se han enviado a todo el país por órdenes del Presidente para que se examinen las docenas de fosas comunes recién descubiertas que datan de principios de los ochenta.

La identidad verdadera de alguien que haya muerto en una explosión automovilística es de poco interés nacional.

Una cuestión más importante es si la policía municipal le pedirá al gobierno central que convoque a un gran jurado para investigar las razones por las que asesinaron a Ibrahim y a su hija. Tan pronto como su muerte se hace pública en la prensa, se da inicio a una intensa especulación en cuanto a las razones por las que los liquidaron. Cuando los detectives interrogan a Guillermo, les sugiere que se debería hacer una investigación formal para determinar quiénes fueron los asesinos y para llevarlos ante la justicia.

Sabe que no puede arrojar sospechas sobre Samir.

Cuatro días después de las muertes, Samir organiza un pequeño servicio funerario para su esposa y su suegro en la Iglesia de San Francisco en el centro de la ciudad de Guatemala. Guillermo sabe que no es bienvenido, pero no existe ninguna posibilidad de que se ausente. Está consumido por la tristeza y siente que tiene derecho a experimentar su dolor como si su propia esposa hubiera fallecido.

Guillermo maneja hasta el centro a solas. Se sienta en la parte posterior de la iglesia y mira incrédulo hacia las dos urnas que se colocan lado a lado sobre una mesa junto al altar y el podio. Guillermo no puede creer que Samir haya elegido colocar sus cenizas en urnas para depositarlas en una pared del Cementerio de La Verbena, en lugar de gastar el dinero suficiente para comprar dos ataúdes adecuados para un entierro cristiano decente bajo tierra.

El padre Robeleda, el sacerdote oficiante, casi no conocía a los difuntos, de modo que sus comentarios son de lo más generales al encomendar las almas de Ibrahim Khalil y Maryam Khalil Mounier al Reino de los Cielos. Tal vez haya un total de sesenta personas en el servicio: un manojo de amigos libaneses, los socios anteriores de Samir y algunas amigas de Maryam, la cocinera Hiba y alrededor de una docena de líderes de la comunidad libanesa. Hay otras personas que también asisten: el instructor de tenis de Maryam, algunos amigos de la secundaria que leyeron el obituario en *Prensa Libre* y en *El Periódico*, un par de funcionarios de gobierno que parecen nerviosos e impacientes e, incluso, un representante de la Presidencia que no deja de examinar su reloj de pulso; le queda claro a Guillermo que probablemente tenga otros tres funerales a los que asistir en el día y que lo único que quiere es irse tan pronto pueda.

También hay cuatro hombres —¿detectives no uniformados?— que se sientan cerca de Guillermo en la parte de atrás y hacia un lado y que constantemente revisan sus celulares para ver mensajes de texto.

Después de que el sacerdote ofrece la oración fúnebre y dice algunas palabras acerca de los finados, Samir se levanta y empieza a hablarles a los invitados desde un podio rodeado de floreros de vidrio con unas cuantas flores.

—Nos encontramos aquí reunidos para rendirles tributo a dos personas maravillosas, Ibrahim Khalil y su hermosa hija Maryam, mi esposa, a los que asesinaron de manera prematura e injusta por razones que posiblemente nunca sepamos. Para aquellos de ustedes que no conocieron a esta extraordinaria y pequeña familia, Ibrahim vino desde Oriente Medio a Guatemala en 1956 con su hermano Leo para buscar fortuna en su país adoptivo. Llegaron sin un quinto, con veintitantos años, pero con el deseo de dejar su marca en el Nuevo Mundo. Leo empezó un estudio fotográfico en la 6ª Avenida mientras que Ibrahim abrió una tienda de telas en el área del centro en la 5ª: *El Emir* empezó modestamente, pero siguió creciendo a medida que los guatemaltecos se percataban de que Ibrahim era honrado y confiable, y de que trabajaba increíblemente duro. Pocos años después, Ibrahim se fue a Cobán a ver una pequeña finca de café que estaba pensando comprar cuando conoció a Imelda Beltrán, la bella hija de un agricultor de papayas. Se casaron en 1965. Su primer bebé murió al nacer, pero dos años después, en 1970, Imelda dio a luz a una preciosa hija. *Maryam*, cuyo nombre significa *amada* y que también fue el nombre de la hermana de Moisés, vino a este mundo cuando Ibrahim ya tenía 40 años y se convirtió en la niña de sus ojos.

»Cuando Ibrahim decidió abrir una fábrica textil, prácticamente le regaló la vieja tienda a Leo, que siguió administrándola en el mismo estilo de Ibrahim hasta que, bueno, todos sabemos lo que le pasó a la bella área del centro, y se vio forzado a abandonar la tienda y regresar a Trípoli, en Líbano. Ahora toda el área de la 5ª Avenida está llena de cantinas y de tiendas de baratijas chinas. Me rompe el corazón... —el esfuerzo de Samir por tratar de respirar hace que los ojos de muchos se llenen de lágrimas—. Maryam fue un regalo inesperado para todos ellos y se tornó en algo más que un regalo para Ibrahim cuando Imelda murió de cáncer en 1980 y Maryam tenía apenas 10 años. Ibrahim amaba a su hija; la adoraba como cualquier padre haría con una hija de la que estaba orgulloso, y le dio todo lo que necesitaba para convertirse en una muchacha amorosa y huérfana de madre.

»No necesito decirles que Maryam estaba completamente dedicada a su padre y que, de hecho, comía con él todas las semanas, especialmente cuando Ibrahim empezó a sufrir de vértigo, lo que impedía que manejara. Ella lo recogía en la oficina de la fábrica junto al Hospital Roosevelt todos los miércoles y lo llevaba a nuestro departamento a comer. La dedicación que Maryam le mostraba a Ibrahim estaba más allá de discusión...

»Y fue durante uno de esos viajes a la hora de la comida en que perdí a mi esposa y a mi suegro en un solo ataque ruin y cobarde. Como dije antes, tal vez nunca sepamos los motivos del asesinato, pero lo que sí sabemos es que hemos perdido a dos increíbles seres humanos...»

Ahora Samir vuelve a verse conmovido hasta las lágrimas y el sacerdote se acerca a él, lo abraza y lo acompaña hasta su lugar en la primera fila.

A Guillermo le queda claro que el padre está apurado por terminar el servicio y ahora sabe la razón. Uno de los funcionarios de gobierno está agitando uno de sus dedos en el aire como para decirle que termine lo que está haciendo. Al mirar hacia las bancas, el padre Reboleda pregunta a los dolientes si alguien más desea decir algo.

Guillermo queda pasmado por el silencio, por el hecho de que nadie, absolutamente nadie, se levante para decir algo acerca de Ibrahim o de Maryam. Tal vez hubiese sido diferente si Samir hubiera conseguido a un sacerdote libanés maronita que condujera la ceremonia.

Pocos de los afligidos saben de la existencia de Guillermo y sospecha que Samir estará furioso si el amante de su esposa se levantara para hablar, aun si él es el único que conozca el papel que tuvo en la vida de Maryam. Poco a poco, Guillermo se está dando cuenta de que su amor se ha marchado y de que tiene poco o nada que perder. Mira la estatua de Cristo detrás del altar y agita la cabeza. Después se levanta y camina por el pasillo central de la iglesia y sube las escaleras hasta el podio. Quiere que el público sepa que Ibrahim era un hombre honrado y que Maryam era un ser humano excepcional, una persona educada y culta que leía *El Economista* de principio a fin mientras que muchas de sus amigas leían *Vanidades*.

Pero en cuanto se encuentra allí, mira hacia la urna de Maryam y lanza un suspiro ahogado. El llanto lo invade y lo deja mudo. Uno de los sacristanes de la iglesia se le acerca con unos Kleenex y le susurra algunas palabras en el oído, tratando de ayudarlo a recuperar la compostura. Guillermo mira de reojo a Samir, encorvado y silencioso: sabe que no puede confesar su amor por Maryam frente a su marido supuestamente afligido y sus amigos, pero sí quiere decir algunas palabras acerca de la mujer a la que acaba de perder. Hasta cierto grado sería una confesión abierta y se da cuenta de que debe dirigir sus palabras más hacia la muerte de su amigo Ibrahim.

También quiere aprovechar la oportunidad para expresar su decepción tanto con Samir como con las autoridades de gobierno que están tratando los asesinatos como un robo automovilístico frustrado, como cuestión de confusión de identidades de las víctimas o, en el peor de los casos, como un caso de venganza de algún proveedor textil porque Ibrahim se haya negado a pagar algún soborno. Todas éstas son especulaciones y Guillermo está seguro de que la investigación no irá a ningún lado y que se verá empantanada por la falta de evidencia o por un número insuficiente de detectives para investigar el caso. Es la situación típica en un país como Guatemala, acostumbrado desde hace mucho a que los delincuentes y asesinos no sólo actúen con impunidad, sino que nunca tengan que pagar por lo que han hecho. Guillermo sospecha que el Presidente y su esposa pudieran estar tras los asesinatos porque Ibrahim estaba a punto de denunciarlos frente a la prensa.

Está convencido de que todos han sido testigos del descarado asesinato de su amante y de su cliente amigo, pero no habrá una investigación exhaustiva para descubrir a los culpables.

Se aferra al podio con ambas manos para detenerse. Cuando está seguro de que puede abrir la boca sin mayores tropiezos, empieza a hablar:

—Como algunos de ustedes sabrán, yo era el abogado particular de Ibrahim Khalil. Contaba con diversos consejeros legales que manejaban sus intereses: un abogado de bienes raíces, un abogado fiscal e, incluso, un abogado corporativo que manejaba las docenas de demandas insustanciales que empleados y clientes molestos iniciaban en su contra. Yo tuve una distinción especial: fui su amigo además de su abogado personal. También trabajé con él en cuestiones relacionadas con su participación en el Consejo Consultivo de Banurbano, no en la Junta de Directores, y hablaré un poco más acerca de eso después, pero quiero expresar que fui más que un simple abogado: tuve el honor de ser un amigo cercano de Ibrahim.

»Les puedo asegurar que en las semanas por venir les ofreceré evidencia contundente y revelaciones comprobables, no las llamaré teorías, relacionadas con las razones por las que creo que asesinaron a Ibrahim y Maryam. Sé que existían algunas amenazas relacionadas con su compra de textiles y telas de Alemania e Inglaterra, pero creo que esas fueron simples cortinas de humo que crearon los verdaderos asesinos. Cuando haya recabado la evidencia apropiada, les expondré la verdad de este asesinato y las razones por las que creo que mataron a mi amigo y a su hija. Les ofreceré pruebas de que estaba a punto de revelar docenas de transacciones dudosas, si no es que ilegales, en Banurbano, lo que expondrá la participación de funcionarios electos a los más altos niveles de gobierno, llegando hasta el Presidente mismo».

En este momento, Guillermo ve hacia los dolientes que lo están mirando con expresiones neutras, casi como si les estuviera hablando en árabe o chino. Al mismo tiempo, se percata de que podría estar diciendo demasiado y adelantándose frente a un público que tal vez incluya a individuos con intereses personales en sus acusaciones; por ejemplo, esos cuatro hombres sentados en la parte de atrás.

—Pero eso no es lo que quiero expresar aquí. Algunos sabrán que a través de mi amistad con Ibrahim, tuve el gusto de conocer a su hija Maryam —aquí, Guillermo inclina la cabeza hacia Samir, que está sentado en la primera fila de asientos, inmutable como estela maya, sin expresión alguna en el rostro—. A causa de los consejos legales que le daba a Ibrahim, tuve la oportunidad de comer con él y con su hija en más de una ocasión. Era una mujer bella, graciosa e inteligente, absolutamente comprometida con el cuidado de su padre y, por cierto, también de su esposo. Como dijo Samir Mounier, era el único apoyo que le quedó después de que su esposa falleciera de cáncer. Estaba dedicada tanto a su salud como a su felicidad de manera totalmente desprendida. Era un ser humano bellísimo con un corazón de oro.

En este momento, Guillermo empieza a tener que limpiarse las lágrimas. Su corazón le duele tanto que teme que se vea impulsado a confesar su amor por Maryam ante la concurrencia. Tiene que encontrar la manera de finalizar.

—En conclusión, sólo quiero pedirles a todos los que aquí se encuentran que recuerden la bondad de sus almas. No olvidemos la dedicación que Ibrahim y Maryam tenían no sólo el uno por el otro, sino también por todos los amigos y conocidos reunidos aquí el día de hoy y que tuvieron el privilegio de conocerlos. Se encuentran entre aquellos guatemaltecos que están comprometidos con la justicia, la ley y la verdad, a diferencia de ésos en el poder que no son nada más que una caterva de titiriteros en una cueva de ladrones. Por desgracia, nuestros líderes únicamente están dedicados a acumular riquezas y a maniobrar en contra de cualquiera que esté dedicado a limpiar las porquerías del gobierno.

Guillermo sabe que debería detenerse, pero no puede hacerlo; la furia se ha adueñado de él.

—Para honrar a Maryam e Ibrahim, voy a pedir a cada uno de ustedes que hoy mismo empiecen a luchar en contra del letargo que ha entregado a nuestro alguna vez maravilloso país en las manos de los traficantes, ladrones y asesinos. Sé que estoy poniendo mi vida en peligro al decir esto, pero asesinaron a mis amigos como perros por convertirse en obstáculos para aquellos que seguían queriendo lavar todo su dinero mal habido...

Con las lágrimas cegando sus ojos, Guillermo no puede seguir hablando; y no debería. Baja por las escaleras del altar. Hay fuertes aplausos y por primera vez hay una evidente emotividad dentro de la iglesia. Es como si Guillermo hubiera tocado un nervio que todos están sintiendo.

El sacerdote regresa al podio y hace algunos comentarios finales, encomendando sus almas a Jesucristo. La religión jamás le ha parecido tan hueca a Guillermo como en este momento. Un montón de oraciones y persignaciones inútiles como si todas ellas pudieran borrar la pérdida que él y muchas personas del público están experimentando.

La ceremonia ha llegado a su fin y el duelo público por Ibrahim y Maryam está a punto de terminar.

Guillermo se sienta aparte mientras las últimas personas abandonan la iglesia. No la había visto con anterioridad, pero ahora Hiba se le acerca y lo abraza con genuina emoción. Evidentemente, en esos breves momentos en que salía de la cocina para servirles platillos y ponerlos sobre la mesa, se había percatado de la atracción que había entre él y Maryam, y del afecto que Ibrahim le tenía; lo sabía bien y tal vez en este momento se arrepienta de haber recibido dinero de Samir a cambio de sus observaciones y fisgoneos.

—Usted fue la luz de su vida —le susurra al oído antes de apurarse a salir; y todo este tiempo había estado seguro de que lo odiaba.

Guillermo quiere ir tras ella, pero se da cuenta de lo absurdo que parecería. Se queda sentado, con la extraña dignidad reservada para esas personas que son lo suficientemente francas como para decir lo que piensan sin importar las consecuencias.

No puede imaginar que Hiba se quede con Samir ahora que ya no está la señora y eso hace que Guillermo se sienta un poco reivindicado.

Al vaciarse la iglesia, Guillermo se ve presa de la desesperación, de lo irrevocable que es todo esto. Camina por la nave hacia Samir, que se ha levantado de su banca y está hablando con el sacerdote. En el rostro tiene una extraña e inescrutable sonrisa; ¿será posible que esté feliz? Guillermo quiere ir hasta él para agarrarlo por los hombros y golpearle la cara repetidamente.

En ese momento, un hombre bien vestido sale al pasillo de la tercera fila de bancas y lo toma de la mano:

—Quedé muy impresionado por lo que dijo.

Guillermo lo ve ciegamente. Es un hombre de rala cabellera al principio de sus sesenta, pero en excelente forma, especialmente si se juzga por la manera en que ocupa el saco de su traje azul oscuro. Guillermo está seguro de que nunca se han visto, pero sí le parece conocido, como si hubiera atisbado su rostro en repetidas ocasiones en algún periódico o en la televisión. A Guillermo le recuerda a alguien, pero no puede estar seguro de quién.

—Miguel Paredes, a sus órdenes.

—Guillermo Rosensweig.

Miguel le sonríe:

—Sé exactamente quién es usted.

Guillermo se apena.

—Claro, por supuesto.

—Aunque sólo lo insinuó, estoy de acuerdo con usted de que aquí hay algo que no tiene el menor sentido. Casi pareciera que las muertes de Ibrahim y de Maryam formaran parte de un complot de mayor envergadura. Y ciertamente resulta desalentador que tanto el marido como los representantes de gobierno estén más que dispuestos a olvidarse del asunto de las muertes de los Khalil como si no importaran en lo más mínimo —dice al tiempo que las comisuras de su boca se inclinan hacia abajo y sacude la cabeza.

Paredes no es un hombre particularmente apuesto, pero su elocuencia le da carisma.

—Sólo dije lo que me indicaron el corazón y la mente —dice Guillermo a modo de explicación.

—¿Puedo ser totalmente franco con usted, señor Rosensweig?

—Por supuesto; y dígame Guillermo.

—Bien, Guillermo, somos muchos los que creemos en definitiva que su cliente, Ibrahim, y su hija fueron víctimas de asesinato y que los criminales están bajo la protección del gobierno y de la Junta de Directores de Banurbano; exactamente como usted lo sugirió.

Guillermo mira a Miguel. Usa gafas de carey y tiene una gran nariz sesgada hacia un lado. Y tiene esos intensos ojos caídos como de cuervo, carentes de sentimentalismo y que, en una especie de tic nervioso, parecen parpadear más de lo necesario; negros y duros como obsidiana y extrañamente fascinantes.

Mientras habla, sus largos brazos cuelgan a sus costados. Tiene aspecto de abuelo, pero su volumen hace pensar que fue boxeador o levantador de pesas en su juventud. De inmediato, Guillermo se siente intrigado por él, incluso encantado.

Mientras más lo mira, más siente que Miguel le recuerda a su viejo amigo Juancho; o a cómo podría haberse visto si hubiera decidido levantar pesas y hubiera vivido hasta los 60 años. La diferencia es que sus ideas son mucho menos liberales, más cercanas a lo que ahora siente Guillermo, especialmente desde la muerte de Maryam. Quiere confiar en este hombre.

—¿Y en qué basa sus acusaciones?

—En parte de la información a la que usted acaba de referirse. Pero, sabe, deberíamos encontrar algún otro lugar donde discutirlo —dice Miguel mientras mira alrededor de la iglesia—. ¿Tiene prisa?

—¿Prisa de qué? ¿De irme a limpiar mi departamento?

—¿Por qué no vamos al Café Europa de la 11 Calle para que podamos hablar de manera más abierta? Lo invito.

Guillermo asiente con la cabeza. Sabe que no habrá un funeral; las dos urnas, que pesan cerca de dos kilogramos cada una, se pueden llevar a casa o bien colocarse en la pared de la cripta de la iglesia del

Cementerio de la Verbena. No quiere quedarse a ver a dónde se las llevarán y no puede imaginarse de regreso en la oficina o en su departamento para hablarles a sus hijos y tratar de que disipen su tristeza de alguna manera. En realidad, si no fuera por esta invitación de Paredes, simplemente se dirigiría a algún bar para emborracharse hasta perderse y para llorar.

## 19
# ¡Tócala de nuevo, Sam!

Mientras caminan uno detrás del otro de la Iglesia de San Francisco hasta el Café Europa por la atiborrada 6ª Avenida, Guillermo se imagina que platicar con Miguel Paredes podría revelarle información muy interesante. Es una caminata breve, de dos cuadras de longitud, pero hay docenas de vendedores ambulantes que bloquean las aceras e, incluso, el acceso a las tiendas, y que venden cualquier tipo de mercancía barata imaginable: platos de plástico, aparatos electrónicos de ínfima calidad, zapatos hechos de materiales sintéticos. Guillermo recuerda cuando La 6ª era el colmo de la elegancia hace treinta años, cuando él y sus amigos solían «sextear» y quedárseles viendo a las piernas de las jóvenes secretarias que trabajaban en los edificios vecinos.

Pero ya no es así. Hay rumores de que el alcalde Aroz está considerando convertirla en una especie de centro comercial para peatones, pero eso podría suceder a años luz de distancia.

Se sientan en una mesa de esquina en el segundo piso del Café Europa que mira hacia el restaurante Rey Sol que sobresale del estacionamiento del sótano. Es el tipo de bar que es perfecto para conversaciones discretas: pocos clientes, mesas separadas, la atmósfera ideal para los solitarios que quieren ahogar sus penas o hablar sin temor de que alguien los pueda escuchar. No tiene encanto alguno; simplemente es.

Miguel pide un té negro y unas champurradas para él y Guillermo pide una Cuba Libre —ron con cola— que pronto se habrá de convertir en su anestésico habitual y preferido hasta que abandone la cola para beber el ron solo.

—¿Entonces qué es lo que quiere decirme que requiere de tanto sigilo?

—Guillermo, usted es un abogado típico, ¿no es así?

—¿Por qué lo dice?

Miguel espera a que el mesero coloque las bebidas frente a ellos antes de continuar.

—No le gusta desperdiciar el tiempo con ñoñerías ni plática insulsa, ¿correcto? Noté eso en sus comentarios en la iglesia. ¡Va directo al grano!

—Es que suelo estar muy ocupado —responde Guillermo.

—Y repentinamente no parece estar tan ocupado —comenta Miguel.

En realidad, Guillermo no quiere hablar de sí mismo.

—¿Y usted quién es, señor Paredes? ¿Cómo viene a cuento? O sea, ¿por qué estaba en la iglesia? Ibrahim nunca me lo mencionó y no creo que usted sea un amigo de la familia —juguetea con el vaso que tiene en la mano, toma un trago abundante y hace una mueca.

Miguel se reclina en su silla, rompe un trozo de champurrada y la sopea en su té.

—Pues he tenido muchos puestos y he hecho muchas cosas en mi vida. Por años, trabajé como consultor empresarial ofreciéndoles a las compañías la información y documentación necesaria para que obtuvieran aprobación gubernamental para sus proyectos particulares. Podría decirse que era el facilitador que se aseguraba de que los emprendedores contaran con los permisos comerciales necesarios para evitar un exceso de escrutinio por parte del gobierno; no que lo hubiera en grandes cantidades.

—Yo hago mucho de eso para los clientes de mi bufete legal; supongo que los dos somos facilitadores.

El mesero que trajo las bebidas regresa con una pequeña canastilla con papas y maní y la coloca frente a ellos. Guillermo pide otra Cuba Libre y después toma su vaso medio vacío y lo choca contra la taza de té de Miguel y dice:

—Por la verdad.

—Por la verdad —repite Miguel.

Guillermo se toma un último trago y usa la lengua para tratar de sacar algo más de líquido de los hielos que quedan al fondo.

—Entonces, por lo que me está diciendo, supongo que es el intermediario necesario para la manera guatemalteca de hacer negocios. Supongo que es un maestro del soborno, de la mordida, de la coima.

Miguel se ríe.

—No es una manera muy elegante de describir lo que llevo haciendo tantos años, Guillermo. Como le dije antes, prefiero pensar que fui un facilitador y que ayudé a que las cosas sucedieran —parpadea sus ojos de cuervo varias veces—. Me aseguré de que las cosas funcionaran como debían, con el mínimo gasto y sin demoras. Sigo siendo un facilitador, aunque ya no necesito tener una oficina llena de empleados para lograrlo. Podría decirse que me he depurado y que ahora trabajo de manera más independiente.

—Me parece que el gran facilitador se convirtió en contratista independiente. ¿Y ahora dónde trabaja?

Miguel baja los ojos hasta que reposan sobre su traje de gabardina azul. Está usando un Armani, un precioso atuendo azul con una textura que tiene un brillo apenas perceptible.

—Pues tengo una tienda de ropa para caballeros en el centro comercial Fontabella en Zona Viva. Tal vez haya pasado por Raoul's. Está en el segundo piso, junto a la Librería Sophos, donde en ocasiones voy a comprar algún libro de historia y a tomar el té; es un sitio mejor que éste, debo decir.

Guillermo se ríe por la forma en que Miguel inclina su taza.

—Me lo puedo imaginar. He comido en varios de los restaurantes del primer piso de Fontabella, pero en realidad no tengo tiempo para leer libros... Su tienda debe ser preciosa. Más allá de mis posibilidades, estoy seguro —llega el segundo trago de Guillermo y lo aborda con mayor cuidado ahora que su cabeza ha empezado a darle vueltas.

—Yo no diría eso. Tenemos trajes para cualquier presupuesto. Y todas las camisas que vendemos son hechas a la medida por nuestros propios sastres y mucho más baratas incluso que aquellas que se pueden pedir en las elegantes tiendas de Miami o Nueva York. Si usted sabe dónde comprar la seda y el algodón egipcio por rollo, las camisas hechas a la medida no tienen por qué ser tan caras. Bueno, claro, no se puede comparar con el precio de las camisas que se compran ya hechas en las tiendas, pero si considera la diferencia entre una camisa hecha por un sastre guatemalteco y una fabricada en un taller de explotación en la provincia de Hunan, el precio es de lo más decente. Pero debo decirle que mi tienda no es mi único sostén. Es más bien un pasatiempo.

Miguel le está cayendo cada vez mejor a Guillermo. Aprecia su falta de pretenciosidad, que también le recuerda a su querido amigo

Juancho. No obstante, se siente menos impresionado por su manera de hablar, por su locuacidad, que hace que la declaración más sencilla se vuelva tortuosa. Sin quererlo, Guillermo levanta las cejas como si la conversación lo estuviera aburriendo.

Paredes advierte la señal y dice:

—Entonces, seguramente se estará preguntando por qué le pedí que viniera.

Guillermo sonríe.

—Como le dije antes, sigo siendo una especie de facilitador. Puedo hacer que las cosas sucedan. Disfruto representar ese papel, pero no si implica el llenado de formularios, esperar semanas a que se programe una junta y obtener permisos de alguien más. Prefiero ser un contratista independiente. Me da la oportunidad de garantizar que el tipo correcto de transacciones ocurra de manera más veloz. La rapidez se ha vuelto una especie de obsesión conmigo —después de decir esto último, pausa.

—Muy interesante. Parecería que fue una estrella del atletismo educada en la Universidad de Heidelberg.

Miguel le sonríe.

—Gracias, pero mi educación proviene de la Universidad de la Vida.

Guillermo se ríe ante su sentido del humor, pero regresa a lo que estaban hablando.

—Así que me queda claro que tiene una serie de transacciones preferidas.

—Así es, y las mejores transacciones también me ayudan a acumular información.

—¿Y qué le puede ofrecer la información? ¿Más dinero?

—Sabía que me lo preguntaría. Cada trozo de información es como una pieza de rompecabezas. Cuando primero la ve, es única pero indistinta. Claro que tiene colores y una forma específica, pero de inicio no tiene la más mínima idea de cómo se acoplará con otro trozo de información. Pero si la voltea, la ve de cerca y después desde cierta distancia, sabrá exactamente dónde colocarla. Al paso del tiempo, todas las piezas embonan y le queda una imagen muy clara de cómo son las cosas. Y eso puede ser de lo más rentable.

—¿Así de fácil? —Guillermo quiere ser cordial, pero no lo engaña la metáfora de Paredes.

—Amigo mío —le dice Miguel después de darle un sorbo a su té— en mi campo de trabajo, como en el suyo, el conocimiento es un activo de lo más valioso. Cuando ese conocimiento o información se vuelve enjuiciable, le proporciona una gran cantidad de poder. Déjeme que le dé un ejemplo. ¿Sabía usted que hay varias cámaras de video de seguridad al frente de la oficina y fábrica de Khalil?

—He visto la que está en la entrada del edificio —dice Guillermo con indiferencia.

—No me estoy refiriendo a ésa; hablo de las que están pegadas a la caseta de vigilancia y que grabaron lo que sucedió afuera de la fábrica textil el día de los asesinatos.

Ahora Guillermo está chupando los hielos de su segundo trago.

—¿Y qué podrían mostrar? ¿El carro de Maryam llegando y esperando? ¿A Ibrahim saliendo por la reja para meterse al carro? ¿Al Mercedes marchándose? El asesinato sucedió a cerca de seis cuadras de distancia.

—Muchas preguntas, me atrevería a decirle que la cinta muestra mucho más —dice Miguel— pero es necesario que usted desee tenerla.

Guillermo se pasa una mano por el cabello.

—En ese caso, supongo que a la policía le interesaría verla. Personalmente, me gustaría poder tenerla. Tal vez podría ver a Maryam viva por última vez.

—Yo ya tengo esa cinta en mi posesión.

Guillermo se sorprende.

—¿Pero, cómo...?

Paredes agita una mano para desechar la pregunta.

—Guillermo, en mi profesión, la pregunta nunca es cómo o por qué se hace algo, sino qué muestra y qué le puede conseguir.

—¿Y a qué está tratando de llegar?

—Es una cinta muy interesante. Extremadamente interesante. Es lo que yo llamaría un trozo de «información enjuiciable». ¿Le gustaría verla?

—Por supuesto.

—Pues, entonces, vayamos —dice Paredes dando una gran mordida a otra champurrada y poniéndose de pie.

—¿Ahora mismo?

—¿Tiene carro?

—Está en el estacionamiento de la 13 Calle, cerca de la oficina de correos.

Miguel le hace señas al mesero para que traiga la cuenta.

—Véame en mi tienda en veinte minutos. La entrada del estacionamiento de Fontabella está en la 12 Calle entre la 3ª y la 4ª Avenidas.

—¿No quiere que lo lleve? —Guillermo está lo suficientemente tomado como para que algo de compañía lo ayude a manejar de manera más estable.

Miguel sacude la cabeza.

—Mi chofer está abajo, esperándome.

—¿Y cómo supo adónde íbamos?

—Nunca voy a ninguna parte sin mi chofer. Allá lo veo —dice, cambiando de parecer en cuanto a quedarse a esperar la cuenta. En lugar de ello, simplemente coloca 300 quetzales sobre la mesa.

Guillermo se tambalea hasta su carro en la 13 Calle y maneja a la 10ª Avenida, donde da vuelta a la derecha para dirigirse a Zona Viva. El tráfico es denso y caótico, limitado a primera y segunda velocidades, hasta que llega a la Ciudad Olímpica y al Estadio Nacional Mateo Flores donde finalmente puede llegar a tercera. Eufóricamente acelera por el barranco que corre junto al estadio y no deja de hacerlo hasta que llega a la Escuela Politécnica, la estatua de Justo Rufino Barrios y la vieja Casa Crema en el Boulevard Reforma. Le fascinan todos estos viejos hitos que siguen en pie y que, a cierto nivel, niegan el hecho de que la ciudad de Guatemala haya cambiado tanto a pesar de los años y que se haya hundido en el caos.

Da vuelta a la izquierda en la 12 Calle de la Zona 10 y conduce frente al hotel Mercure Casa Veranda, donde en alguna ocasión pasó el fin de semana divirtiéndose con Araceli. La entrada del estacionamiento del Centro Comercial Fontabella está a unas cuadras al norte, casi para llegar a la 4ª Avenida. Entra, baja lentamente por la rampa y encuentra un cajón de estacionamiento junto a un poste al que roza levemente con la defensa frontal.

Dado su estado de intoxicación, ese pequeño golpe no es nada.

De camino al elevador, Guillermo pasa frente a un Hyundai azul y da un brinco. Recuerda haberse topado con uno la primera vez que vió a Maryam en el Centro Vasco. Debe haber cientos de ellos en toda Guatemala, piensa. Pero, de todos modos, ¿por qué aquí?

Echa una mirada al interior del Hyundai, pero está vacío.

Guillermo está un poco tomado y entra a tropezones al interior del elevador que lo llevará a la planta baja del centro comercial. Allí, sube al segundo piso por medio de las escaleras eléctricas. Raoul's está por el pasillo junto a la Librería Sophos, en una esquina oculta.

El escaparate muestra sólo la ropa más fina, artísticamente dispuesta en maniquíes tamaño real. La tienda fácilmente podría estar en la Milla Milagrosa de Coral Gables o, incluso, sobre la Avenida Michigan de Chicago. Pero en este momento, está totalmente vacía, como siempre parece estarlo, excepto por un vendedor sentado en un banquito que ve hacia el exterior desde detrás de un mostrador. Se está limando las uñas distraídamente como si ésta fuese su profesión verdadera.

Tan pronto como entra Guillermo, suena una campanita. El vendedor levanta la mirada, pero no se mueve. Miguel sale de una puerta en la parte trasera de la tienda, junto a los probadores, y le hace señas para que lo acompañe a su oficina.

Para su sorpresa, la oficina de Paredes está atestada de pantallas de cómputo y archiveros; no hay rastro alguno de libros contables ni de muestras de tela, como sería lo lógico en una tienda de artículos para caballero. En lugar de ello, se asemeja a las oficinas centrales, al gigantesco centro neural, de alguna extensa red de espías informáticos. Claramente, Raoul's es el frente para otro negocio, posiblemente ilícito, tal vez relacionado con seguridad.

—Siéntese allá —Miguel señala una silla giratoria gris frente a una gran pantalla Mac.

Tan pronto como se sienta Guillermo, Miguel mueve el cursor para agrandar la imagen de un video que ya está cargado en la pantalla y hace clic en *reproducir*.

—Ahora, mire —dice.

Las imágenes en blanco y negro son de muy mala calidad, pero a pesar de su intoxicación, Guillermo puede ver el camino que se dirige a la caseta de seguridad y el estacionamiento de la fábrica de textiles de Ibrahim. Hay un carro de color claro que no se mueve cerca de la parte superior de la pantalla. No hay manera de distinguir las placas a esa distancia. Durante cuatro o cinco segundos, todo parece congelado, nada sucede, y después un hombre se baja y mira hacia la garita de seguridad a través de unos binoculares, como si realmente los necesitara. La distancia es de menos de seis metros. Vuelve a entrar y alrededor de dos minutos después, hace exactamente lo mismo, sólo que en esta ocasión mira a su alrededor y vuelve a meterse en el vehículo con velocidad, como si algo lo hubiera sorprendido.

Miguel está inclinado por encima de Guillermo.

—Ésa es la cámara que mira de la fábrica de textiles a la entrada. Ese hombre es un vigía. Ahora, mire la siguiente parte con mucho cuidado.

Guillermo lo ve brevemente, sin comprender.

—¡No, no! ¡No quite los ojos de la pantalla! —le grita.

Guillermo vuelve a mirar la pantalla justo a tiempo para ver un Mercedes negro que entra a cuadro. Siente un dolor en el corazón al reconocer el auto de Maryam, y sus ojos se llenan de lágrimas. Se está moviendo muy lentamente, a una velocidad mucho menor de la que normalmente usaría Maryam, incluso en un video borroso. Ha recogido a su padre para ir a comer cientos de veces y normalmente se estaciona junto a la reja de malla para que pueda alejarse tan pronto como baje su padre. En esta ocasión, se detiene cerca de tres metros de la puerta de la fábrica, lo que obligará a su padre a tener que caminar sobre la grava.

Cinco segundos después. Guillermo ve a alguien que entra a la escena y que camina lentamente hacia el carro, de espaldas a la cámara.

—¡Ése es Ibrahim! —grita incrédulo, como si siguiera vivo.

—¿Y qué le sorprende de ello?

—Nada, en realidad. Es que es tan raro verlo vivo, así, caminando hacia el carro, hacia mi Maryam —Guillermo se percata de lo que acaba de confesar, pero está más allá de poder controlar sus palabras.

—Vea, vea, Guillermo. Dígame si nota algo raro.

Guillermo no disfruta sentir el aliento húmedo y rancio de Miguel sobre su cuello, pero ahora está totalmente hipnotizado por lo que está sucediendo en la pantalla de la computadora. Es casi como si estuviera allí, presenciando el suceso en la vida real o en un programa de telerrealidad.

Guillermo observa cómo avanza un metro más y se detiene en seco. En lugar de meterse como lo hace normalmente, la ventanilla del lado del copiloto baja y Guillermo ve que Ibrahim coloca sus antebrazos en la orilla y mira al interior. Desde este ángulo, no hay manera de ver al conductor, pero Guillermo asume que evidentemente es Maryam.

Durante algunos segundos, ocurre una conversación; qué extraño. ¿Por qué no simplemente se mete en el vehículo como siempre lo hace? Guillermo sólo puede ver el hombro derecho de Ibrahim. De pronto, ve lo que parece una mancha oscura que se mueve en el asiento trasero y que bloquea la luz del cristal posterior durante una fracción de segundo. O alguien ha movido el reposacabezas del lado del copiloto, o hay alguien moviéndose en el asiento de atrás.

—¿Qué es esa sombra?

—Mire, Guillermo, mire.

Súbitamente, Ibrahim se levanta de hombros, abre la puerta y se sienta en su lugar habitual. Pasan unos segundos durante los cuales probablemente se pone el cinturón de seguridad y entonces gira en ángulo recto a la derecha y se aleja lentamente, de regreso por donde vino. En un momento dado queda a menos de tres metros del auto estacionado al lado de la calle. Aproximadamente cinco segundos después de que el carro de Maryam desaparece del alcance de la cámara, el automóvil color claro al tope de la pantalla se da la vuelta como rayo, levantando una nube de polvo, para desaparecer. Durante otros diez segundos, no puede verse nada más que la entrada al estacionamiento, la misma orilla de la caseta del guardia y la nube de polvo que se levanta del piso terregoso para desaparecer. Después la imagen se congela, deja de haber movimiento y la pantalla se pone negra.

—Si gusta, puede volver a ver el video. Mueva el cursor al botón de reproducción y dele clic —dice Miguel mientras se aleja.

—Ese auto estaba siguiendo al Mercedes de Maryam —dice Guillermo sin mencionar nada acerca de los momentos en que Ibrahim esperó antes de subirse. Le es evidente que algo hizo que Ibrahim dudara, tal vez haya habido otra persona, pero por el momento Guillermo no dice nada.

Miguel se acerca a él con dos vasos en las manos.

—Creo que ambos necesitamos esto. Ron Zacapa Añejo de 23 años. Es como beber un Hennessey XO.

Guillermo toma la copa de ron en su mano temblorosa y se lo bebe de un trago con una actitud de «a quién le importa» en la cara. Otro hombre que ha estado dentro de la oficina todo este tiempo —¿el chofer de Miguel?— se acerca con una botella en la mano y llena el vaso de Guillermo por segunda vez.

—Sólo dele clic al botón y el video volverá a reproducirse.

Esa tarde, Guillermo ve el video unas cuantas veces y no descubre nada más que le parezca nuevo ni extraño. Empieza a preguntarse si hay alguien más en el asiento de atrás dado que está seguro de que Maryam no es quien va conduciendo. A medida que pasa la semana, volverá a ver ese fragmento de video otra docena de veces tratando de descifrar alguna pista nueva, pero no ve nada que altere su juicio.

Después de la tercera vez que analiza el video (para este momento Miguel se sienta en otra silla junto a él), Guillermo se aleja de la mesa. Miguel le pregunta si ha visto algo que pudiera aclarar quién podría haber estado dentro del vehículo color claro.

—La imagen no es nada clara y la cámara está demasiado alejada como para leer la placa. De hecho, ni siquiera tengo idea de qué tipo de carro podría ser.

—El guardia de la garita pensó que podría ser un Nissan; pero estaba seguro de que era algún auto japonés o coreano.

—¿Eso dijo Fulgencio? No sé. Es demasiado borroso para verlo bien.

—¿No hay nada más? —insiste Miguel— ¿Nada que lo haya sorprendido?

Guillermo se reclina en su silla. Para este momento ha bebido tres copas de ron Zacapa, además de los dos rones del Café Europa y su cabeza está dando vueltas sin control. Incluso mientras habla, está reproduciendo la cinta una vez más dentro de su cabeza. Vio un par de cosas que no le hacen sentido. Se siente inseguro, pero finalmente decide revelarle sus dudas a Miguel, a quien está empezando a considerar como una especie de ángel guardián, como una alma gemela.

—Seguramente sabe que varias veces estuve con Ibrahim en su oficina y que fui con él y con Maryam a comer en su departamento antes de regresar a trabajar en su oficina por las tardes. Al menos seis o siete veces. Nunca, en todo ese tiempo, vi que Maryam detuviera el auto tan lejos y esperara que su padre saliera a su encuentro; y Maryam nunca hubiera bajado la ventana del copiloto para hablar con su papá desde el asiento del conductor mientras él se quedaba afuera en el sol. Él simplemente se metía y ella arrancaba.

—¿Y entonces qué le dice eso?

—No sé; parece un poco extraño, pero tal vez Maryam no haya sido la persona que iba manejando.

Miguel se hace hacia atrás en su asiento.

—Eso es totalmente enloquecido. ¿Qué le hace pensarlo?

Guillermo le hace señas a Miguel para que vea la cinta con él una cuarta vez. Cuando llegan a la parte en la que Ibrahim está a punto de ingresar en el auto, detiene la cinta. Antes de volver a correrla, le dice a Miguel:

—Observe el interior. Súbitamente va a ver una mancha oscura que bloquea la luz que entra por el cristal de atrás. Es como si hubiera alguien allí, en el asiento trasero, que repentinamente se sienta durante un segundo y vuelve a acostarse.

Miguel quita la pausa y la cinta empieza a correr de nuevo. Todo sucede muy rápidamente. Hay poco que ver; nada más que una pausa que bloquea un pequeño punto de luz. No le parece significativo, no es una pista lo bastante importante como para ponerlo a pensar.

—Está usted viendo cosas, Guillermo. En ocasiones, su mente quiere que sus ojos vean algo que en realidad no está allí.

—Allí está, no tengo la menor duda —Guillermo se frota la cara con ambas manos—. Sé lo que sé.

—¿Y qué podría significar una tercera persona en el auto? ¿Y quién podría ser la persona?

—Dije que no lo sé.

—¡Piense, hombre!

—¡Su esposo, Samir! —miente Guillermo.

Miguel pausa, se acerca y toca la nuca de Guillermo.

—Mire, la pena lo está consumiendo. Sólo le mostré la cinta para que pudiera ver el auto no identificado. El asesinato fue arreglado. Sé que usted estaba enamorado de Maryam y que ella quería dejar a su marido para casarse con usted, pero no puede dejar que esta pasión confunda su razón.

Sin abrir los ojos, Guillermo sacude la cabeza.

—¿Cómo es que sabe estas cosas acerca de mí? Nuestra relación era un absoluto secreto.

—Amigo mío: no había otra manera de interpretar sus comentarios en el servicio funerario. Cualquiera podría haber visto que estaba entristecido por la muerte de su amigo, pero destrozado por la muerte de su hija. Si Samir Mounier hubiera querido que asesinaran a Ibrahim y a Maryam, no hubiera estado acostado en el asiento de atrás. Simplemente hubiera contratado a alguien que los matara sin acercarse a la escena. La «información enjuiciable» surge a partir de la «evidencia creíble». Me temo que usted no me está proporcionando evidencia creíble. Sospecho que hay alguien más que quería que Ibrahim muriera y que tenía los medios y las conexiones para planearlo. Allí es donde debemos buscar a los asesinos. Maryam, sin importar cuánto la quisiera usted, fue una víctima casual; nunca fue uno de los blancos. Una vez que los asesinos planearon matar a Ibrahim, la muerte de su hija simplemente se convirtió en una noticia desafortunada más.

—¿Pero qué tal si Samir quería que ambos murieran?

Miguel se rasca la barbilla. Es evidente que eso no es algo que quiere sospechar porque podría frustrar el plan que está urdiendo. Aun así, dice:

—Tiene razón al suponer que es posible que Samir haya querido que muriera Maryam para frustrar sus planes de quedarse con ella. Sé que se separó de su esposa y de sus hijos hace meses y que están viviendo en la Ciudad de México con su tío. Sólo usted puede saber si Maryam era capaz de abandonar a su marido. Y también es cierto que con la muerte de Ibrahim, Samir Mounier ahora será el heredero de la fábrica y del negocio, lo que lo convertirá en un hombre sumamente rico... pero por el momento, no considero que ése sea el escenario más probable.

Guillermo deja caer la cabeza sobre el escritorio. Está cansado y borracho. Y, además, está enojado, lleno de odio y muy confundido.

Voltea a ver a Miguel, que tiene una mirada de orgullo en el rostro.

—Usted me puso una trampa. Fue a la ceremonia funeraria esperando que estuviera allí para que pudiera hablar conmigo.

—Guillermo, no hice nada por el estilo.

—Tenía lista la cinta para que yo la viera; estaba preparada para que se pudiera reproducir en cuanto entrara aquí.

—Eso es cierto. Esperaba que alguien dijera algo que me hiciera querer mostrarle la cinta, pero no sabía que ese alguien sería usted. No hoy. Planeaba hablarle a su oficina en un par de días para invitarlo a comer.

—Sabe tanto acerca de mí.

—Eso también es verdad —dice Miguel mientras coloca una mano suavemente sobre el hombro de Guillermo— pero lo que sucede es que sé mucho acerca de muchas cosas. Es mi negocio saberlas. A ver, déjeme que lo ayude a levantarse. Creo que voy a pedir a algunos de mis muchachos que lo ayuden. Pueden llevarlo a usted y a su auto a casa.

## 20
# ¡Qué pena me da tu caso!

En las semanas siguientes, se arma todo un escándalo cuando el Presidente nombra un fiscal especial independiente para que investigue las muertes de Ibrahim y Maryam Khalil aun cuando no hay evidencia que sirva de nada ya que Miguel está en posesión de la cinta. Es otro ejemplo de un voladero de plumas que sobrevuelan en el gallinero sin señal alguna de la zorra. El fiscal reúne a un equipo de investigadores a los que delega para que analicen las circunstancias de este doble homicidio y para que traten de descubrir a los verdaderos asesinos. Pero dado que la realidad es que nadie quiere saber lo que está pasando o lo que ya pasó en Guatemala, la investigación de las muertes y de la explosión se asemeja a una película muda de los veintes en la que un perro se persigue la cola durante cuarenta minutos: es decir, la investigación del homicidio es otro ejemplo de oropel y autoengaño que no burla a nadie y que engaña a todos a un mismo tiempo. Otra cortina de humo.

Todos los días, aparecen docenas de cuerpos inertes en la ciudad de Guatemala: cadáveres en callejones, barrancos, esquinas, paradas de autobús e, incluso, dentro de los autobuses mismos, principalmente de noche. De cada cien muertes, la policía y sus escuadrones de detectives pueden llevar a uno o dos criminales ante la justicia; y en estos juicios fingidos, a quienes se encuentra culpables es a los esbirros, nunca a los responsables que les han pagado a los asesinos por hacer el trabajo sucio.

Todo esto empieza a corroer a Guillermo por dentro como una enfermedad bacteriana no diagnosticada; esto, junto con la pérdida que está experimentando, es suficiente para derrotarlo. De pronto, pierde todo propósito en su vida más que el de encontrar al responsable de la muerte de su amada.

Se obsesiona con la idea de la impunidad. El que se puedan cometer delitos, se ofrezca prueba de ello y no se haga nada porque, a pesar de la evidencia, se le ha pagado al juez el dinero suficiente para que determine que es inadmisible o que está inutilizada de alguna manera. Guillermo empieza a ver impunidad por todas partes: en la gente que tira basura en las calles y sigue su camino; en las estridentes bocinas de automóvil que tocan y tocan frente a los hospitales; en los gritos dentro de las iglesias; en la gente que avienta bocanadas de humo en la cara de los demás; en los que se meten en la fila del cine para sentarse en las mejores butacas; en las personas que tiran colillas en los vasos de los restaurantes: todo señala la falta de consecuencias ante las propias acciones. En lugar de quedarse dormido, empieza a obsesionarse con los miles de delincuentes que sienten que pueden actuar como les dé la gana y que nunca tendrán que rendir cuentas a nadie a menos de que alguien tenga los huevos de contradecirlos.

Guillermo empieza a añorar los días del conflicto armado cuando los guerrilleros, aquellos que le prendían fuego a la Tierra de la Eterna Primavera, eran el enemigo. En aquel entonces, Ríos Montt y su perro faldero, Pérez Molina, juraron restablecer el orden por medio de las tácticas militares más cruentas: su política de Rompe y Rasga. ¿Y qué se esperaba que hicieran? ¿Jugar a la casita con los guerrilleros y entregarles el país a esos rufianes barbados y a los indios ignorantes que los apoyaban?

Pero lo que está sucediendo en la actualidad, esta falta de un enemigo identificable, es mucho más desconcertante.

Sabe sin duda alguna que Ibrahim y Maryam han muerto de la manera más injusta y que nadie, ni siquiera el propio marido de Maryam, tiene el menor interés en las razones por las que sucedió o en cómo es que llegó a suceder.

El único al que parece importarle es a Miguel Paredes, y él es un maestro manipulador de las susceptibilidades de Guillermo. Deja caer pistas como si fueran miguitas de pan ante lo que correctamente ha identificado como un hombre crédulo que se muere de hambre. Cada vez que decae el afán de Guillermo por llevar a los homicidas ante la justicia, allí está Miguel, listo para compartir algún trozo de información que vuelva a despertar su interés. Es casi sobrenatural, esto que sucede. Como si Miguel, el operador maestro, supiera exactamente qué hacer y cuándo hacerlo y Guillermo fuera una foca entrenada para obedecerlo.

Con frecuencia, ambos hombres se citan por las tarde en el café de la Librería Sophos. Queda cerca de la oficina de Guillermo y a pocos metros de la tienda de Miguel. Les gusta una de las mesas en particular, la que mira por encima del patio de abajo; está en una esquina y a pasos del baño; el lugar no cuenta con una sola cámara.

El café de la librería se llena de compradores y escritores que beben *lattes* y *macchiatos* y que ordenan delgadísimas rebanadas de pastel de limón o de nuez. Se escucha una suave e inofensiva música clásica que proviene de bocinas ocultas; es el sitio ideal para sus conversaciones, mucho mejor que el Café Europa del centro que, a decir verdad, resulta cuestionable y probablemente esté intervenido. No hay nada atrevido respecto a la librería; más bien, le da a sus discusiones un aire de virtud, como si todas sus conversaciones respecto a complots siniestros y asesinos a sueldo fuesen posibilidades legítimas y socialmente sancionadas, casi tomadas de alguna novela de Agatha Christie.

Es en este entorno que Guillermo ordena una botella de vino tinto y le revela a Miguel todo lo que sabe acerca de sus reuniones y discusiones con Ibrahim y de los tratos sucios de Banurbano. Miguel está más que contento de dejar que su nuevo amigo acapare la conversación, casi como si fuera un padre confesor. Y Guillermo siente que se levanta un peso de sus hombros y de su corazón dado que puede hablar libremente acerca de cosas que ha ocultado desde hace una eternidad. Revela su teoría de que había una tercera persona en el auto, pero Miguel sigue sin convencerse. En realidad no importa: Guillermo ya no es la única persona que sabe lo que sabe y esto le ofrece cierto alivio.

Dos semanas después de la ceremonia en la iglesia, Miguel Paredes finalmente siente la confianza de discutir su plan maestro con Guillermo: finalmente suelta la proverbial sopa.

—Sospecho que necesitamos considerar que el gobierno esté detrás de la muerte de Ibrahim.

—¡Eso es justo lo que te he estado tratando de decir! —responde Guillermo, sintiéndose totalmente inútil—. La pregunta es por qué.

—Para callarlo.

—El Presidente no sería capaz de llegar al grado de cometer un asesinato para silenciar a un oponente.

Miguel toca la mano de su amigo.

—Ah, pero claro que lo haría. Esas investigaciones de Ibrahim Khalil de las cuentas de Banurbano estaban incomodando a muchas personas. No me sorprendería que el Presidente y su encantadora esposa fueran los responsables del crimen. Guillermo, ¿no notaste la rapidez con la que el fiscal especial desbandó a su grupo de investigadores? Diez días de investigación, ningún análisis del cadáver, nada de incautar los archivos que tú e Ibrahim habían acumulado, ninguna pesquisa relacionada con las llamadas truncas y los mensajes amenazantes de los que tú mismo me has contado. Quienquiera que esté detrás de esto quiere que la investigación se detenga y se termine. Y tú, amigo mío, eres el único al que la verdad le importa lo suficiente como para cambiar las cosas.

—¿Alguna vez le mostraste una copia de la cinta de seguridad a alguien de Presidencia o a la policía?

—¿Es broma? ¿Por qué lo habría hecho? Simplemente la habrían confiscado y me hubieran obligado a darles cada una de las copias de la cinta bajo amenaza de muerte. Soy valiente, pero no tanto como para sonreír si me tienen encañonado.

Un Guillermo Rosensweig sobrio nunca hubiera caído ante esta estratagema, pero a medida que pasan los días, en lugar de que la ausencia de Maryam se vaya difuminando, parece agudizarse cada día más, junto con su sensación de pérdida y desesperanza. Para combatir su desesperación, Guillermo viaja un fin de semana a la Ciudad de México para pasar un tiempo con sus hijos, que ahora viven en el elegante barrio de Chimalistac. Lo primero que nota es que ambos adolescentes están felices de haber salido de la carnicería en la que se convirtió Guatemala y que están incluso más resentidos por no haberse mudado a México antes. Lo tratan con cierta frialdad, como si la cuestión principal para ellos no fuera la muerte de la novia de su padre, sino la traición de su padre hacia su madre.

Cuando los lleva a comer al San Ángel Inn en domingo, se da cuenta de que a sus hijos les importa más la guacamaya que repite palabras y frases en el comedor principal que su dolor.

No quiere nada más que sus hijos le cuenten acerca de sus vidas y que él pueda darles frecuentes abrazos y besos. Quiere sentir sus cuerpos, sus labios; y también que le tengan algo de compasión.

Pero ya están demasiado crecidos para eso y, a decir verdad, esta aflicción suya, esta propensión por las lágrimas, les parece embarazosa si no es que francamente mórbida.

Guillermo toma el vuelo TACA de regreso a la ciudad de Guatemala en un estado de absoluta resignación: finalmente entiende que está totalmente solo y se siente destrozado por el peso de su soledad.

Su única respuesta es beber hasta dormirse todas las noches. Absolutamente todas las noches.

## 21
## El fólder evanescente

Miguel se convierte en el amigo único, sacerdote y confidente de Guillermo. Exactamente de la misma manera en que Guillermo e Ibrahim se juntaban para discutir las pistas faltantes de las transferencias monetarias de Banurbano, ahora se junta y reúne frecuentemente con Miguel, ya sea en el Raoul's o en el café de la Librería Sophos, para discutir el progreso de la investigación de las muertes de Ibrahim y Maryam.

Después de dos semanas, el fiscal especial designado por el Presidente entrega un informe donde se afirma que el asesinato de Ibrahim se debió a una venganza por despedir a unos trabajadores (aun cuando era el tipo de jefe que iba directamente al piso de la fábrica para hablar con sus empleados uno por uno) el año anterior o por comprarles telas a unos contrabandistas a los que Ibrahim había engañado y a los que no les había pagado todo lo que se les debía. Los asesinos de Ibrahim eran o bien empleados descontentos o bien socios embaucados. En cualquier caso, la muerte de Maryam se debía única y exclusivamente a un accidente y no era más que un daño colateral: una cuestión de estar en el sitio incorrecto en el momento incorrecto.

—Eso es lo que afirma el gobierno —dice Miguel—. Siempre es más fácil culpar a las víctimas que no pueden defenderse a sí mismas, ¿no crees?

Él y Guillermo están hablando en su oficina, donde hay un máximo de privacidad y una abundancia de licor.

—Esto es un encubrimiento de proporciones gigantescas —coincide Guillermo—. El régimen simplemente está lanzando todas estas teorías porque no quiere que el fiscal descubra que Ibrahim y yo estábamos a punto de hacer públicos los documentos que mostraban que Banurbano estaba llevando a cabo préstamos y pagos ilegales a los amigos del Presidente y de su esposa. Es un encubrimiento, un encubrimiento, un encubrimiento —como si decirlo una sola vez no fuera suficiente.

—Quizá tú puedas compartir parte de esa información con la prensa, Guillermo. Sabes que tengo amigos en *Prensa Libre* y en *El Periódico* que estarían más que contentos de publicar cualquier información que tengas que desacredite al Presidente.

—No quiero hablar con nadie. Diles tú mismo y di que soy una fuente confiable.

Miguel sacude la cabeza.

—Todo el mundo cree que me he opuesto al Presidente desde antes de las elecciones. Por años me han considerado o un revoltoso o, más precisamente, una fuente poco confiable de información. Por el contrario, tú eres totalmente creíble y confiable. Eres un ciudadano de bien. Podrías darles copias de algunos de los documentos que Khalil te mostró...

Aunque Guillermo e Ibrahim se juraron que nunca discutirían sus hallazgos con nadie más hasta que no estuvieran absolutamente seguros de que sus acusaciones pudieran corroborarse, con Ibrahim muerto, Guillermo sabe que podría utilizar las conexiones de Miguel para revelar lo que descubrieron. No tiene caso mantener oculto lo que sabe. Necesita ayuda, mucha, y los contactos de Miguel en la prensa podrían serle de gran utilidad.

—Pues sé de cierto que Ibrahim les había advertido a ciertos importantes cafetaleros de Cobán, afiliados con Banurbano, que o regresaban el dinero que se les había prestado libre de intereses o que los denunciaría en los periódicos. Ibrahim estaba furioso de que un banco afiliado al gobierno, supuestamente creado para ayudar a millones de emprendedores, en esencia estaba firmándoles cheques en blanco a tasas ínfimas a estos magnates. Y eso no era todo, ¡descubrió unas transferencias bancarias inusuales a una empresa minera canadiense que operaba en Alta Verapaz!

—¿Y dónde está la prueba de todo esto?

Guillermo se mueve intranquilo.

—No tengo pruebas. Ibrahim nunca me permitió que hiciera copias. Los documentos existen, pero lo más seguro es que estén en su despacho privado.

—¿Quieres decir que aunque trabajaban juntos y eras su abogado de confianza ese viejo carcamán ni siquiera confiaba en ti lo suficiente como para darte duplicados de esos documentos?

—Yo no diría que se tratara de falta de confianza. Ibrahim era bastante paranoide. No confiaba del todo en nadie; ni siquiera en Maryam. Bueno, déjame aclarar eso: podía confiarle su vida a Maryam, pero no quería compartir información con ella. Supongo que era para protegerla, en caso de que revelara algo que pusiera su vida en peligro y, en consecuencia, la de los demás.

—Ésa es una mala noticia; me refiero a que nunca te dio copias.

Guillermo realmente necesita un trago.

—Si se lo hubiera contado, ella no hubiera dicho absolutamente nada, ni siquiera a Samir. ¡De eso estoy seguro!

—Sé que amaba a su hija y que despreciaba a su yerno. ¿Y quién no lo haría? Es un bueno para nada... ¡casi de su misma edad!

A Guillermo lo sorprende un poco que Miguel sepa tanto, de naturaleza tan personal, acerca de Ibrahim y Maryam y Samir, aunque ha dicho en repetidas ocasiones que su trabajo como facilitador le da acceso a mucha información. En alguna ocasión, Guillermo había buscado a Miguel en Google, pero no había encontrado ninguna información valiosa relacionada con él; era casi como si no existiera. Todo esto lo hace sentir más solitario y desalentado. Necesita a alguien confiable que lo ayude a superar su depresión: ahora es absolutamente incapaz de reunirse con Araceli o con Isabel, a las que cortó de manera abrupta.

—Sé que Maryam nunca hubiera traicionado a Ibrahim con Samir, a quien estaba empezando a detestar. ¡Pero tú ya sabes todo esto! Samir le llevaba veinticinco años a Maryam. Se había casado con él al cumplir 24 años porque estaba desesperada y él decía ser rico. Además, tanto los Khalil como los Samir eran del mismo clan de Sidón en Líbano; pero su lealtad estaba con su padre, siempre, nunca con su marido. ¡Ibrahim no confiaba del todo en mí y yo era su pinche abogado!

Guillermo no está siendo de lo más racional y Miguel quiere centrarse en el tema.

—Entonces no tienes ninguno de estos documentos.

—No, ninguno.

—¿Y crees que pudo haber llevado alguno a su casa?

—No lo creo. Vivía solo, con una sirvienta que entraba a las nueve y se iba a las seis. Creo que tenía todo lo que era importante guardado en su oficina.

—¿Y no sabes dónde? —pregunta Miguel de manera casual.

—En el cajón del lado derecho de su escritorio.

—¿No en una caja fuerte? ¿Estás totalmente seguro?

—Absolutamente. Tan pronto como entraba en su oficina, abría el cajón con su llave y sacaba dos atestados fólderes de manila para llevarlos hasta la mesa de conferencias que estaba junto a la ventana de la esquina. Y antes de irnos, volvía a poner los fólderes en ese mismo cajón y otra vez lo cerraba con llave.

—Pues esos fólderes desaparecieron.

—¿Cómo lo sabes? O sea, ¿cómo es eso?

Guillermo podrá sentirse desalentado y será un alcohólico, pero no está dormido.

—Dime que no te vas a enojar.

Mira a Miguel. Cuando Guillermo llegue a la edad de Paredes, quiere estar retirado para jugar golf o tenis todos los días; no quisiera tener una tienda como Raoul's de fachada para otras actividades clandestinas. «El facilitador» quiere dar la apariencia de ser todo inocencia y timidez; pero hay algo de él que hace que Guillermo sospeche que pudiera ser un lobo disfrazado con piel de oveja. En Guatemala, tantas personas son así que simplemente tienes que abrirte paso por la bruma de la desconfianza, por ponerlo de alguna manera, y confiar en alguien; incluso si algún día esa persona termina traicionándote.

—Claro que no —dice Guillermo al tiempo que se da cuenta de que él y Miguel son cada vez más francos entre sí y que prácticamente parecen casados el uno con el otro.

—La noche en que mataron a Ibrahim y Maryam, envié a algunos hombres a que se metieran en su oficina para ver si podían encontrar esos fólderes. Buscamos por todas partes; en su escritorio, en sus clósets, detrás de los cuadros, incluso debajo de las alfombras, pero nunca encontramos nada.

Guillermo no tiene más que preguntas.

—¿Pero cómo sabías siquiera que esos fólderes existían? Supuestamente, nosotros dos éramos los únicos que pudimos haber estudiado esos documentos y anotaciones. ¿Ustedes se conocían?

—De alguna manera.

—¡No puedo creerlo! Pensé que yo era el único que sabía esto.

Miguel se retracta hasta cierto grado.

—Nos habíamos visto algunas veces en juntas, pero no es que fuéramos íntimos. Déjame que te lo ponga así: éramos colegas profesionales. A mí se me dio la información de que alguien había copiado algunos de los archivos de Banurbano. Yo sospechaba que había sido Ibrahim, pero honestamente, más bien fue intuición de mi parte.

—¿De modo que tuviste que entrar a su oficina por la fuerza para ver si él era quien estaba duplicando archivos? —Guillermo está entre sorprendido y furioso ante esta revelación de Miguel. Poco a poco se está empezando a dar cuenta de que Ibrahim también lo engañó a él al decirle que no tenía ningún otro socio en el asunto.

—Estimado Guillermo, yo he construido mi red a lo largo de los últimos veinticinco años precisamente para no sentirme tan sorprendido como tú cuando te enteraste de la existencia del video de las oficinas de Khalil. No me gustan las sorpresas. He plantado a docenas de soplones en Guatemala para que me tengan informado de todo: son baratos de contratar y, cuando necesito información, ellos me la proporcionan. Como bien sabes, la fábrica de Ibrahim ha seguido operando desde su muerte bajo la supervisión de un gerente designado por los tribunales. Y Samir ya se está adelantando a tomar posesión del inmueble.

Miguel observa la sorpresa en la cara de Guillermo; quiere que el pasmo se convierta en gratitud.

—Sabes muy poco acerca de mí. Con el tiempo sabrás más. Baste con decir que he estado reuniendo información para proporcionársela a generales y presidentes desde hace veintitrés años, incluso durante el gobierno de Vinicio Cerezo. ¡Podrías decir que en mi papel de facilitador también he fungido como una especie de embajador honorario sin cartera!

Guillermo está empezando a comprender.

—¿De modo que eras amigo y colega de Ibrahim? Entonces no fue casualidad que fueras al servicio funerario en la Iglesia de San Francisco.

—Cualquiera puede entrar en una iglesia; yo quería expresar mi respeto por ellos. Pero cuando diste tu discurso, ¡me fascinó! Sabía que tenía que conocerte. Tu panegírico me reveló no sólo tu pasión, sino también tu lealtad. Sí, he sabido de ti durante años, mucho antes de que empezaras a trabajar para Ibrahim. Tengo cerca de 10 000 expedientes de las personas más importantes de Guatemala. Podría decirse que te he admirado desde lejos, a una distancia que ha ido cambiando al paso del tiempo.

—¿Y qué con mi vida personal?

—Querido Guillermo, se te olvida lo que ya te había dicho. En mi profesión, nada es estrictamente personal. ¿Te puedo ofrecer otra cuba? —le hace señales al chofer, que está vigilando las pantallas al otro lado de la habitación. Le parece vagamente familiar a Guillermo; le recuerda al hombre que estaba sentado en el Hyundai azul en el Centro Vasco en esa tarde de lluvia.

—De modo que debes haber sabido que Maryam y yo estábamos teniendo un *affaire*.

Miguel se queda en silencio. Se ajusta la corbata de seda azul: está adornada con un discreto pez espada.

—No conozco los particulares de tu romance, pero sí sé la fecha exacta en que empezaste tu aventura con ella...

—Tu chofer me estaba siguiendo —Guillermo se siente avergonzado.

Miguel pone su mano sobre la de Guillermo. Tiene manos bellísimas: dedos largos con un fino vello sobre las articulaciones. Son la característica más notable del facilitador.

—¿Cuánto sabes acerca de mí?

Miguel mantiene quieta su mano.

—Sé que muchos hombres te admirarían por tus devaneos. Sé cuándo, con quién, en qué habitación y el número exacto de veces que hiciste el amor con tus diferentes amantes en el Stofella. Y sé del departamento que rentaste en la Plazuela España.

Guillermo retira su mano como si lo hubieran quemado con un hierro candente. Se siente aplastado, descubierto, exhibido, revelado, desnudo con los pantalones en un charco alrededor de sus pies. Pensar que alguien supiera del Hotel Stofella, del departamento de la Plazuela España.

—¿Y mis mensajes de texto?

—Interceptamos algunos.

—¿Algunos? ¿Sólo algunos? ¿Y había cámaras y micrófonos escondidos cuando Maryam y yo hicimos el amor?

—Guillermo, tú fuiste el que insistió en usar la misma habitación en el Stofella.

—¡Dios mío! Podría matarte.

—En lugar de alterarte así, Guillermo, deberías sentirte halagado de que te respeté lo suficiente todos estos años como para considerar que eras digno de mi atención y merecedor de mi silencio.

—¿Araceli?

—Araceli, Sofía, Isabel e incluso Micaela, aunque sólo estuviste con ella dos veces —responde Miguel lacónicamente.

Guillermo no sabe cómo responder.

—¿Por qué me estabas investigando?

—Ya te lo dije; eras objeto de investigación. Tengo miles de expedientes.

—¿Te importa en algo mi postura política?

—En lo más mínimo. No creo en la política. El Presidente me desagrada, pero no necesariamente por su política, sino por su ineficiencia. Contamina el aire que respiramos con su planta de carbón cuando yo prefiero la energía nuclear. Creo que tenemos la obligación de lanzar menos emisiones a la atmósfera.

Guillermo no puede creer lo que está escuchando; no puede emitir palabra.

—Sabes que los Acuerdos de Paz de 1996 fueron una farsa. No trajeron paz, sólo abrieron las puertas para que las maras locales de Guatemala prosperaran y para que los traficantes mexicanos compraran por completo a nuestro departamento de policía. Ahora los generales y anteriores guerrilleros se congratulan por haber negociado la paz. Acordaron dividirse la ayuda extranjera que empezó a entrar a raudales para ayudar al país a alcanzar la democracia.

—Miguel, preferiría que simplemente te callaras. Te dije que no me importa lo que creas.

—Pero debería importarte.

—Perfecto; entonces, ¿cuál es tu postura en cuanto al conflicto armado?

—La misma que siempre ha sido; estoy del lado del orden.

—¿Y tu actitud relacionada con el dinero?

—Es una materia prima atractiva y de gran utilidad. Incluso iría tan lejos como para afirmar que es el dinero, más que la religión, lo que impulsa las acciones humanas.

—¿Y trabajas para el Presidente?

Miguel parece divertido.

—Me desagradan las ineficiencias; eso ya lo dije. ¿Tan siquiera me estás escuchando?

—Claro que sí —sin siquiera pedirla, llega la copa de Guillermo en un enorme vaso. Toma dos grandes tragos, como si estuviera bebiendo refresco de cola solo.

Miguel tamborilea los dedos en el descansabrazos de la silla.

—En este momento, el Presidente y yo estamos algo distanciados, pero eso podría cambiar en cualquier instante, dependiendo de ciertas decisiones que debe tomar.

—No comprendo.

—No me gusta que se exhiba como incorruptible y por encima de la tentación. Toma una actitud muy arrogante y superior cuando todos sabemos que él, su esposa y sus compinches están participando en actividades que están dejando a este país en la quiebra. Si reconociera su humanidad, todo se le perdonaría.

—¿Humanidad? Qué extraña palabra. ¿Quieres decir que si estuviera dispuesto a compartir la riqueza contigo y con tus asociados reconsiderarías tus ataques en su contra?

—Como dije antes: es igual que todos nosotros, no está por encima de la tentación.

A Guillermo lo impacta esta actitud. Siente que de pronto está en aguas demasiado profundas sin nada que lo salve.

—¿Y quién más es tu enemigo en la actualidad?

Miguel lo mira de forma sospechosa.

—Sólo te lo estoy preguntando para comprender tu punto de vista de mejor manera.

Miguel se recarga contra el respaldo de su silla.

—Pues no soy ningún fanático de Ignacio Bilicar; ni del actual alcalde de la ciudad de Guatemala, Aroz, que se está convirtiendo en un multimillonario mediante la compra de todos los bienes raíces del centro sólo para que pueda convertir el área completa en una especie de Disneylandia comercial, que va a ser exclusivamente de su propiedad. Yo creo que la riqueza debe distribuirse.

—Entonces, ¿qué quieres de mí, Miguel? —pregunta Guillermo mientras sorbe las últimas gotas de su bebida, completamente exhausto.

—Por el momento, lo único que necesito es tu confianza y tu dedicación. Todo lo demás caerá en su sitio. Cuando pase el tiempo, verás a lo que me refiero.

## 22
# El cerebro, quizá

El resultado de esta última conversación con Miguel en sus oficinas, convence a Guillermo de que el facilitador no sólo cuenta con una gran cantidad de poder, sino también con una fluidez aún mayor. Debido a sus docenas o, posiblemente, cientos de conexiones, Miguel tiene acceso al tipo de información con la que Guillermo apenas puede soñar. El único territorio en el que no puede ingresar es su mente, por lo que Guillermo decide ser más cauto en cuanto a lo que comparte con Miguel. Se percata de que está en peligro de muerte y de que si desea sobrevivir, tiene que aprender a contenerse un poco. El problema radica en que sabe que puede sobrevivir pero, a causa de la muerte de Maryam, Guillermo no está del todo seguro de que quiera seguir vivo.

Cada día que pasa hace que se concientice más y más de que Maryam se ha ido y que no volverá: sin ella, Guillermo no es nada, ni siquiera una sombra, prácticamente no está vivo. Trata de mantenerse en contacto con los niños, más por él que por ellos, pero se da cuenta de que realmente no lo necesitan y de que su tío abuelo ha llenado el vacío de la ausencia de su padre. El tío de Rosa Esther no sólo cuenta con el dinero, sino también con el compromiso emocional para darle sostén a lo que para él se ha convertido en una feliz adición a su familia.

Si Ilán y Andrea vivieran en Guatemala, tal vez su proximidad le daría la oportunidad de volver a ganarse su afecto, pero a cientos de kilómetros de distancia, su amor por ellos es totalmente superfluo y prescindible. Habla con ellos como a través de una pared de cristal y es incapaz de tener una conversación normal acerca de sus clases de natación o de danza o de futbol porque, al final, reconocen que no pueden contar con él.

Se siente solo y aislado; como si estuviera en la orilla de un pozo profundo e insondable.

Hace una cita con su médico para que le recete estabilizadores del estado de ánimo o antidepresivos. El doctor Madrid lleva a cabo una exploración completa y le dice que está en buen estado físico para un hombre que se acerca a sus 50 años, a pesar de que está presentando una presión sanguínea extremadamente elevada. Guillermo confiesa que está bebiendo mucho y durmiendo poco. Tiene ataques de pánico que aumentan su nivel de ansiedad y eso es lo que desea que el médico lo ayude a superar.

El doctor Madrid le prescribe una receta de 30 tabletas de Ambien para ayudarlo a dormir y también le receta Cymbalta; un medicamento de nueva generación, similar al Prozac, que espera elimine sus impulsos suicidas. Le advierte a Guillermo que no mezcle estos medicamentos con alcohol porque podrían provocarle un accidente cerebrovascular que derivaría en una parálisis temporal o permanente.

O aún peor: podría matarlo.

Guillermo asiente con la cabeza aunque, para ser francos, no está seguro de que pueda detenerse. Está deslizándose por una pendiente engrasada sin posibilidades de frenar, y aún queda por determinar si tiene deseos de vivir.

Con todo y todo, Guillermo Rosensweig no es tan tonto como parece pensar Miguel Paredes. Le ha mentido al gran facilitador: sí tiene un fólder con los documentos que Ibrahim le mostró, guardado bajo llave en el escritorio de su departamento. Una noche, con todas las luces apagadas, abre el cajón, saca el fólder, lo coloca al fondo de su maleta de implementos del gimnasio y lo cubre con calcetines sucios y suspensorios. De hecho, tiene miedo de ver los documentos en su oficina o dentro de su propio departamento porque sospecha que Paredes tenga ambos lugares bajo vigilancia de video. Se han plantado cámaras, sensores y micrófonos de tamaño microscópico por todas partes; en las esquinas de las paredes, en las grietas, en las cerraduras. Su grado de desconfianza llega al punto que cuando recibe llamadas telefónicas equivocadas en las que no puede oír quién llama o la persona cuelga, se siente convencido de que los hombres de Miguel están monitoreando su paradero y tratando de ponerlo nervioso o provocar un ataque de pánico para que haga algo desesperado.

Cuando conduce a su oficina o visita a Miguel, ya sea en la Librería Sophos o en el Café Europa, está seguro de que lo están siguiendo autos coreanos de distintos colores; y se imagina que los completos desconocidos con los que hace un contacto visual aleatorio están siguiendo cada movimiento que hace. Ve rostros sospechosos que se aparecen en todas partes, como murciélagos colgados a la entrada de una cueva: imagina ojos que lo siguen en cafeterías y supermercados. Está bajo vigilancia incluso cuando se pica la nariz.

Guillermo cambia de teléfono celular y, por dos días, no recibe llamadas de procedencia misteriosa pero, de pronto, las llamadas truncas y las voces entrecortadas empiezan otra vez.

Toma un Ambien para dormir todas las noches y 30 mg de Cymbalta todas las mañanas al despertar. En ocasiones se toma dos de estas últimas con un trago de ron, aun cuando le provoca un poco de náuseas y aturdimiento. Cuando los medicamentos están funcionando, se siente invencible: quiere vivir y llevar a todos los culpables ante la justicia. Pero es una exaltación momentánea; no puede luchar contra la inercia que le impide resignarse a la muerte de Maryam y rehacer su vida. Esto lo deja pasmado ya que nunca dependió de nadie para sobrevivir, ni siquiera cuando se encontraba caminando por las calles de Europa sin estar seguro de qué haría después y, sin duda, nunca había tenido que depender de un montón de pastillitas de colores.

Y ha perdido absolutamente cualquier deseo sexual: no ha tenido una erección en semanas.

Pero las medicinas lo hacen sentir menos ansioso e, incluso, le proporcionan un levantón a su mente, de modo que en ocasiones tiene la voluntad de vivir; pero su corazón se siente como un juguete mecánico que se ha roto y cuyos engranes se han desparramado por todas partes.

Una noche decide que debería hablarle a Rosa Esther para ver si lo aceptaría de regreso. Está listo para mudarse a México: está dispuesto a lanzar por la borda lo que ha sido un exitoso negocio legal en Guatemala, todos sus clientes y contactos, sólo para regresar con su esposa e hijos y para dormir una bendita noche en paz.

¿Pero poder dormir realmente es razón suficiente para tratar de rehacer su vida por completo con una mujer a la que ya no ama?

No habla a México y duplica su dosis de ron.

Un día, Guillermo visita a su contador para ver si puede obtener una mejor idea de lo que realmente vale y si existe la posibilidad de traspasar su despacho legal.

El contador no tiene buenas noticias: le informa que el valor neto de su empresa es prácticamente cero dado que ha seguido perdiendo clientes. Guillermo es incapaz de regresar las llamadas telefónicas que le hacen cuando se encuentra en un ataque de ansiedad. Le confiesa a su contador que está seguro de que hay personas que están maquinando su ruina y, posiblemente, tramando su muerte. Trae consigo un nuevo testamento que les pide al contador y a su secretaria que atestigüen y validen. Es un documento sencillo en el que deja la totalidad de sus posesiones a sus hijos. Quiere que todo esté preparado en caso de que algo le suceda. Sólo por si las dudas.

Guillermo se marcha de la oficina de su contador sintiendo que no hay nada que lo pueda regresar de la orilla del precipicio. Se ha convertido en el cerebro que no controla absolutamente nada.

# 23
# Esto no se acaba hasta que cante la señora gorda

Rosa Esther le informa que los niños, a pesar de estar felices de vivir en México, tienen problemas. Ilán está preocupado de que no es lo suficientemente masculino, de que sus compañeros de clase se burlan de él por no ser lo bastante agresivo o aventado. Es posible que sea gay; en alguna ocasión, cuando tenía alrededor de ocho años, le dijo a su madre que se sentía excitado cuando veía el pecho musculoso de un chico en particular y que tenía el deseo de acariciar el vello de sus brazos. Esos sentimientos han continuado con otros muchachos. A Andrea la tratan como marginada social: le preocupa que tiene un caso intratable de halitosis y sus axilas hieden; se pregunta por qué no parece atraer a ningún chico. Tanto Ilán como Andrea quieren adaptarse a México y congeniar con un grupo de jóvenes que se han conocido desde que asistían al jardín de niños; ¿qué tendrían que hacer para lograrlo?

Pero no les cabe la menor duda de una cosa: no quieren regresar a la ciudad de Guatemala.

Guillermo escucha las quejas de Rosa Esther y la responsabiliza de la indiferencia de sus hijos. ¿Por qué tuvo que decirles que se había enamorado de otra mujer, de una mujer casada, de alguien más joven y hermosa que ella? ¿De una puta que adora a un dios que alienta a los varones a tomar al menos media docena de esposas? A sus 19 y 17 años, Ilán y Andrea creen que su madre es la mujer más perfecta sobre la tierra, aunque constantemente discuta con ellos respecto a su pereza y sus hábitos descuidados. Ellos no han notado, al igual que él, cómo el cuerpo alguna vez delgado de Rosa Esther, tan impactante y esbelto en la Playa Jones de Nueva York, se ha desmoronado, ni la manera en que las alguna vez coquetas pecas de su inimitable rostro blanco se ampliaron hasta convertirse en manchones.

No había sido el físico de Rosa Esther que los había separado, sino la pérdida del apetito sexual de ella después del nacimiento de los niños y su insaciable búsqueda de la religión y los valores religiosos. Y, además, estaban todos los *affaire* de él y su incapacidad para controlarlos. Era un dinosaurio comecarne que vivía con una herbívora: un carnívoro empecinado con una amable y evolucionada anfibia que no comía más que fruta.

Guillermo está enfrascado en un duelo que lo hace sentir un constante dolor lancinante que viaja por todo su poroso cuerpo. No puede creer que Maryam nunca volverá a él, que se ha ido después de verse atravesada por una andanada de balas, posiblemente, y la explosión de su auto. No tiene ningún sentido; nada de ello. Sin importar las posibles culpas de Ibrahim, ella era inocente y nada había tenido que ver con sus sospechas y sus dudas. ¿Por qué había tenido que morir ella también? ¿A causa de que estaba teniendo una aventura ilícita para escapar de ese cara de rata de Samir?

Guillermo se ve atrapado en un ciclo interminable de pensamientos que giran en torno a su incredulidad de que Maryam se ha ido para siempre. La mitad del tiempo está borracho, apesta a licor y trastabilla las palabras que a menudo sólo se susurra a sí mismo. Sus ojos están hinchados: ven, pero no miran. Son sucios pozos sin fondo. Su lengua se siente como una esponja dentro de su boca. Tiene inflamadas las mejillas y siente una perene comezón en las orejas.

Una noche, se lleva una linterna y su bolso del gimnasio al techo de su edificio; sube por la escalera de caracol hasta la terraza donde las sirvientas cuelgan la ropa que acaban de lavar en las cuerdas suspendidas entre postes que se han erigido entre los grandes cilindros grises que contienen gas. Guillermo lleva consigo un bloc amarillo para tomar notas y se asienta contra uno de estos cilindros para revisar los papeles de Ibrahim. Le brincan las frases que hacen referencia a préstamos libres de intereses y al registro de garantías carentes de valor, y lo asaltan las menciones de pagos por adelantado por proyectos que nunca se llevarán a cabo, pero no es capaz de concentrarse. Tal vez se deba a la temblorosa luz, a las ráfagas de aire o al parpadeo de sus ojos, pero Guillermo no puede formular un solo pensamiento racional y, por supuesto, se le ha olvidado traer consigo un lápiz o una pluma, además de que no puede aprenderse todos estos datos de memoria.

Aparta todo de sí y se queda viendo al cielo. Hay una media luna muy elevada y un breve reguero de estrellas. Ve un compacto rastro de humo en la distancia y se pregunta si el Volcán de Pacaya está activo de nuevo. Debería leer el periódico para averiguar lo que está pasando en el mundo. Le parece recordar algo acerca de una acumulación de tropas en Afganistán y del creciente caos en Irak. Daniel Ortega se está acercando cada vez más a Hugo Chávez y está hablando de construir con los chinos un canal transoceánico que atraviese el Lago Managua. Putin está exhibiendo su musculatura poniendo en jaque a los barones petroleros de su país.

¿Y por qué carajos le debería importar?

Está mirando el bello cielo nocturno que podría conmoverlo hasta las lágrimas, pero en lo único en que puede pensar es que tiene que encontrar a alguien que pague por la muerte de Maryam. Miguel sigue insistiendo en que el gobierno estuvo detrás de los homicidios y es fácil que Guillermo coincida: detesta al escuálido Presidente Cuatrojos: su piel cubierta de verrugas hace que su cara parezca una gigantesca galleta con chispas de chocolate. Parece un macabro director de funeraria, con sus trajes grises, camisas blancas y corbatas azules, constantemente frotándose las manos mientras expresa sus condolencias y acerca a los familiares del fallecido a los ataúdes más caros. Es un patriota que constantemente le rinde homenaje a la bandera guatemalteca en público, mientras que la usa secretamente para limpiarse las narices o el culo. Siempre que lo filman sentado a su escritorio, sus manos están en movimiento, acariciándose los dedos, y habla con tanta convicción a pesar de su impedimento de lenguaje que podría ser cierto que cree todo lo que dice. Con sus delgados labios y su aguda voz poco masculina, a Guillermo le parece que es idéntico a un chompipe que gorgorea sus palabras: una persona cuyos discursos son tan absurdos que sólo los idiotas podrían creerlos.

Guillermo no puede dar crédito de que los guatemaltecos lo hayan elegido Presidente; no es nada más que un chompipe salvaje capaz de matar a sus enemigos cada vez que cacarea o bate sus alas incapaces de levantar el vuelo. Coincide con Miguel en cuanto a que sin duda es el hombre detrás del asesinato de Ibrahim Khalil y su hija Maryam debido a que Khalil estaba a punto de exponerlo como malhechor y ladrón. Guillermo está seguro de que ha firmado acuerdos con los líderes de los principales carteles de las drogas para que no los persiga, siempre y cuando no interfieran con su saqueo de la tesorería. Fácilmente puede imaginarlo a él y a su esposa compartiendo con los traficantes de drogas de Guatemala, sirviéndoles delicados canapés y copas llenas de champaña.

El Presidente Pocasangre es un manipulador talentoso que esconde todos sus tratos sucios a la perfección y su gestión en la Presidencia le ofrece la pantalla perfecta para todas sus maquinaciones financieras.

Guillermo detesta a la esposa del Presidente todavía más. Está seguro de que la señora Pocasangre cree que está siguiendo la tradición de Corazón Aquino y Margaret Thatcher, una mujer poderosa que quiere que los pobres la consideren otra Madre Teresa de Calcuta. A su parecer, no es más que un chimpancé simulador: cuando sonríe y revela sus dientes torcidos no puede haber manera de que la gente crea lo que dice. Sólo porque tiene una licenciatura en Trabajo Social de la Landívar presume saber cómo arreglar todos los males de la nación y pensar que personas mucho más capacitadas que ella deberían hacerle caso. En definitiva, se ve a sí misma como otra Cristina Fernández de Kirchner y en cuanto termine la gestión de su marido ella también anunciará su candidatura para la presidencia de *Guatepeor* o *Guatebalas*, aun cuando la Constitución del país prohíbe que los cónyuges de los mandatarios en el poder se postulen como candidatos.

¿Qué sería capaz de hacer para lograr sus metas? ¿Divorciarse de su marido sólo para que pueda convertirse en candidata por sí sola? ¿Será así de desalmada?

Guillermo está convencido de que su odio por ella no tiene nada que ver con que sea una mujer. Admira a Michelle Bachelet y a Ángela Merkel por haber llegado a la Presidencia de sus respectivos países por mérito propio y no por utilizar a sus maridos como escaleras para llegar a la silla presidencial. Lo que lo enfurece es la hipocresía de la señora Pocasangre.

Guatemala se ha convertido en *Guatemierda*.

Todos los días, Guillermo le ruega a Dios que nadie asesine al Presidente; si eso sucediera, su esposa seguramente montaría una defensa eficaz para que se le permitiera terminar su gestión. Después de todo, es una de los asesores en quien más confía. Si alguien tratara de matarlo, es seguro que su esposa se salvaría aunque él pensaría que estuvo detrás del asunto. De una manera u otra, resultaría que estaba sentada a dos filas de distancia en el Teatro Nacional o que en el momento se encontraba en el baño orinando cuando en realidad estaría ensayando su discurso inaugural. Bajo ninguna circunstancia permitiría que la mataran junto con él.

A Guillermo no le queda claro cómo es que la corrupción de esta envergadura se desarrolló con tanta rapidez en el país. Cuando analiza la historia de Guatemala, se convence de que todo empezó con el derrocamiento de Ubico, el final del Estado de derecho, sí, sin importar lo extremo que fue. Sabe que la mayoría de los sociólogos e historiadores de Guatemala señalan la deposición del constitucionalmente electo Árbenz en 1954 como el principio del fin.

Le gustaría poder despertarse un día y sentirse bien de ser guatemalteco, sin pensar en soldados, narcos, maras, carteles y demás. Tal vez no hubo un solo suceso detrás de la causa, simplemente décadas de suerte horripilante y corrupción. Piensa en lo mucho que cambió Guatemala en los dos años que él y Rosa Esther estuvieron en Nueva York: dejaron un país más o menos en paz para regresar al inicio de los asesinatos y homicidios en masa. No puede imaginar cómo es que sucedió.

En su estupor alcoholizado, tiene sueños enloquecidos. Una noche sueña que está en un concurso de belleza en el que la joven incorrecta recibe la corona de Miss Guatemala simplemente porque uno de los jueces no sabe cómo sumar sus puntos. Cuando se levanta para condenar el error, lo arrestan y arrojan desnudo a una prisión sin posibilidad de escape.

Sabe que todos los centroamericanos se quejan de sus propios países. Recuerda la vez que un piloto de TACA, al finalizar su vuelo desde Guatemala, les había dado la bienvenida a los pasajeros a Managua, cuando en realidad había aterrizado en el Aeropuerto de Comalapa en El Salvador. Los pasajeros habían tenido que desembarcar y esperar dos horas para tomar otro vuelo a su destino de origen. Nada de disculpas, nada de reembolsos. Sólo otra metida de pata más.

¿Y en los hospitales? A varios pacientes se les da el medicamento incorrecto y dos de ellos mueren. No es que haya habido un acto delictivo; había sido simple y sencilla incompetencia.

Seguro había algo en el *Popol Vuh* que inició todo esto así.

Y todos los oscuros pensamientos de Guillermo se acompañan de ríos de licor. Ya no se puede controlar. Deja de hacer ejercicio y de comer bien. Su dieta consiste en comida chatarra, papas fritas y refrescos de soda. No recuerda cuándo dejó de andar en bicicleta y sus talones y pies están inflamados y rojos como remolacha.

Guillermo compra celulares nuevos cada dos días y comparte el número sólo con su secretaria, Rosa Esther y Miguel. Y al cabo de unas cuantas horas de comprarlo, empieza a recibir mensajes entrecortados y llamadas truncas. Su nerviosismo está fuera de control. Alguien quiere que se caiga muerto.

Una semana después del funeral de Ibrahim y Maryam, le pregunta a Miguel si conoce a alguien a quien pueda contratar como guardaespaldas y chofer por mes, ahora que tiene miedo de manejar. Al instante, Miguel le sugiere que contrate a Braulio Perdomo. Alguien que pueda llevarlo de su casa al trabajo y de vuelta, que llene el tanque. Alguien que se asegure de que no se convierta en una estadística más. Braulio era el conductor del Hyundai azul original del Centro Vasco, pero a Guillermo ni siquiera eso le importa; así de perdido está.

Junto con las llamadas truncas, hay ocasiones en que en su oficina recibe cartas escritas a máquina que dicen cosas como «Te tenemos vigilado», «Deja de beber ron corriente» y «Qué tarde estuviste leyendo» (cuando lo que pasaba es que había perdido el conocimiento con todas las luces prendidas).

En ocasiones, recibe cosas agradables e inesperadas.

Para su cumpleaños 49, Ilán y Andrea le hablan por teléfono y le cantan *Las Mañanitas*; ¡qué mexicanos son ya! Por primera vez en mucho tiempo, Guillermo se siente conectado con sus hijos. Llora al teléfono, y ellos lloran con él. De buenas a primeras, Andrea le suelta que lo extraña. Guillermo le manda besos a cada uno y les dice que desearía poder hacer algo para que las cosas estuvieran bien para los dos.

Por primera vez en la vida, le dicen que ha sido un excelente padre. Sabe que no es cierto, pero de todos modos se siente como si lo hubieran abrazado, aun si percibe que este afecto sólo está relacionado con su cumpleaños.

Al día siguiente, Braulio lo lleva a su oficina. Antes de bajar a verse con él, Guillermo hace buches con enjuague bucal. Se rasura por primera vez en días y se pone un traje bien planchado y una camisa limpia.

Dado que su secretaria ya no está, no hay nadie en la oficina. Abre su buzón y encuentra varias cuentas y sobres. Ha dejado de pagar el alquiler del despacho: está a semanas de que lo echen del edificio. ¿Le importa?

Cada día menos.

Entre todo el correo insignificante, encuentra un sobre blanco sin membrete con su dirección escrita a máquina al frente y sin remitente. Llega el 20 de mayo.

Guillermo va a la vitrina que se encuentra frente a su escritorio, donde guarda botellas de licor, y se sirve un enorme *whisky*. Se traga la mitad en un solo sorbo. Depende de estas muletas de alcohol para poder sobrevivir cada día.

Está seguro de que se trata de una nueva amenaza. Está a punto de dejarlo sin abrir, pero la curiosidad le gana. Dentro, hay una preciosa postal con arena blanca, palmeras, una palapa, un cielo mayormente azul y un par de nubes en bandas delgadas. En letras de oro, en la parte inferior de la tarjeta, dice: *Playa del Carmen, Una Playa Dorada en la Riviera Maya de México*. Al voltear la tarjeta, Guillermo está sonriendo. Ve que alguien ha escrito en letra de molde, del lado izquierdo de la tarjeta y en tres líneas, un *haikú* de diecisiete sílabas.

*Sé fuerte.*

*No es el fin.*

*Dos partes en una pueden unirse.*

Vuelve a examinar el sobre. Tiene un sello postal guatemalteco matasellado con la fecha y el nombre del pueblo de Chiquimula.

¿A quién conoce en Chiquimula? A nadie. ¿Y por qué una tarjeta que muestra una playa mexicana? Todo acerca de este mensaje críptico es de lo más extraño.

Tal vez sea un mensaje cifrado de Maryam en el que le anuncia que sigue viva y que está en algún lugar de México, Guatemala o El Salvador. ¿Estará agarrándose de un clavo ardiendo? Si es de ella, necesita encontrar la energía para seguir viviendo.

Para quedarse quieto.

Para encontrarla.

## 24
## Crónica de una muerte anunciada

La noche después de su última borrachera y de la arrogante llamada de Braulio acerca de la hora en que lo iría a recoger el lunes, Miguel le habla a Guillermo y le dice que necesita hablar con él de inmediato.

—En privado.

—Aquí estoy.

—No por teléfono. Paso por ti a tu departamento en la Zona 14 y vamos al lugar de siempre en el centro.

Platican de nimiedades de camino por el Boulevard Las Américas y por Reforma hasta la Zona Uno. Las calles están vacías de personas y de carros; nada sorprendente para un domingo por la noche.

—¿Qué tienes en mente? —pregunta Guillermo tan pronto se encuentran sentados en el Café Europa.

—Quiero saber cómo estás.

—Francamente, quisiera estar muerto. —Le confiesa a Miguel que quiere quitarse la vida; simplemente ya no quiere vivir. Sabe que el coctel de antidepresivos, estabilizadores del estado de ánimo y pastillas para dormir, además de los litros de alcohol, no le está ayudando a pensar con claridad, pero no tiene nada que lo mantenga vivo. Ni siquiera sus hijos; después de todo, la llamada de cumpleaños había sido una excepción.

—Mi vida se acabó —dice, sin gran emoción. Se acaba de beber tres tragos de ron Flor de Caña. Cuando sus ojos encuentran los del mesero, le pide dos más. Miguel está sorbiendo un Ron Zacapa para acompañar a su amigo. Es el primer y único trago de la noche.

Miguel está prestando gran atención a lo que está diciendo Rosenzweig. Tiene una expresión de preocupación en el rostro cuando falsamente le dice:

—Pero tienes que considerar a tus hijos...

—Estarían mejor sin mí.

—¿Cómo puedes decir eso?

—No me queda la menor duda. Les está yendo bien en la Ciudad de México. Rosa Esther es una madre maravillosa. Cuando telefoneo para hablar con ellos, me da la impresión de que los estoy apartando de algo que preferirían estar haciendo.

—Pero eso es natural; están enojados contigo —Miguel no sólo es un facilitador autoproclamado y líder de su propia red de espionaje, sino también un hábil psicólogo—. Si fueras a matarte, nunca se recuperarían.

Guillermo asiente con la cabeza. Recuerda sus voces del día en que le hablaron para felicitarlo en su cumpleaños. Dulces. Estaban preocupados. Vuelve a ver a Miguel y prácticamente se queda en blanco.

—No sé nada de ti. ¿Estás casado? ¿Tienes hijos?

—Nada de eso tiene importancia. Sabes que puedes confiar en mí.

Guillermo responde al comentario con un parpadeo.

Miguel extiende su brazo hacia Guillermo y le da una palmada en el hombro.

—Mi vida privada es de lo más aburrida. He estado casado con Inés durante treinta y ocho años. Tenemos cuatro hijos, todos ellos de treinta y tantos. Las dos mujeres están viviendo en Estados Unidos y están casadas. Los muchachos están en Europa. Uno está estudiando teatro y trabaja de medio tiempo en un restaurante en Sevilla. El otro trabaja para un banco escocés en Londres.

El mesero llega con más bebidas y con una canastilla de papas fritas. Voltea a ver a Miguel antes de colocar las cosas en la mesa. Miguel asiente con la cabeza, lo que hace reír a Guillermo.

—Y pensar que tengo a alguien que no conozco, padre de cuatro criaturas, cuidándome —dice al tiempo que se traga su ron de un sorbo y le hace señas al mesero de que le traiga otro.

—Estás tomando demasiado estos días. Me pregunto si la depresión que estás experimentando no se relaciona con eso. Deberías bajarle a lo que bebes, si no es indiscreción.

Guillermo se pasa una mano por el cabello. Beber es el menor de sus problemas. Necesita dormir en paz, pero su mente se ha convertido en refugio de pesadillas y temores repentinos.

—¿Y qué quieres que haga? ¿Que beba leche? ¿Que me vuelva monaguillo? ¿Que me meta al seminario?

—No puedes permitir que tu vida se deteriore de esta manera. Necesitas ponerte sobrio. Necesitas tomar el control de tu vida. El alcohol está envenenando tu cuerpo.

Guillermo ha leído este tipo de sandeces en las revistas populares. Y con todo y lo ofuscado que está, aún no ha llegado a la muerte cerebral.

—¿Y qué quiere usted que haga, doctor Freud?

—Pues si te quieres morir, por lo menos asegúrate de que tu muerte tenga algún significado.

—¿Qué dices de que me muera? —pregunta distraído. Toma su vaso, le da vuelta al dorado líquido, y se lo acaba de un trago. El ardor hace que haga una mueca, como si estuviera bebiendo alcohol de madera, cosa que no es. No puede dejar de pensar en sí mismo, de manera algo taciturna y autocompasiva. Ésta es la fuente de su inercia; su incapacidad de elevar su alma.

A través de la bruma, escucha las palabras de Miguel:

—Pues si quieres matarte, por lo menos que valga la pena. Que sea algo significativo. Podrías ayudar a derrumbar el gobierno como casa de naipes, por ejemplo.

—¿Que qué? —lo que Miguel está diciendo le suena vagamente familiar, como si hubiera leído en alguna novela francesa la importancia de hacer que la propia muerte fuese significativa. Qué cantidad de basura.

—Haz que tu muerte tenga repercusiones. Conviértela en algo significativo. Para tu familia; para el país que amas tanto. Mira... —dice mientras toma la mano de Guillermo y la aleja del vaso con ron—. Te tengo mucho aprecio, Guillermo. Lo último que querría es que te mataras. Pero al mismo tiempo, yo no soy nadie para juzgar la profundidad de tu depresión. Tu esposa te abandonó, tus hijos viven en otro país, tu despacho legal es un caos: me siento incómodo hablándote de tu propia situación. Un amigo y cliente resulta asesinado, junto con el amor de tu vida. Si yo hubiera sufrido todos esos golpes, tal vez estaría igual de perdido que tú. Pero no puedes seguir autocompadeciéndote de esta manera. Lo único que sé es que sin importar qué decidas hacer, debería tener algún significado más allá de ti mismo. Y ese significado puede generar un resultado positivo que sea significativo para otros, incluso para la sociedad misma. Deberías considerarlo.

Guillermo toma su quinta copa. No tiene idea de adónde se está dirigiendo Paredes, pero el tren de pensamiento ha ayudado a bajarle la borrachera: quiere oír más. Suena como sacerdote con línea directa al cielo y el mensaje que le está dando no está confuso, aunque sí está en clave. Finalmente espeta:

—Todo esto me suena a una especie de variación sobre tu teoría de «información enjuiciable».

—Para nada —dice Miguel. Claramente le molesta que Guillermo confunda tanto las cosas—. Mi teoría de la información enjuiciable se relaciona con producir algo tangible, con generar ganancias con base en verdades que te pertenecen a ti y a nadie más o con crear una situación positiva a partir de algo que está podrido. Te estoy hablando de algo increíblemente poderoso. Sacrificar tus propios deseos personales en aras del bien común. El verdadero amor por el país.

—Suenas a marxista.

Miguel sacude la cabeza.

—Es el total opuesto. No estoy tratando de convencerte de que ayudes a instituir la dictadura del proletariado, sino de que lleves a cabo un acto patriótico —dice Miguel de manera triunfal—. Guillermo, yo sé que tú amas a Guatemala.

—Sí: a los inditos, a los volcanes, al Lago de Atitlán... —responde Guillermo citando algunos de los comunes atractivos turísticos. Lo que quiere decir en realidad es que toda su vida ha tratado de contribuir para hacer que Guatemala sea un mejor lugar para sus hijos y nietos... que ahora pasarán el resto de sus días en México.

Miguel vuelve a sacudir la cabeza.

—¿Alguna vez leíste *El extranjero* de Camus?

—Lo leí en la secundaria, en francés, *L'étranger*, en la clase de Madame Raccah. Era nuestra maestra de francés de Túnez. Y después le dio clases a Rosa Esther. Todos mis compañeros de clase pensaban que la novela era una extraordinaria obra de ficción.

—Pues yo creo que es una reverenda estupidez.

—Lo único que yo recuerdo es que sucede en Argelia o algún lugar en África del Norte; y que hace un calor de los mil demonios.

—Exactamente —dice Miguel—. El protagonista es un tipo que mata a un árabe simplemente porque el sol lo está enloqueciendo y descubre que alguien ha colocado un arma en sus manos. Personalmente, no puedo imaginarme cualquier cosa, una motivación, así de estúpida. El protagonista francés mata a un árabe, sí, cierto, a un árabe muy malo, a un agitador, por ninguna razón real. Es un asesinato que no tiene ningún efecto sobre nada más que lograr que lo sentencien a muerte por ahorcamiento. ¿Puedes imaginarte algo más tonto? ¿Matar a alguien porque te sientes amenazado y no aguantas el calor? ¡Su suicidio no tiene repercusión alguna en la sociedad más allá del acto mismo! ¿Qué tan vacío puede ser algo?

—Pues si yo pudiera matar a Samir, estaría de lo más contento.

—Pero, en realidad, ¿qué lograrías con su muerte? Sería un acto de venganza sin beneficio alguno para la sociedad en general. Tal vez si las cosas fuesen distintas: si matarlo trajera a Maryam de vuelta a la vida; eso te haría feliz y, por ello, sería valioso para ti y para la sociedad. Pero matar a ese viejo... ¿qué se ganaría? Me imagino que te arrestarían por el asesinato y que a la larga te condenarían a muerte por tu crimen. Tú y Maryam nunca podrían estar juntos. Sería otra cosa si mataras a Samir y tú y Maryam se pudieran escapar para que pudieran vivir felices para siempre en algún lugar...

—¡En París! ¡En París! Allí es donde me gustaría estar... pero los dos sabemos que Maryam está muerta.

Miguel pausa para mojarse los labios con su Zacapa 23.

—¿Realmente quieres morir?

—A como están las cosas, sí. Mi vida es una mierda. Me gustaría poder encontrar a alguien que me matara porque soy demasiado cobarde como para matarme yo mismo. Le pagaría por hacerlo.

El bar está en silencio; sólo hay uno que otro oficinista bebiendo cerveza en la barra y viendo un juego de futbol en la pantalla —*Comunicaciones* está jugando contra su eterno rival local, el *Municipal*—. Guillermo no tenía la más mínima idea de que los juegos de futbol local se transmitieran por cable. Miguel se acerca más a él.

—Yo te puedo ayudar a matarte sin dolor... pero sólo si te llevas a alguien más contigo.

La cabeza de Miguel está dando vueltas.

—Tengo un muy querido amigo que leyó una mala novela francesa y que quiere ayudar a matarme —se dice Guillermo a sí mismo en un susurro—. Qué maravilloso amigo.

—Sólo si quieres hacerlo.

Guillermo no sabe qué decir. Su propia partida de este planeta ya es cosa hecha... según Miguel Paredes.

—¿A quién quieres que elimine? Samir no es suficiente. Tal vez haya querido que Ibrahim y Maryam murieran, pero no tengo evidencia alguna que pruebe que haya participado en el asunto. Dudo que una nota suicida acusándolo del doble homicidio cambiara algo. Se tomaría como el desvarío de un loco consumido por la pena; y yo soy un loco.

—Tienes razón. Acusar a alguien con tan poca importancia como Samir no haría ninguna diferencia. Pero hay otros que han hecho que vivir decentemente en este país sea imposible. Y tanto tú como yo tenemos la evidencia que lo comprueba.

Guillermo está confundido.

—Ya sé a quién te refieres. Al alcalde Aroz, por ejemplo. Está comprando toda esta área para convertirla en otro parque temático y volverse más rico.

—Yo estaba pensando en alguien más arriba en el escalafón.

—¿Óscar Berger? ¿A quién le importa un carajo esa mierda de expresidente. Simplemente estás desperdiciando mi muerte.

—¿Y qué te parece el Presidente Pocasangre? Tú mismo has dicho que Khalil tenía documentos que comprobaban sus desvíos financieros. Creo que podríamos crear un escenario para obligarlo a renunciar con deshonra, con la cola entre las patas...

Guillermo no puede dejar de ver el fondo de su vaso ahora vacío.

—¡Estás loco! Nadie me creería a mí por encima del Presidente. Ibrahim Khalil creía que podía urdir la derrota de Pocasangre ¡y mira adónde lo llevó! Muerto y el Presidente y su mujer siguen dando vueltas por allí, libres como gaviotas. No, gracias. Estaría muriendo en vano.

—Si planeamos esta cosa de manera correcta, podríamos destruir al gobierno; la casa de naipes completa.

—Estás soñando, Miguel.

Hay una pausa. Por alguna razón, Guillermo se acuerda de Carlos, el que trabajaba con su padre en La Candelaria. No ha pensado en él en veinte o treinta años. Pero en este preciso momento, Guillermo se pregunta si sigue vivo. Era un empleado tan leal a su padre; tal vez pensó que algún día heredaría la tienda de lámparas y ésa era la causa de su devoción.

Guillermo debería tratar de ponerse en contacto con él.

Cuando despierta de sus lucubraciones, ve que Miguel lo está observando fijamente.

—¿Qué?

—¿Qué de qué?

—¿Por qué me estás viendo así?

—Quiero que sepas algo: lo que estoy pensando no es ningún sueño.

—¿Qué quieres que haga?

—Te lo voy a explicar, pero se necesita mucho valor.

Guillermo mira a Miguel a través de sus ojos vidriosos, casi sin verlo.

## 25

## ¡Luces, cámara, acción!

—Creo que deberíamos hacer un video.

Guillermo toma su vaso casi vacío y corre la lengua por la orilla, chupando las gotas restantes de ron. De pronto, siente la mano de Miguel sobre su muñeca.

—¡Escúchame!

Guillermo ignora las vueltas que está dando su cabeza y coloca las manos sobre la mesa, los dedos entrelazados, como lo hacía cuando estaba en la escuela primaria y su maestra le exigía que prestara atención.

—...podríamos filmarte con una cámara y hacer que le cuentes tu historia al público, a los buenos ciudadanos de Guatemala. Podrías decir que si están viendo o escuchando esa grabación es porque estás muerto; porque el Presidente de la República te ha mandado matar. Y en ese caso habrás muerto para hacer mejor a tu país...

—A nuestro país —corrige Guillermo con una risa.

—Sí, a nuestro país.

—Y esto implica que yo muera. Pero no me gusta el dolor, y una sobredosis de píldoras no es indolora.

Miguel lo mira impasible a través de sus penetrantes ojos de cuervo.

—Yo te podría garantizar que tu muerte sería indolora...

—No me puedo imaginar una muerte libre de dolor.

—Yo me puedo imaginar una igual de imperceptible que si estuvieras jugando tenis y te diera un infarto que te matara al instante. Un minuto estás corriendo por la cancha con tu raqueta, respondiendo voleas, y al otro estás en el asfalto soñando con que haces el amor con 70 000 vírgenes.

A medida que Miguel le explica su plan, Guillermo se percata de que lo ha pensado con gran detalle. Tendría que ver directamente a la cámara y decir que si la gente está viendo la cinta es porque está muerto. Después acusaría al Presidente, a su esposa y a su círculo interno de consejeros de haber urdido un plan para asesinar no sólo a Ibrahim Khalil por tratar de sacar a la luz todas las manipulaciones financieras ocultas de Banurbano, sino también a él por ser la única persona adicional con conocimiento de las transferencias y préstamos secretos.

Guillermo tendría que presentar la evidencia adecuada para sustentar las afirmaciones de Ibrahim de haber descubierto la corrupción masiva del gobierno y Miguel insiste que para hacer que el video sea convincente, Guillermo tiene que estar sobrio. No puede haber ni la más mínima insinuación de que las acusaciones relacionadas con la muerte de Guillermo y Maryam se estén haciendo porque sea un alcohólico que está de luto o porque la depresión le haya ganado. Para que el plan funcione, el video necesita mostrar que Guillermo está alerta, definitivamente vivo y que tiene todo por qué vivir, aun si está afligido por la pérdida de su amante. Un borracho aturdido no convencería a nadie. Ante la cámara, tendrá que ser apasionado, valiente y más claro que el agua; alguien tan harto de la corrupción y el lavado de dinero que estaría dispuesto a sacrificar su propia vida si fuera necesario con tal de revelar la verdad.

—No creo que pueda hacerlo.

—Claro que puedes. Eres un hombre fuerte.

—Mírame; soy una sombra de lo que fui, si es que alguna vez fui fuerte.

—Podemos hacerlo juntos, Guillermo. Necesitamos ponerte en forma, y rápido.

—¿Qué sugieres que hagamos?

—Braulio Perdomo te puede ayudar a dejar de beber.

—¿Tu espía y mi chofer?

—Vamos; no te está espiando. Piensa en él como tu aliado: te puede llevar al gimnasio, supervisar tu entrenamiento. Claro que lo puedes lograr; con su ayuda estarías en forma al cabo de una semana. No tenemos más tiempo que eso.

Guillermo asiente con la cabeza. Puede ver lo capaz que es Miguel para tejer su telaraña particular. Se reclina en su silla y suspira, dándose cuenta de que su muerte podría tener sus ventajas. Imagina que Ilán, Andrea e incluso Rosa Esther lo verían como un héroe, dispuesto a sacrificar su vida para liberar a su amada patria del azote y peste de la corrupción de una vez por todas. Su muerte podría ser el inicio de la sanación, del proceso de terminar con todas las asquerosas sanguijuelas que han acabado con la vida y salud de Guatemala. Su sacrificio sería el primer acto que daría inicio a un movimiento de purificación nacional.

—¿Cuál es tu forma favorita de ejercicio?

—Ciclismo.

—¡Déjame que te compre una bicicleta italiana de aleación de aluminio mañana mismo!

—Eso no sería necesario. Podría arreglar mi vieja bicicleta Pinnarello.

—¡Así se habla! —dice Miguel.

—Sólo necesito dos semanas para ponerme sobrio y en forma.

—Necesitamos que lo hagas en una semana —responde Miguel mientras celebra sus palabras.

Es evidente que Miguel es quien lleva la batuta, pero en realidad ya nada le importa; está seguro de que nada de lo que haga servirá para redimir su miserable vida, pero es posible que acabar con ella sirva de algo.

El suicidio debe planearse y ejecutarse a la perfección. Miguel va a ayudar a hacer todos los arreglos. El primer paso es contratar personas que empiecen a hacer llamadas al teléfono personal de Guillermo con todo tipo de amenazas para que él responda de manera apropiada a las mismas, con la cantidad adecuada de enojo y temor, en sus textos y llamadas de salida. Estas llamadas entrantes y salientes quedarán registradas en la tarjeta SIM de su teléfono como prueba de las amenazas.

Además, Miguel y Guillermo tendrán que comprar otro par de dispositivos móviles para poderse comunicar en privado y discutir los detalles de la filmación y el asesinato. El propósito es que sea imposible rastrear estas llamadas. Miguel le proporcionará los contactos, pero insiste en que Guillermo haga todos los arreglos para contratar a los posibles sicarios que por 5 000 quetzales estarían dispuestos a matar a sus propias madres. Miguel no quiere participar en ninguno de los contactos y pagos propiamente dichos en caso de que algo salga mal. La estrategia es mantener la mayor cantidad de filtros entre Guillermo, Miguel y los asesinos a sueldo, para que no haya posibilidad de que nada de esto se rastree a cualquiera de los dos. Todo el plan se vendría abajo si el nombre de Miguel se viera implicado en los preparativos.

El asesino tendría que estar bajo órdenes del Presidente Pocasangre.

Ante los ojos de sus compatriotas, el plan secreto y altamente refinado del video/aparente asesinato/suicidio de Guillermo se vería como el acto final, aunque desesperado, de un valiente patriota obligado a desafiar al Presidente y a su caterva de compinches por sentirse harto ante la corrupción que afecta a su país; lo verían como un héroe.

El primer día de abstinencia, el cuerpo de Guillermo se rebela y le ocasiona terribles cólicos estomacales además de causar estragos en su función intestinal. Bebe galones de Gatorade para aumentar su nivel de electrolitos y come cucharadas de mantequilla de maní para incrementar sus niveles de hierro. Deja de consumir todo tipo de comida chatarra, ni papas fritas ni ollas de café, y se alimenta con rebanadas de papaya y dos huevos revueltos por la mañana, una lata de atún al mediodía y más proteína con un filete con papas y brócoli cocidos por las noches.

Poco a poco empieza a sentir que está saliendo del oscuro pozo sin fondo y también sus pensamientos adquieren cierto grado de coherencia.

Hace que Braulio lo lleve al gimnasio, donde corre, nada y levanta pesas para despejar las nubes que tiene en la cabeza y hacer el video. También hace que el chofer lleve su bicicleta al taller de reparación de bicicletas Raleigh cerca del centro comercial Oakland. La reparan de inmediato y esa primera tarde de lunes empieza a montarla de nuevo sobre las colinas cercanas a su condominio. Al principio, sus piernas se sienten tiesas y se acalambran con frecuencia, pero poco a poco empiezan a dolerle menos y a lograr un poco de fluidez.

Sigue tomando el Cymbalta, pero empieza a suspender el Ambien reduciendo la dosis un poco cada día. Las primeras dos noches, el sueño de Guillermo se ve interrumpido con horribles y violentas pesadillas, pero después percibe una mejoría.

Empieza a sanar.

A pesar de la recuperación física, Guillermo no siente deseos de seguir vivo. Sigue deseando estar muerto aunque la idea de realmente pasar por el suicidio planeado continúa horrorizándolo. A pesar de todo, Miguel hace la llamada y dispone la filmación para el domingo siguiente.

Mientras tanto, Miguel está preparándose a toda prisa para la filmación y los demás detalles de la muerte de Guillermo el próximo viernes. Nadie jamás va a sospechar que el aparente asesinato fue un suicidio. Va a ser otro acto de prestidigitación, algo común en Guatemala, donde el público, harto de la violencia, se convertiría en un participante dispuesto y necesario en el éxito de una producción completamente ficticia.

Durante la planificación, Guillermo se siente nervioso de que de alguna manera se ha visto involucrado en algo en lo que ha cedido el control. Siempre se ha visto a sí mismo como amo de su propio destino, como cerebro, por decirlo así, que tiene el control de todos los botones y palancas. El cambio es que ha cedido el control a Miguel Paredes, que ahora parece ser el cerebro que está al mando de todas las operaciones. Desde su última reunión en el Café Europa, en la que Miguel le describió el plan, Guillermo intuye que simplemente se le ha programado para responder a las provocaciones de Miguel.

Lo que más molesta a Guillermo es que Miguel no es tan transparente como le gustaría; tiene algo de manipulador en su interior. Pero se siente tan solo la mayor parte del tiempo que agradece que alguien tenga cualquier tipo de interés en su vida, en sus ideas, en lo que ha perdido. No podría planear esto por sí solo y se ha convencido de que necesita a Miguel.

A fin de consumar su suicidio, Guillermo necesita involucrar a otros en los arreglos de su propia muerte. Esto no le agrada porque sabe que aumentan no sólo las posibilidades de que ocurra un error, sino que el resultado no se ejecute exactamente de la manera en que se ha planeado. Se pregunta por qué no simplemente meterse un balazo en la cabeza o tragarse un manojo de pastillas para dormir y dejar una nota suicida. ¿Por qué involucrar a otros? ¿Eso qué va a lograr? Según Miguel, hará que su muerte se convierta en el principio de un movimiento de sanación para liberar a Guatemala de su enfermedad. Convertirá un acto desesperado y trivial en algo heroico.

Y, al morir, también volverá a centrar la atención en las circunstancias que rodearon las muertes de Ibrahim y Maryam Khalil para posiblemente sacar a la luz al verdadero asesino. Aunque sospecha que Samir esté detrás de todo, Guillermo le da la bienvenida al elemento sorpresa y a la idea de que incluso exista la posibilidad de que el Presidente Pocasangre estuviera involucrado.

No tiene miedo de morir; tiene miedo de seguir vivo, de continuar una vida sin significado, una vida sin Maryam.

Guillermo sigue teniendo sueños confusos en los que aparece ella, especialmente a medida que su cuerpo empieza a tratar de eliminar el alcohol de su sistema. Experimenta sudoraciones nocturnas, en especial alrededor de las pantorrillas, y su respiración es jadeante y esporádica.

Una noche, se encuentra a sí mismo en medio de su sala, caminando dormido. Está sudando profusamente y tiene un tenedor en la mano.

Tiene un sueño recurrente en el que ve a Maryam caminando a través de un paisaje brumoso. Trata de tomarla del brazo, pero ella se esfuma rápidamente. Está seguro de que es ella, de carne y hueso, pero siempre logra escapar de sus manos como si fuera un pez. La ve caminando hacia un risco, a segundos de brincar de la orilla, o la ve expulsada de un pequeño avión sin paracaídas.

Le molesta su falta de sustancia y el hecho de que siempre está más allá de su alcance.

La filmación del video se planea para llevarse a cabo en el centro. Miguel decide que lo mejor es que se haga en una bodega de dos habitaciones arriba de una barbería de la Zona 1 en la 9ª Calle entre la 6ª y 7ª avenidas, muy cerca del Café Europa y de la vieja tienda de lámparas de su padre.

Al principio, la idea es filmar a Guillermo en una de las sillas de barbería que están en la bodega, pero Miguel siente que podría hacer que el público crea que la escenificación contradice la seriedad del mensaje. Necesita que la filmación sea lo más neutra posible, sin detalles, para que comunique una sensación de verdad e infalibilidad y para que nadie pueda localizar el sitio real en donde se llevó a cabo.

Sólo habrá tres personas presentes durante la filmación: el camarógrafo, Guillermo y Miguel.

El camarógrafo dispone el escenario en una de las habitaciones: la cámara sobre el tripié, los faros dirigidos hacia una silla plegable color negro, y una sábana azul al fondo. El único color contrastante es el micrófono rojo colocado sobre la mesa.

Una vez que está preparada la habitación, el camarógrafo le habla a Miguel, que está estacionado en la 9ª Calle, y le dice que puede subir a Guillermo con seguridad. Ambos tienen puestas máscaras de lobo sobre el rostro para que el camarógrafo no pueda identificarlos. Se hacen pruebas de luz y de sonido y todo parece estar bien. El camarógrafo le sugiere a Guillermo que se relaje, lo que hace tratándose de sentar lo más cómodamente que puede; todavía tiene la máscara puesta.

El operador de la cámara inicia la videograbadora y sale de la habitación para sentarse en una antesala, de modo que no pueda ver ni oír lo que está sucediendo. Ha jurado no revelar nada y se le ha pagado ampliamente para que no lo haga, pero Miguel no quiere que haya errores. Una vez terminada la grabación, Miguel golpeará la puerta para que el camarógrafo entre y apague la cámara.

Harán múltiples grabaciones hasta que queden satisfechos.

Miguel se sienta en una silla junto a la puerta y hace una señal para que inicie el video. Guillermo duda un segundo: ha pasado muchas horas pensando acerca de lo que quiere decir en la cinta, dado que será equivalente a su testamento. No sólo será su oportunidad para aclarar las cosas, sino que también podrá decirles a sus conciudadanos lo que cree que está mal con Guatemala. Si tiene algo de suerte, podría realmente ser la chispa que detone un verdadero cambio institucional.

De modo que empieza la grabación y Guillermo se quita la máscara. Viste un elegante traje azul con una corbata de seda azul claro; al principio, está muy nervioso. Se siente incómodo viendo hacia el frente a una cámara de video, con las luces prendidas y nadie más en la habitación. Su cuerpo suda en el cuarto mal ventilado y se percata de la humedad que gotea de sus axilas a la camisa.

Empieza identificándose y diciendo que si por desgracia alguien está viendo la cinta es porque ha muerto a manos del Presidente Pocasangre. Expresa esta primera afirmación en una voz tiesa y monótona, como si estuviera leyendo un guión mal editado; sus ojos parecen estar fuera de foco y no puede hablar bien. Se forman manchas de sudor en sus sienes. Alrededor de un minuto después, habla más lentamente y sus comentarios se vuelven deliberados y claros.

Revela que la única razón por la que está muerto es por haber sido el abogado personal de Ibrahim Khalil, cobardemente asesinado junto con su hermosa hija Maryam en un horripilante tiroteo planeado por el Presidente Pocasangre y su esposa.

Su muerte es la misma vieja historia de lo que ha sucedido en Guatemala por décadas, año tras año, y los guatemaltecos no hacen nada porque no hay nada que hacer. El que mata, lo hace con impunidad y bajo la protección de las pandillas que controlan al gobierno o de las unidades militares resueltas a ocultar sus verdaderas identidades. Lo que quiere decir en esta grabación es que Guatemala ya no le pertenece al pueblo sino a los corruptos funcionarios de gobierno, a los grupos de narcos y a los ladrones y asesinos individuales que juntos se han confabulado para destruir al país. De alguna manera, contrasta la conspiración de estas fuerzas malévolas con la bondad de individuos como Ibrahim Khalil que se presentaba a trabajar a las 6:45 todos los días porque sentía una responsabilidad personal hacia todos sus empleados. Guillermo quiere que el público sepa que los empresarios y dueños de fábricas están enfrentándose a la corrupción endémica de Guatemala al demostrar que pueden ser transparentes y honrados, que pueden trabajar por la mejoría de la sociedad, y aun así, generar buenas ganancias, algo a lo que tienen derecho.

Elogia a Maryam Khalil como hija obediente y luz de bondad en un país cada vez más corrupto. Describe cómo una vez a la semana recogía a su padre a las doce y media para llevarlo a su departamento para comer. Adoraba a su padre y, sí, servía a su marido de la misma manera.

Ibrahim Khalil no había hecho nada para merecer morir como perro, pero era peor todavía que los asesinos le hubieran robado la vida a Maryam; para confundir a la policía y a cualquier investigador especializado, Maryam había tenido que morir junto con su padre para que pareciera que la muerte de Ibrahim se relacionaba con las pandillas o tenía algo que ver con una venganza conectada con la fábrica.

Como abogado de Khalil, prosigue Guillermo, sabía mucho más. Por ocho semanas se había reunido casi dos veces por semana con su cliente para determinar si existían manejos ilegales en Banurbano, donde Ibrahim había servido en el Consejo de Administración. A Khalil se le había tolerado hasta el momento en que se había enfocado en ciertas inconsistencias y discrepancias que indicaban que se estaban haciendo préstamos ilegales a partes interesadas.

A continuación, Guillermo especifica que tiene conocimiento directo de las razones por las que Ibrahim y Maryam Khalil habían sido asesinados. Éstas eran dos personas que habían trabajado todas sus vidas para hacer que Guatemala fuera un mejor lugar. Habían invertido su tiempo y su dinero para beneficiar a Guatemala y para convertir al país en un sitio ideal para criar a una familia.

Como miembro del Consejo de Administración de Banurbano, Ibrahim había descubierto un fraude y contaba con pruebas visibles que iba a presentar a la prensa; pero antes de que pudiera hacerlo, con asistencia de Guillermo, el Presidente títere y sus secuaces habían sentido que era necesario liquidarlo porque estaba a punto de quebrantar el robo al por mayor de cientos de millones de quetzales.

Después de decir esto último, Guillermo pausa. De pronto se percata de que al mirar directamente a la cámara se está dirigiendo a millones de millones de guatemaltecos. Siente la carga total de este poder y es como logra relajarse: baja los hombros, su voz asume un tono más natural y puede hilar la narración de manera más lógica. Sigue enfocado a pesar de que se escucha música de radio a fuerte volumen del piso de abajo, una extraña mezcla de rancheras. Mientras más habla, más se anima y más se distorsiona su cara. Esto no le molesta porque siente que tales distorsiones sólo enfatizan la legitimidad de sus palabras: se está enfureciendo y es importante que el público lo vea, casi como si estuviera reviviendo los crueles sucesos de los últimos meses. Quiere que los espectadores sepan que la mera exposición de los hechos está haciendo que su sangre hierva, lo que, naturalmente, va a contorsionar su rostro. Lo que no se puede ver es que siente cómo su corazón se está comprimiendo.

Dos o tres veces, Guillermo levanta una mano de debajo de la mesa y la coloca dentro de su camisa como tratando de tocar algún crucifijo o para masajear su pecho. Ahora trata de controlar sus gestos faciales, pero cada diez o quince segundos, su boca se aprieta y parece estar a punto de escupir palabras de entre sus dientes blancos y pulidos.

Pronto la música se apaga y las manos de Guillermo ya no se quedan debajo de la mesa. Las mueve a izquierda y derecha al referirse a los gerentes de Banurbano como directores de una guarida de ladrones. El banco es donde se lava el dinero, donde los negocios obtienen dinero del gobierno para su uso personal: en pocas palabras, es una institución totalmente corrupta. Cada banquero honrado del país sabe que este banco, fundado para servir a los pobres, es absolutamente corrupto.

Guillermo piensa en sí mismo como un Robin Hood heroico y pausa un momento.

La cámara sigue rodando; él empieza a hablar de nuevo, pero ha perdido el ritmo. Reitera las mismas acusaciones, confundiendo las cosas y dándole sabor a sus palabras como si fuera un actor que está improvisando sobre el escenario.

Se pregunta en voz alta si algunos espectadores pensarán que todo esto es un complot para incriminar o derrocar el gobierno por parte de una camarilla de revoltosos, pero tiene las pruebas, dice, mientras señala hacia un fólder café que se encuentra cerrado sobre la mesa, de que el Presidente Pocasangre se encuentra a la cabeza de un gobierno corrupto.

Y sólo por plantear dudas acerca de las políticas financieras de Banurbano es que Ibrahim Khalil y su hija han muerto como perros, insiste.

Guillermo está cansado y quiere dejar de hablar, pero no puede hacerlo. Piensa en su familia en México y dice que están aquellos que podrían decir que él, al igual que Ibrahim, tiene un deseo de muerte y que simplemente debería callarse. Le cuenta a la cámara que tiene dos hijos maravillosos a los que quiere con toda el alma y que se encuentran viviendo a salvo en México. No quiere morir, pero necesita decir la verdad, exponer el cáncer que se está devorando al cuerpo político de Guatemala. Sus hijos no se beneficiarán de su muerte, pero la esperanza es que Guatemala sí lo hará, si la gente se levanta y desafía al Presidente y al ciclo de corrupción que ha iniciado.

Y si, de hecho, Guillermo ha muerto, le pide al Vicepresidente que asuma el poder y que saque a patadas a todos los mentirosos que afirmaron que Ibrahim y Maryam habían muerto a causa de desacuerdos con el sindicato de trabajadores.

En este momento, Guillermo ya no puede controlarse más. Necesita algo de beber, preferiblemente de tipo alcohólico, para calmar sus nervios. Empieza a decir que el Presidente, su esposa y todos los ministros del gabinete son unos payasos revoltosos traficantes de drogas. Dice que no ha nacido para ser un héroe pero sí para ser un guatemalteco de bien. Y que ésa es la razón por la que está haciendo esta acusación: para restablecer un sentido de decencia en ese descarriado país.

—Si estoy muerto, ustedes sabrán el porqué. Pero necesitamos rescatar a Guatemala de todos estos ladrones, traficantes y asesinos. Que nadie se atreva a negar que el asesino Presidente, su ladrona esposa y todos sus secuaces son los responsables de la destrucción de Guatemala. No permitan que se escondan.

»Damas y caballeros, que mi muerte tenga nombre y apellido... la sola y única verdad es que si ustedes están escuchando y viendo este mensaje es porque me han matado el Presidente Pocasangre y su esposa con ayuda de todos sus secuaces. Pero todavía hay tiempo para que ustedes hagan algo para liberar a Guatemala. Éste es el momento de actuar».

Cuando termina de hablar, Guillermo coloca las manos sobre la mesa y espera. Sus dedos dejan de moverse. La cámara sigue rodando unos minutos más en los que se queda sentado perfectamente inmóvil. Está a punto del colapso, de vomitar, en realidad, pero sabe que no debe perder la compostura. Tiene que quedarse quieto. No sabe nada acerca de la edición de películas o videos, pero espera que el editor sea capaz de eliminar todas sus repeticiones para que no parezca un idiota.

Lo que es absolutamente claro es que la última imagen de su cara muestra la férrea determinación y rebeldía de un hombre que ha decidido no seguir viviendo en un país dominado por la corrupción; es el rostro de un hombre que no teme morir en caso de que el Presidente y su Lady Macbeth lo asesinen.

Guillermo toma su máscara del piso, se levanta y empieza a caminar hacia la puerta donde está sentado Miguel. Este último eleva un dedo a sus labios y le indica a Guillermo que necesita ponerse la máscara.

Pero antes de que lo haga, abraza a Guillermo y lo besa en la mejilla.

—Tu valentía me sobrecoge —susurra—. No tiene caso que volvamos a filmar esto. Es absolutamente perfecto.

Miguel suelta al abogado, se pone su propia máscara y golpea la puerta para que entre el camarógrafo. Le dice:

—Tiene quince minutos para acabar.

—¡Sí, jefe!

—Y recuerde: ponga la cinta en el basurero de la 13 Calle y la 9ª Avenida exactamente a las nueve de la noche y váyase.

El camarógrafo asiente.

Miguel y Guillermo se alejan con rapidez. Cuando van a medio camino de las escaleras, se quitan las máscaras. Guillermo rompe en llanto. Solloza incontrolablemente, convencido de que no hay manera de detener lo que se ha puesto en marcha.

—Estuviste increíble. Es todo lo que puedo decir; simplemente increíble.

—¿De veras lo crees? —moquea Guillermo. Siente que acaba de hundir el último clavo en su ataúd.

—Eres un verdadero patriota, Guillermo. Qué valiente discurso. Se te recordará por generaciones, ¿sabes eso? Aparecerás en los libros de historia.

—Necesito un trago.

—Pues salgamos de aquí y vayamos al lugar de siempre.

—¿Y ahora qué?

—Un editor de cine creará una grabación directa desde el momento en que te sentaste a la mesa y hasta que dejaste de hablar. No se va a editar en lo más mínimo en caso de que alguien diga más tarde que el video está alterado. Al editor se le han dado instrucciones de que haga quince copias del DVD, que se me entregarán. Yo las tendré ocultas hasta que pueda implementarse la segunda parte del plan: tu suicidio. Primero la grabación, después el asesinato.

—¿Mi asesinato? —pregunta Guillermo.

—Por supuesto. Pero será indoloro. Te lo puedo asegurar. Y el país entero estará de luto por tu muerte. Y en tu funeral, repartiremos las copias del DVD a la prensa y veremos cuánto tiempo sigue en el poder este Presidente.

—Suena infalible.

Guillermo se está preguntando si existe alguna manera de salir de ésta. Sólo Miguel puede salvarlo.

En lugar de eso, dice:

—Lo es, amigo mío, es totalmente perfecto.

Miguel tiene todo el control. No le importa que Guillermo esté bebiendo otra vez a todas horas.

El plan está en movimiento.

—¿Y cuándo se supone que tenga que morir? ¿En dos días?

—Este domingo por la mañana.

—¿Y si cambio de opinión?

Antes de meterse en el auto, Miguel abraza fuertemente a Guillermo.

—No lo harás —oye susurrar al jefe.

Evidentemente, es demasiado tarde como para echarse atrás.

El combustible está listo; sólo necesita un fósforo.

## 26
## Una bicicleta para dos, o tal vez tres

Son las siete de la mañana y Guillermo saca su bicicleta de montaña Pinnarello del cuarto de atrás para ponerla en la sala. Ama su bicicleta, ahora que Braulio la ha mandado restaurar. Tiene 20 velocidades y está hecha del más ligero de los carbonos, de modo que puede levantarse con una sola mano. Es un modelo de genialidad de diseño. Incluso puede equilibrarse sobre dos dedos una vez que se levanta.

Sale a la terraza de su departamento, en el onceavo piso del edificio; el piso más alto. El sol está brillando. El árbol flamboyán de abajo está a punto de florear. Pronto habrá capullos anaranjados sobre el pasto y en la fuente central, algo que ya no verá. Mira a la distancia la tranquila superficie del contaminado Lago de Amatitlán. Ve más allá del lago a la columna de humo que se levanta del Volcán de Pacaya contra el cielo azul.

Todas éstas son cosas que está viendo por última vez. Le horroriza pensar que nunca más va a ver a las personas y lugares que lo han acompañado durante los casi cincuenta años de su existencia.

Abre el refrigerador y saca un plato de frijoles volteados y unas tortillas envueltas en un trapo. Los coloca en el microondas por cuarenta segundos y después se sirve un vaso de jugo de naranja para la última comida del hombre muerto. Al cabo de una hora más, el mundo seguirá girando sin él, aunque imagina que su rostro se irá plasmando lentamente en todas las primeras planas de los sitios web de la media docena de periódicos de Guatemala. Se pregunta si en este preciso momento hay alguien que esté pensando en él. Le gustaría imaginar que tal vez sean Ilán o Andrea.

¿Quién les va a hablar para avisarles que han asesinado a su padre?

Miguel ayudó a Guillermo a diseñar el plan perfecto para que no haya manera de descifrar su propia muerte. Miguel le habló a un primo que había estado relacionado con la Mano Blanca en los ochenta, en el momento en que las guerrillas amenazaban con destruir a la sociedad civil católica, para ayudarlo a contratar a un hombre que llevara a cabo un crimen muy poco importante. El primo le había dado una elección de asesinos: un sargento destituido conocido en todo el país por su brutalidad y que ahora está trabajando con los Zetas de México para transportar cocaína colombiana a Estados Unidos a través de las pistas de aterrizaje en el Petén; a un oreja que trabaja en la Guardia Presidencial y que es miembro del Opus Dei; o a un delincuente adicto al pegamento que ha entrado y salido de la penitenciaría por años y que se dice ha eliminado a media docena de personas por un vil manojo de quetzales.

Cualquiera de estos criminales estaría más que feliz de ejecutar a alguien por la insignificante cantidad de 2 400 quetzales.

Todo está planeado a la perfección.

El asesino le disparará y desaparecerá.

Guillermo mira el plato de comida sobre la mesa una última vez y no puede comer ni un bocado. Ha estado bebiendo toda la noche, todavía ponderando si quiere seguir adelante con el suicidio. Está más allá de la depresión, pero sigue pensando en sus hijos adolescentes en México y en su deseo de volverlos a ver. Se siente ligeramente molesto por la idea de que realicen sus estudios universitarios bajo la subvención del tío de Rosa Esther o de algún nuevo novio mexicano con dinero. A pesar de todo, ha puesto algo en movimiento; el video está hecho, el asesino está contratado. Ya puede escuchar los discursos furiosos que sus colegas pronunciarán en su entierro y las acusaciones de que el Presidente Pocasangre es el arquitecto de su homicidio.

El Presidente con cara de topo está a punto de despertarse a la sorpresa más grande de su vida de mierda, piensa Guillermo. No tiene ni idea de lo que le espera. La desventaja del suicidio es que no tendrá la oportunidad de ver cómo palidece la cara presidencial, ni cómo se contorsiona antes de arrugarse como un Kleenex usado al recibir las noticias de que hasta los muertos quieren que renuncie al cargo. Y el Presidente volteará para ver la cara de su esposa, de la cerda que cree que ha engañado al mundo entero con sus constantes fotografías en las que entrega los pagos mensuales de 30 dólares a las familias de los indígenas para mostrar la generosidad del gobierno.

Quizá coloquen a Pocasangre en la misma prisión que Byron Lima, que urdió el asesinato del obispo Gerardi en 1998. Habría que ver cuál de los dos sale primero de la cárcel.

Guillermo está seguro de que los investigadores independientes pensarán que el fólder de manila que está dejando en su bolso del gimnasio con los documentos de Ibrahim Khalil son una verdadera mina de evidencia incriminatoria. Está convencido de que el descubrimiento de Khalil de que Monsieur y Madame Pocasangre estaban desviando fondos de Banurbano para colocarlos en cuentas secretas a las que podían acceder de manera remota después de terminar su gestión en el gobierno, es prueba suficiente para que los arresten a los dos.

El brillante plan de Miguel es que Guillermo esté en el sitio designado para la eliminación a las ocho de la mañana; a diez minutos de su edificio en bicicleta.

Guillermo está listo para las siete y media. La cabeza le está reventando y de pronto tiene que ir al baño. Su cuerpo se está rebelando en su contra. Morir, terminar con todo, es la única solución.

Camina por el corredor hasta el baño, afligido por un terrible dolor que seguramente es el resultado de la ingestión continua de alcohol casi puro. No sale nada; seguramente será gas. Regresa a su cuarto para acostarse, sólo por unos minutos. Se siente cansado, totalmente agotado. No tiene intención de dormirse, pero así sucede. Cuando se despierta, son diez para las ocho; tiene que apurarse.

Atraviesa el departamento a toda prisa, agarra su bicicleta y toma el elevador hasta el sótano. Como siempre, no hay nadie en el elevador. La puerta se abre y camina con la bicicleta por el estacionamiento casi vacío y por la rampa de subida que lleva a los contenedores de basura de su lado del edificio. Desde allí puede tomar el callejón que sólo usan los camiones recolectores de desechos que vienen una vez por semana, los martes, para recoger todos los residuos de los edificios aledaños, y llegar a la calle principal.

La ruta por el callejón es la única en la que no será visto. En realidad, no importa si el asistente del *lobby* o el del estacionamiento lo ven o no. Una vez que se anuncie la noticia de su muerte, ¿qué podría importar quién vio qué?

No necesita el permiso de nadie para andar en bicicleta temprano un domingo por la mañana.

De todos modos, prefiere ser cauto y evitar que alguien lo vea o, más bien, no quiere tener que iniciar una conversación con algún vecino o con el guardia de la garita. Nada de la plática frívola de siempre: *Es un bonito día, don. ¿Alguna noticia de la familia? Le tengo un paquete.*

Todo el inocuo bla bla bla.

Guillermo sale por la reja del estacionamiento que, por alguna razón, no cierra. ¿Debería regresar a cerrarla para proteger a sus pocos vecinos de cualquier ladrón potencial? Francamente, no le importa, puesto que no va a regresar. Que la reja se quede entreabierta.

Es una mañana espectacular. El viento sopla levemente y hace más fresco del que ha hecho los últimos días. Camina con su bicicleta por el callejón que huele a cerveza vieja y rancia y, por alguna extraña razón, a almendras, aunque no hay ningún almendro en los alrededores. Al llegar a la avenida en la que vive, nota las largas sombras de los eucaliptos que están creciendo en los prados frente a las casas al otro lado de la calle de donde se encuentra su departamento. El cuello le duele un poco, pero la rigidez que experimenta se alivia al mover la cabeza en suaves círculos hacia la derecha y la izquierda. Recarga la bicicleta contra la cadera y extiende sus brazos hacia los lados. Después usa cada brazo a la vez para detener la bicicleta mientras flexiona sus piernas.

Suficiente ejercicio, es momento de irse.

Sube a la bicicleta y empieza a pedalear. Qué placer es andar en una máquina tan cuidadosamente diseñada y construida que prácticamente se mueve sola. Las velocidades cambian sin esfuerzo y casi sin ningún ruido o fricción, aparte del leve chasquido del desviador al momento en que acciona la palanca para cambiar la velocidad. Esto, se imagina, debe ser como montar un corcel, una noble cabalgadura que prácticamente responde a los mensajes cerebrales del jinete; vuelta a la derecha con un movimiento de las riendas, alto con una leve presión del talón en el costado, una caricia al lado del cuello que hará que la criatura se suelte a galopar con la velocidad y facilidad de una hoja que cae de un árbol.

Sus piernas se están moviendo a buena velocidad. Maryam amaba sus piernas delgadas y poderosas, como las de un caballo. Le gustaba abrazarlo y tomar sus nalgas con las manos para tratar de arrancarle las piernas a jalones.

Mira a su alrededor. Nunca ha estado tan consciente de la naturaleza como lo está esta mañana. Es como si hubiera despertado a un mundo recién creado que lo asombra con su belleza y serenidad. Escucha el gorjeo de los pájaros; sí, el gorjeo, y siente cómo el sol entibia su cara. ¿Dónde ha estado todos estos meses? ¿Acaso ha vivido con la cabeza metida debajo de la tierra? Aunque había salido sobrio a andar en bicicleta para ponerse en forma, es como si más bien hubiera estado en una misión para tratar de expiar su dolor, fatiga, alcoholismo y frustración más que para disfrutar de la belleza de un paseo al salir el sol. La naturaleza siempre había sido algo que le importaba.

La muerte de Maryam era lo que lo había destrozado. Había perdido todo interés de convivir con cualquier otra persona, incluyéndose a sí mismo. Sabe que se ha convertido en un peor padre que el suyo propio, Günter. Sintió más compasión por la elefanta La Mocosita que por su propia sangre.

No es la soledad la que lo ha destruido. Puede vivir solo y regresar a su coctel de amantes; nada se pierde con eso. Pero lo que no puede quitarse es el sabor de cenizas en la boca, de los restos de algo que alguna vez lo nutrió y que ahora se ha podrido. La música, el arte, la comida; todo le sabe a carbón, a basura, a descomposición.

Podredumbre, ésa es una mejor palabra para lo que saborea en la boca. Todo se ha descompuesto al grado de ser podredumbre y moho.

Ahora, Guillermo está sollozando con tal fuerza que casi no puede ver el camino por el que va pedaleando. Sujeta los frenos con las manos, baja los pies y por un momento se queda parado así antes de secarse las lágrimas con las mangas.

Se queda al lado del camino, sus pensamientos en tropel. Cuando Maryam le dijo a Samir que quería divorciarse de él, se había reído de ella. De hecho, le dijo que nunca accedería a su deseo de disolver su matrimonio, especialmente cuando admitió que tenía un amante. Constantemente le pedía a Maryam que le diera el nombre, ella se había rehusado a decírselo. La llamó *zibaela* —pedazo de basura—, pero Samir había sabido que se trataba de él.

La única esperanza para Guillermo y Maryam era que Ibrahim interviniera por ellos. Pero dada la estricta moralidad de su padre, hubieran tenido que destacar la naturaleza platónica de su romance, la característica perdurable de su amor, construido a lo largo de las semanas de comer y conversar con él: hubieran tenido que ocultar la carnalidad de su relación, lo físico.

De esta manera, Ibrahim no se hubiera podido rehusar a aceptarlos puesto que estaba dedicado a la felicidad de su hija. ¿No era cierto que ella le había dedicado su vida cuando a él le daban accesos de vértigo? ¿No había insistido en recogerlo en su oficina tres veces a la semana para comer con él en su propia casa? Y después lo llevaba de regreso...

Maryam, Maryam; ¿por qué se la habían quitado? Él hubiera podido sobrevivir la muerte de Ibrahim; después de todo, era un terco carcamán que incluso llegaba a la santurronería en su insistencia de lo que estaba bien y lo que estaba mal. Quien lo había acribillado y había prendido fuego a su auto quería asegurarse de que muriera y no pudiera hablar. ¿Pero por qué Maryam? Había sido la hija perfecta, era absolutamente inocente: ¿por qué incluirla en ese ataque tan sangriento? ¿Por qué no habían ido tras Ibrahim por la noche cuando su chofer lo llevara a casa solo? Nadie se habría sorprendido ante la muerte de un viejo y su chofer. Hubieran sido dos estadísticas más; víctimas de un caso de estar en el lugar equivocado en el momento equivocado, personas prescindibles y reemplazables aunque pudieran no haberlo parecido a los ojos de sus seres queridos.

Guillermo vuelve a limpiarse los ojos con la camisa. ¿Por qué habían matado a Maryam? ¿Ella qué tenía que ver con la escoria de este mundo, con las drogas, la corrupción, la venalidad? ¿Por qué habían tenido que arrojarle gasolina al auto una vez que ella y su padre estaban muertos? La idea de su incineración, de que el fuego haya consumido su dulce y aromática carne, lo repele.

No merecía morir así.

Mira su reloj. Ya son pasadas de las ocho y aún no ha llegado al punto designado. No está seguro de que quiere morir, pero quiere darle fin a tanta desesperanza.

Vuelve a montarse en la bicicleta y pedalea lentamente. Le duele pensar que nadie llorará su muerte como lo hicieron con el fallecimiento de Maryam. Su muerte será algo desafortunado, pero nada trágico.

El olor a leña quemándose alcanza su nariz. ¿Por qué había tenido que morir tan joven y para nada?

Al verse frente a una pendiente inclinada, obliga a sus piernas a moverse con mayor determinación a fin de conducir la bicicleta hasta la cresta. Sus músculos, prácticamente atrofiados por las cantidades de alcohol y apatía, se resisten al esfuerzo. Empiezan a temblar y amenazan con acalambrarse, pero pedalea más fuerte.

El punto acordado está a cien metros, en una saliente de pasto en la orilla de un bosque de pinos. Al otro lado de la calle está una de esas casas gigantescas en forma de rebanada de pastel de bodas con el número romano V grabado bajo el intercomunicador. Es una casa horripilante que le pertenece a Boris Santiago, el jefe narco millonario.

Se supone que Guillermo se bajará de la bicicleta en la saliente y que esperará a que el asesino se acerque en un carro. Es una situación de lo más simple; un hombre sale a montar su bicicleta un domingo por la mañana, de manera totalmente inocente, posiblemente antes de acudir a la iglesia. Queda cansado después de la inclinada subida, se baja de la bicicleta o simplemente trata de descansar un par de minutos antes de continuar. Se sienta en la banqueta para admirar la belleza de la naturaleza.

Cambia de velocidades y sube la pendiente preguntándose qué hará cuando vea que se acerca un auto. Tal vez simplemente se cague en los pantalones, qué manera tan indecente de irse de este mundo, o quizá trate de salir corriendo hacia el bosque y le disparen por la espalda.

¿O tal vez se enfrente a su muerte esperando la bala con la boca abierta como si fuera la Hostia Sagrada? ¿Servirá una sola bala o quedará allí, retorciéndose, con los sesos regándose de su cráneo como morcilla escurriendo de una tripa de cerdo, esperando, rogando que haya una segunda o tercera bala, el tiro que lo libere del sufrimiento en que se ha convertido su vida?

¿Y qué pasaría si ese segundo tiro nunca llega? ¿Estará condenado a pasar el resto de su vida en una silla de ruedas, ciego y sordo, soplando por una pajilla para mover la silla, conectado a un tanque de oxígeno?

¡Dios no lo quiera!

A la mitad de la colina, un conejo aparece justo debajo de los arbustos de la casa de la derecha. Cuando llega a la acera, se detiene un segundo, mueve una de sus largas orejas y atraviesa la calle a brincos hacia el bosque, como si sus patas fueran resortes. Su paso tarda menos de un segundo y desaparece por completo.

Mira hacia el cielo; hay una sola nube, extrañamente rectangular y oscura, que se asemeja a un borrador de pizarrones. Desearía que no estuviera allí. Quiere morir bajo un cielo azul sin mancha, casi como si fuera el forro de terciopelo azul profundo de un ataúd. ¿Es demasiado pedir?

Siente el dolor de sus piernas cerca del tope. Ahora, la McMansión de Boris Santiago se ve completa; abarca la cresta completa de la colina. Al mirar hacia arriba, ve una cúpula hexagonal de vidrio; debe ser un cuarto de juegos para los niños o el sitio en que el exteniente y sus compinches beben botella tras botella de Zacapa 23 e inhalan muestras de la cocaína que transportan por avión desde Colombia a los campos del Petén y a Estados Unidos.

De inmediato, Guillermo se da cuenta de que está exagerando; en varias ocasiones ha visto a los niños observándolo desde la cúpula mientras pasa. Es una casa de cuatro pisos y puede suponer que desde las ventanas del tercero podrá verse el Volcán de Izalco de San Salvador a kilómetros de distancia en el sureste o el Lago de Amatitlán, igual que él lo hizo desde su departamento, a tiro de piedra hacia el sur. Está seguro de que cualquiera podría ver los volcanes de Fuego y Pacaya soltando sus interminables fumarolas de humo gris negruzco desde cualquiera de las ventanas de la casa.

Al llegar a la meseta, nota que no hay nadie allí el día de hoy; toda la familia del mutilador convertido en jefe de cartel todavía debe estar dormida o, de lo contrario, deben estar vacacionando en Disney Mundo.

Respira profundamente, llena sus pulmones con aire limpio y frío y baja de la bicicleta. Estar vivo es glorioso, piensa, y sus ojos vuelven a llenársele de lágrimas. Si hubiera un guardia en la caseta que protege a la McMansión, tal vez le habría confesado su deseo de no morir, pero extrañamente, hoy no hay nadie.

Guillermo está totalmente solo.

Justo pasando la casa hay otra colina tan empinada que todavía nadie ha construido una casa allí. Se supone que Guillermo deberá esperar al tope, en la orilla de la banqueta, frente a un retoño de eucalipto que se plantó cuatro o cinco semanas antes en una pequeña área pastada. No hay manera de no verlo.

Ahora está al tope de la pendiente. El corazón le da un vuelco cuando ve que hay otra bicicleta allí y lo que podría ser un bulto sobre el pasto frente al joven eucalipto. ¿Qué podrá ser? ¿Un roedor de gran tamaño? ¿Un saco de naranjas? ¿Un pequeño gato montés muerto?

Guillermo está confundido. Se frota la cara para asegurarse de que no está viendo un espejismo. Se pellizca la nariz para comprobar que sigue vivo. Su boca se abre de lleno para jalar aire.

Al acercarse al bulto, ve las suelas de un par de tenis y se da cuenta de que es un hombre tirado en el piso. Una bicicleta de montaña Diamondback Sorrento está recargada detrás del cuerpo. ¿Por qué habría un ciclista dormido al lado de la calle bajo un escuálido eucalipto justo al mismo momento en que se supone que Guillermo se siente allí para esperar a un sicario en ese lugar preciso?

Se acerca lentamente. Ve una espalda musculosa con un suéter de capucha sobre lo que parecen ser *shorts* de boxeo color azul brillante. El hombre tiene unas nalgas perfectamente formadas, y piernas carentes de vello cómodamente dobladas. La parte posterior de la cabeza no tiene pelo, en un clásico estilo militar. No se parece en nada a la cabeza de Guillermo, con su abundancia de pelo ondulado.

Y aunque el hombre dormido parece ser bajo, tiene un cuello poderoso; el cuello de un toro.

Suelta su bicicleta y se acerca para sacudir al hombre y despertarlo, para pedirle que se vaya y que encuentre otro lugar para descansar. ¿Cómo se atreve a tomar una siesta en el punto preciso de su supuesto encuentro con la muerte?

Empuja el cuerpo suavemente desde atrás, hacia adelante y hacia atrás, algunas veces, pero no reacciona. Le da una ligera patada a la parte baja de su espalda. Nada.

Se da la vuelta hacia el frente y se sienta junto al cuerpo como para tener una breve charla con él. Es una mañana fresca, pero allí arriba, al tope de la colina, el sol está brillando con fuerza y Guillermo empieza a sudar.

Está desconcertado por la presencia del hombre durmiente. Se pone de rodillas, con cuidado de no manchar sus pantalones beige, y decide voltear el cuerpo con sus manos enguantadas. El cuerpo rueda ligeramente y Guillermo suelta un grito ahogado y siente un frío que le recorre la espalda.

Es un cadáver, no un hombre dormido. No puede reconocer la cara porque la nariz se ha desintegrado y hay un par de sangrientos cráteres en lugar de ojos. Toda la parte frontal de la cabeza es un desastre de sangre y cartílago, como de hule, como una horripilante máscara de *Halloween*.

Antes de que pueda cerrar la boca, Guillermo vomita sobre el pasto.

Dios mío, piensa mientras se limpia la boca con el brazo izquierdo, ¿este hombre soy yo? Está confundido a causa de la resaca de anoche, de las semanas de beber incesantemente y sin control. Todo está confuso.

Aguanta la respiración, congelado, como si estuviera saliendo humo azul de una pistola que no puede soltar de la mano. No escucha ruido alguno a excepción del golpeteo de un pájaro carpintero que se encuentra en algún lugar detrás de él y de una paloma que zurea estúpidamente.

Guillermo se sienta junto al cadáver que podría ser él pero que no lo es. ¡El asesino del primo de Miguel Paredes —quienquiera que haya sido— ha matado al hombre equivocado!

Qué extraño.

¿Y quién es este tipo? Parte de él quiere averiguarlo.

Súbitamente, Guillermo despierta de su estupor: sabe que tiene que salir de aquí ya, antes de que se aparezca el ejército o la policía y lo acusen de asesinato. No está seguro de si tiene más miedo de que lo arresten y acusen de asesinato y que simplemente lo arrojen en la cárcel con los drogadictos, padrotes y pandilleros, o de que lo busquen los secuaces de Miguel Paredes por haber fracasado en orquestar su propio asesinato de manera exitosa.

Algo ha salido mal. ¡O lo acusarán de asesinato o lo retendrán por ser un extraño testigo —que evidentemente no es— de un estrambótico homicidio!

¿Habrá pasado otro ciclista por el lugar designado en el momento preciso para morir por accidente a manos del asesino contratado? Guillermo mira a su reloj. Son las ocho y cuarto. Llegó quince minutos tarde. ¿Y qué?

Aun así, debe reconocer que aunque esto es demasiado coincidente, sigue pareciendo la respuesta más evidente.

A los asesinos no se les enseña a ver la hora ni a distinguir entre ciclistas: lo único que sabe Guillermo es que la bala que era para él le ha volado la cara a alguien completamente inocente.

Y después entiende. Sabe. Cree que conoce al hombre muerto.

Por la forma del cuerpo, supone que es el narco-capo Boris Santiago.

Guillermo empieza a llorar y se cubre con las manos diciendo en voz alta *Oh, Maryam de mi amor, cómo te quiero y te extraño*. Se da cuenta de que ha estado tanto a minutos como a centímetros de unírsele en el cielo.

¡A través de un caso fortuito e incomprensible de identidad equivocada, Guillermo sigue vivo!

Vuelve a respirar profundamente. ¿Qué debe hacer?

Los pájaros están parloteando estridentemente, como si les estuvieran comunicando la noticia a sus hermanos aviarios. Guillermo afina los oídos para tratar de oír el sonido de sirenas, pero sólo escucha más ruidos de la naturaleza. Aparentemente, nadie ha oído el sonido de las balas. De lo contrario, el área estaría pululando con paramédicos y *chontes*.

Se dirige a Boris y cachea su cuerpo tratando de encontrar alguna identificación que confirme sus sospechas. Pero el pobre pendejo sólo trae puestos unos *shorts*, un pulóver azul y unos tenis que le costaron varios cientos de dólares.

Sin pensarlo, lleva su Pinnarello, la coloca junto al cadáver y toma la bicicleta del muerto. Necesita elevar el asiento, pero no tiene tiempo de buscar unas pinzas para ajustarlo. Detesta dejar atrás su amada bicicleta, pero no tiene opción. De hecho, esta otra es más sofisticada, más cara.

Regresa por la meseta hasta que puede deslizarse colina abajo, pasando frente a varias cuadras de edificios hasta llegar a su edificio. Escucha el ladrar de varios perros, pero nadie sale. Toma el camino trasero a la reja de la basura y la encuentra abierta tal y como la dejó. Cruza el estacionamiento y toma el elevador once pisos hasta su departamento. Nadie lo ve.

La adrenalina está dirigiendo cada uno de sus movimientos.

Se dirige al baño y toma una rápida ducha caliente. Después va a su cuarto y se pone unos jeans, una camisa azul de mangas cortas y una chamara ligera.

Su mente está corriendo a toda velocidad, pero está enfocada. Tiene que moverse deprisa si existe cualquier posibilidad de que se saque a sí mismo de este desastre de situación.

Tiene que salir de aquí ahora mismo.

## 27
## Un viaje en autobús a El Salvador

El cuerpo, no *su* cuerpo, está a punto de descubrirse y entonces todo el vergonzoso plan que urdieron él y Miguel Paredes se pondrá en marcha: el lanzamiento del DVD con la acusación de que tanto el Presidente como su vacuna esposa planearon su asesinato. Más que ser el proveedor de una simple conspiración, él o, más bien, su cadáver, son el verdadero eje de su éxito.

Guillermo está a punto de abandonar su departamento cuando sus celulares empiezan a sonar: el personal que registró todas las llamadas distorsionadas y truncas que ayudarán a comprobar que su vida estaba bajo amenaza, y el desechable que compró para discutir con Miguel el momento exacto del lanzamiento del video y la conclusión de los arreglos con los sicarios para discutir la hora y el momento de su supuesto asesinato.

Guillermo no entiende: si se supone que está muerto, ¿por qué alguien le está hablando?

Nada de esto tiene sentido. Si sus cómplices suponen que ha fallecido, ¿por qué está recibiendo llamadas?

Cuando se casó con Rosa Esther y, más adelante, cuando tuvo sus aventuras en la Universidad de Columbia, Guillermo solía pensar que la vida estaba llena de oportunidades. La diferencia entre el seguidor y el amo de su propia suerte es que el primero está dispuesto a aceptar su destino mientras que el segundo está dispuesto a ir en contra del mismo. Guillermo siente que ha alcanzado una cima y puede ver su futuro con claridad. Tiene la oportunidad de escapar de la sórdida conspiración que ha ayudado a tramar y liberarse.

Tiene que irse de inmediato; salir corriendo de la ciudad de Guatemala.

Una vez más, los teléfonos suenan de manera simultánea. Se da cuenta de que tiene que desecharlos y desaparecer. Cuando dejan de sonar, los apaga y retira las tarjetas SIM, que tira por el triturador de basura bajo un chorro de agua fría. Acciona el dispositivo y al principio se oye un horrible crujir de metal que a los pocos segundos se transforma en un suave ronroneo, como si estuviera triturando nueces en una licuadora. Qué invención tan maravillosa que con rapidez puede transformar el metal a la consistencia de una sopa de zanahorias.

Se dirige a la parte superior de su clóset y baja una caja de zapatos. Dentro, encuentra el pasaporte falso que compró hace años por 400 dólares, por si acaso, y 5 000 dólares en billetes de 20 y 50. La manera de sobrevivir en Guatemala es siempre tener un plan por si las moscas, «por si acaso». Y siempre existen diversas situaciones de «por si acaso», como en alguna ocasión lo habían discutido él y Maryam.

Ve en el cajón superior de su escritorio y se asegura de que su pasaporte verdadero se encuentra allí y visible, toma el falso y lo mete, junto con el dinero en efectivo, en una mochila.

No tiene tiempo que perder. Llena la mochila con otros artículos esenciales; varias camisas, un par de pantalones, calcetines, ropa interior, cepillo de dientes, desodorante, peine. Todo esto lo hace en un instante. Lo último que pone dentro de la mochila es el fólder de Khalil; algún día le será de utilidad.

Agarra la bicicleta de Boris y sale sigilosamente de su departamento. Su corazón está latiendo fuertemente, esforzándose por salir de su pecho.

En el sótano, ajusta la mochila para que se ajuste firmemente contra sus hombros y su espalda. Respira hondo. Es momento de irse.

Pedalea lentamente a baja velocidad por la rampa del estacionamiento hacia la caseta de vigilancia. Cuando llega cerca de la garita, a cien metros de distancia, ve al guardia que, afortunadamente, tiene la cabeza metida dentro de la ventanilla de un vehículo mientras habla con el conductor. Evidentemente está verificando los papeles de una pareja que viene a visitar a sus amigos para un desayuno dominical. Apenas son las nueve y media.

Sabe que es demasiado riesgoso pasar en bicicleta. Alguien podría verlo. Necesita permanecer invisible.

¿Qué hacer?

A su derecha, Guillermo ve un paraje que entra al bosque, uno de los muchos que utilizaban los invasores de terrenos antes de que se eliminara el asentamiento irregular para construir algo nuevo. Lo siguen usando los criados que trabajan en las casas particulares; es una ruta más directa hacia el camino principal y les da acceso a los autobuses públicos del Boulevard de Los Próceres.

El paraje apisonado, liso como mármol, es un atajo que lleva a la 18 Calle y la 17ª Avenida. Cuando sale del mismo, Guillermo ve varios autobuses, un camión y un reguero de autos que se dirigen hacia Vista Hermosa al momento en que cambia el semáforo. Decide evitar el Boulevard de Los Próceres, donde alguien podría verlo, y toma una serie de pequeñas callejuelas a través de la Zona 10 por la diagonal hacia la Zona Viva.

En términos generales, la ciudad de Guatemala sigue dormida, cerrada a la luz transparente y al aroma de eucaliptos que lo rodea. En un domingo cualquiera, cuando Rosa Esther y los niños todavía seguían con él, se levantaba para montar hacia el Obelisco y tomar la Avenida de la Reforma, que estaba cerrada al tránsito vehicular todos los domingos de seis de la mañana a seis de la tarde.

Pero éste no es un domingo cualquiera. Toma la 4ª Avenida y se dirige al norte, hacia el Hotel Radisson, donde cada hora salen los autobuses de primera para El Salvador. Cuando llega a la 12 Calle, se baja de la bicicleta y camina junto a la Plaza Fontabella, donde Miguel Paredes tiene su falsa tienda de artículos para caballero. Observa un lote arbolado junto al Hotel Otelito, frente a la plaza. Con su navaja suiza, quita la placa y deja la bicicleta recargada contra un árbol como si estuviera en espera de su conductor. En menos de tres minutos, alguien, un lustrador o cualquier tipo de mensajero, la verá y, al no haber nadie alrededor, se la robará. Robarse una bicicleta de montaña de 800 dólares no conlleva riesgo alguno.

Camina por la 12ª Avenida junto al Centro Géminis y el Hotel Mercure Casa Veranda. Sobre la calle hay vendedores de cigarros y chicles, y una vieja indígena medio ciega que vende pan dulce sobre la avenida, pero ninguno de ellos le presta atención. Es como si fuera un árbol estacionario o como si flotara invisiblemente por la Zona Viva. Antes de llegar a la entrada circular del Hotel Radisson de la 1ª Avenida, frota su teléfono personal contra su camisa para eliminar cualquier rastro de huellas digitales y lo arroja en un basurero de la esquina. Sin tarjeta SIM, no representa ningún problema.

Decide quedarse con el teléfono desechable un poco más, aun cuando ya no funciona.

En la 1ª Avenida, hay una larga cola de automóviles que se dirigen lentamente hacia la caseta del estacionamiento del Radisson. Las personas que están yendo a desayunar al hotel salen de sus autos y los muchachos del *valet* les proporcionan boletos para conducirlos al estacionamiento subterráneo.

Más allá de la entrada, llega el autobús Pulmantour de las diez con destino a El Salvador. Guillermo se apresura hacia él. Tan pronto como el conductor abre la puerta, se acerca a los escalones.

—Tiene que comprar su boleto dentro del hotel —le informa el chofer.

Guillermo le da 200 quetzales, como 25 dólares, y le dice que se quede con el vuelto.

Antes de que el conductor diga una palabra más, se apresura a la parte posterior y se acurruca en un asiento, listo para dormir.

¿Cuándo fue la última vez que concilió el sueño? ¿Hace dos noches? Ni siquiera lo recuerda.

Sus ojos simplemente se cierran por sí solos.

Su mente sigue activa y no puede dormir. Recuerda que el Hotel Stofella está a menos de dos cuadras. Es natural que recuerde a Maryam y las diversas tardes en que se la pasaron retozando con absoluto abandono. Recuerda el toque de su cuerpo, esos senos abundantes que rogaban que los tomara en su boca. Y empieza a llorar, medio dormido, y vuelve a probar su boca, el sabor a ciruelas maduras, y recuerda el ensamble perfecto de sus cuerpos, el hambre con que lo montaba, movimiento tras movimiento, hasta que soltaba un grito bajo y creciente. Todo esto acabado, sin resto alguno, recuerdos, sólo recuerdos y un dolor en el pecho que parece no saber acabarse sino que aumenta con cada minuto.

El corazón de Guillermo le empieza a doler. Recuerda lo que escribió Gabriel García Márquez en *El otoño del patriarca*, que «El corazón es el tercer cojón». Tenía tanta razón, y en este preciso momento, el corazón le está dando punzadas. Y recuerda que alguien en *El amor en los tiempos del cólera* dijo que «El corazón tiene más cuartos que un hotel de putas». Y sabe que también eso es verdad.

Toda esta palabrería tonta acerca de corazones: dicho en términos sencillos, la muerte de Maryam lo ha dejado inconsolable.

Abre los ojos para ver que el autobús está dirigiéndose por el Boulevard de Los Próceres hacia la carretera a El Salvador. Necesita algo de beber: alcohol; su cuerpo lo ansía. Su garganta se cierra y siente un jalón que le revuelve los intestinos. Pero en el autobús no hay ninguna manera en que pueda satisfacer sus ansias.

Cuando el autobús pasa por Vista Hermosa y la colonia Rafael, Guillermo abre su ventana y arroja el último celular desechable hacia un campo. No habrá manera de que lo rastreen hasta él, aun en caso de que alguien lo encuentre.

Aliviado, se reclina en el asiento y duerme. Se queda dormido hasta que, una hora después, el vehículo se detiene en Valle Nuevo, en la frontera entre Guatemala y El Salvador.

Los quince pasajeros deben bajarse y pasar por inmigración en un pequeño edificio de concreto sin ventanas, rodeado de tarimas de madera vacías y de soldados uniformados sentados en sillas rotas bajo las jacarandas en flor. Éste es un autobús de primera, pero el procedimiento es el mismo: todo el mundo tiene que tolerar el insufrible calor que en breves minutos salpica con sudor la camisa de algodón de Guillermo.

A los pasajeros se les dirige a unas mesas altas dentro del edificio y se les pide que llenen sus tarjetas de turismo. Guillermo se pregunta por qué no les dieron las tarjetas dentro del autobús, como lo hacen en los aviones, para ahorrar tiempo, pero los cruces fronterizos no están diseñados para el ahorro de tiempo, sino para crear la mayor alteración posible. Una vez que terminan de llenar sus tarjetas, se les dice que se formen en una sola fila al centro del salón.

Guillermo es el quinto en la fila, detrás de una mujer de cuarenta años que usa un exceso de joyería que tintinea cada vez que mueve su trasero. Tiene puesto tanto perfume que su nariz de pronto le pica y estornuda. Ella voltea a verlo.

—Salud.

—Gracias.

—¿Por qué insisten en humillar a sus propios ciudadanos? —le dice únicamente a él. Es un intento por establecer intimidad con alguien a quien percibe como de su propio nivel socioeconómico.

—¿Disculpe?

—¿Esto no lo ofende? Si estuviéramos en un avión, simplemente nos dejarían pasar. ¿Es porque quisimos ahorrar un poco de dinero y tomamos el autobús? Francamente, no sé qué pensarán los demás, pero a mí me asustan los aviones y por eso estoy aquí —le hace un guiño de conspiración a Guillermo—. Y aunque podría manejar mi Lexus hasta acá, me dan miedo los secuestradores. Los comunistas y los secuestradores tienen copado a este país.

Guillermo asiente. Debe pertenecer a la élite de El Salvador, a las catorce familias que han gobernado este mendrugo de país durante los últimos cien años.

—Veo que es *chapín* por su pasaporte.

Guillermo mira el pasaporte azul que indica su nacionalidad guatemalteca en letras de oro.

Le sonríe.

—No sabe lo afortunado que es, señor...

Y antes de que tenga oportunidad de responder, un hombre la llama.

—Venga par acá, señora.

Ve a los tres funcionarios de aduanas sentados en la misma mesa. El primero revisa el pasaporte de la mujer para determinar su validez, supone Guillermo. El segundo revisa la tarjeta de turismo que ha llenado, la coteja contra el pasaporte y le hace algunas preguntas nimias que ya se contestaron en la tarjeta. El tercero tiene abierto un cojinete con tinta y estampa el sello de El Salvador con la fecha de llegada y espera que el visitante plasme su huella digital sobre la tarjeta. Cuando le pide su huella, ella lanza una diatriba acerca de lo insultante que es la manera en que los funcionarios de aduanas tratan a los ciudadanos legítimos. Grita algo relacionado con la falta de suerte de vivir en un país de mierda, etcétera.; no precisamente la mejor manera de tratar a los funcionarios.

Cuando le toca a él, el primer hombre lo llama con una señal de un dedo. Guillermo le entrega su pasaporte centroamericano falso.

Cuando el agente lo abre en la página con su información y fotografía, Guillermo se da cuenta de que de ahora en adelante será Rafael Ignacio Gallardo, residente de Los Aposentos, Guatemala; un hombre nuevo con un nuevo número de identificación y una identidad totalmente diferente. Las preguntas son de lo más normales: nombre, dirección, teléfono, lugar de residencia mientras esté en el país, duración de su estancia. El agente lo mira y sonríe, pasándole el pasaporte al segundo hombre, que valida la información de la tarjeta contra la del pasaporte. Cuando lee lo que Guillermo ha escrito en cuanto a dónde se va a hospedar, el Hotel Princess, le dice:

—Espero que disfrute las Princesas de San Salvador —comenta, refiriéndose a algo más que el hotel. Sonríe amplia y lascivamente, y le pasa la tarjeta al hombre del cojinete de tinta que lo mira y le dice:

—No necesitamos su huella. No da la impresión de ser lo suficientemente estúpido como para querer quedarse en el país de manera ilegal —y le hace señales para que pase.

Guillermo siente alivio de no tener que dejar su huella, complacido incluso de estar en un «país de mierda» en el que su pasaporte, su aspecto o su lugar de nacimiento le den un mayor estatus del que tiene la mujer gorda en su propio país.

Antes de volverse a subir al autobús, va a mear en un baño apestoso y después se compra una pupusa de frijoles rojos y una Coca grande.

Regresa a su asiento, se lo come todo como si no hubiera probado bocado en diez años y después se reclina para mirar cómo la espesa vegetación pasa volando junto a él. Espera que la Coca alivie la migraña que se ha asentado detrás de sus ojos, pero no tiene tanta suerte.

Debería dormir, pero no puede hacerlo; lo mantiene despierto una ráfaga de preguntas que corren por su mente. No tiene idea de lo que hará en El Salvador ni de la manera en que sobrevivirá. Sólo sabe que ha muerto y que, como Lázaro, espera resucitar y volver a vivir en otra tierra.

Cuando el Pulmantour se detiene en el Radisson del vecindario de San Benito de San Salvador, un acaudalado reducto con enormes casas amuralladas, *boutiques* y restaurantes caros, Guillermo decide que sería un terrible error quedarse allí o en el cercano Hotel Princess. Si la policía sospecha que de alguna manera ha escapado a la muerte y que ha cruzado la frontera a El Salvador, es en hoteles de este tipo donde con mayor probabilidad lo busquen. Necesita dirigirse a un vecindario inesperado, uno más proletario donde pueda integrarse. Necesita encontrar un lugar sencillo donde quedarse, en un vecindario seguro donde nadie piense en buscarlo, donde pueda dejarse crecer el bigote o la barba, rasurarse la cabeza, disfrazarse. Le conviene encontrar una habitación en una pensión o casa de huéspedes barata, entre los comerciantes de cháchara y las oscuras tienditas que venden maletas de tela, zapatos o tostadores, en lugar de volver a una vida de riquezas.

Por suerte, no ha traído ni un solo traje.

Se baja del Pulmantour sólo con su mochila atestada y camina por la 89ª Avenida Norte al Paseo Gran Escalón. Allí, toma un autobús público casi vacío hacia la Catedral en la Plaza Barrios, donde acribillaron al arzobispo Romero, y después hacia el extremo norte de la Avenida Rubén Darío.

La Catedral mira hacia su propia plaza llena de gente. Es domingo y hay misas todo el día, en diferentes horarios, hasta las cinco de la tarde.

Se le dificulta caminar por la 2ª Calle Poniente entre tanta gente, pero está feliz de estar donde está. Hace un calor de los mil demonios, pero no le importa un comino. Está vivo, a diferencia del otro ciclista.

Se detiene en un quiosco en la esquina.

—Estoy buscando un lugar decente donde quedarme —le dice nerviosamente al vendedor.

El hombre detrás del mostrador tiene una cara arrugada, ojos que han visto suficiente horror, la carnicería de una guerra civil, y que no se sorprenden de nada. En un instante, tiene medido a Guillermo.

—No busque al sur del mercado, las maras tienen acaparados la mayoría de los edificios, cuadras enteras. No sobreviviría allí ni un minuto, con todos los asaltos y los robos. Hay algunos buenos lugares a unas cuadras de aquí, cerca del Parque Morazán y la Calle Arce. Busque los anuncios de renta en las vitrinas de las tiendas. También está la Pensión Cuscatlán de la Calle Delgado. Me han dicho que es segura.

Guillermo da las gracias al vendedor y sube por la Avenida Cuscatlán, abriéndose paso entre la multitud sobre las estrechísimas aceras. Antes de buscar otros anuncios de *Se alquila*, decide pasar primero a ver la pensión de la Calle Delgado.

Hay dos guardias armados en la entrada del edificio, que también parece albergar dos joyerías. Más tarde averigua que es gracias a las joyerías que están los guardias de la entrada, incluso los fines de semana. Toma el elevador, que sólo tiene cupo para dos personas, hasta el piso superior. Le recuerda a Guillermo la pensión en la que se quedó en Madrid, sobre el Paseo del Prado, hace décadas, en el sexto piso de un edificio mediocre.

La Pensión Cuscatlán es un lugar modesto localizado en la planta alta. Tiene seis habitaciones con baños privados, le dice la encargada, una mujer más ancha que alta. Casi no lo mira mientras lo acompaña por el pasillo oscuro.

—Ésta es la única habitación que me queda libre.

Le muestra un cuarto oscuro, con estorbosos muebles anticuados, que mira a un patio interior. Guillermo prueba el colchón; parece nuevo.

—Las sábanas se cambian una vez por semana, cada viernes. Ése es el día de limpieza —Guillermo ve una toalla blanca que está sobre la cama; se ve mullida.

La habitación es sencilla y limpia. El baño es grande, no particularmente moderno, y tiene una ventana rota que deja entrar el viento caliente y agrio de un cubo de luz.

Mientras está viendo a su alrededor, la mujer se acerca a la ventana y prende un pequeño acondicionador que funciona de manera sorprendentemente silenciosa.

—¿Cuánto renta? —pregunta.

—12 dólares por día o 60 por semana. Eso incluye el desayuno —sólo de ocho a nueve de la mañana— y la luz.

—Lo tomo... por semana —le sorprende lo complaciente que se ha vuelto, lo rápido que se está adaptando a su nueva realidad. Un solo día antes, no hubiera puesto un pie en un cuarto como éste, que ahora está a punto de convertirse en su hogar.

—¿No tiene más equipaje? —le pregunta, señalando a la mochila con una mano.

—No por el momento —responde—. La semana que entra me van a enviar el resto de mi ropa.

Ella sólo asiente, como si hubiera oído ese tipo de historia antes, y le entrega la llave.

—Me puede pagar la primera semana. No se permiten visitas en las habitaciones.

—Entiendo —dice, dándole los 60 dólares. Le pregunta dónde puede conseguir algo de comer; está muerto de hambre. Ella le sugiere cualquiera de los comedores que bordean las calles de la Plaza Hula.

—La comida es buena y los platos están limpios. No lo van a enfermar. Pruebe la sopa de res o los panes de pollo.

Los restaurantes están ubicados a lo largo del lado sur de la Plaza Hula y tienen mesas en la acera hasta el borde de la calle. También están atestados este domingo después de misa y casi no hay dónde sentarse. San Salvador está que arde. Encuentra un comedor que, por suerte, tiene algo de aire fresco que sale del interior y pide la sopa de res con pan.

Es una sopa sustanciosa y Guillermo se siente satisfecho. Se dirige a una librería de segunda sobre la Calle Delgado y compra un ejemplar de *Las viñas de la ira* de Steinbeck; un libro que ha querido leer por años. También se compra una botella de ron en la tienda de junto.

Regresa a su habitación, empieza a leer, y se queda dormido cerca de las ocho de la noche. Duerme doce horas sin despertar, pero tiene sueños perturbadores. En uno de ellos, se pasea por un zoológico donde todos los animales están libres y tratando de atraparlo.

Como desayuno, come huevos, frijoles rojos y una pupusa de queso. El café está aguado y casi no sabe a nada. Baja para comprar los periódicos y enterarse de lo que ha sucedido con su suicidio estropeado. Regresa al mismo quiosco donde le recomendaron la pensión y al mando encuentra a un adolescente, tal vez el hijo del dueño.

Compra un ejemplar de *La Prensa Gráfica*. Una fotografía del ciclista muerto con la mayor parte de la cara reducida a carne molida abarca toda la primera plana. Guillermo enrolla el periódico nerviosamente y busca una banca vacía en la Plaza Hula, al otro lado de las tiendas.

Guillermo se golpea la pierna izquierda cuando se sienta debajo de un hule para estudiar el reportaje de la primera plana. Lee acerca de un ciclista aún no identificado al que le dispararon en la exclusiva Zona 14. Por la manera en que va vestido suponen que vive en el vecindario. Hay entrevistas con algunos vecinos que se quejan del aumento de violencia en la ciudad y cómo ahora los ha alcanzado incluso en este oasis. El artículo hace alusión a cierta controversia entre la policía y las fuerzas armadas en cuanto a la jurisdicción y de quién tiene el derecho de llevar a cabo los análisis forenses para determinar la causa de la muerte, además de la identidad de la víctima. ¿Tendrá jurisdicción la municipalidad o el gobierno central? Una vez que esto se haya decidido, será posible investigar la identidad de la víctima. El problema podría llevarse días.

Guillermo sonríe. La verdaderamente buena noticia es que su nombre no aparece en ningún lugar del periódico. Supone que han abortado el plan de Miguel Paredes de lanzar la grabación en DVD y se pregunta qué podrá estar pensando el «facilitador» y creador de la frase «información enjuiciable». Seguramente sabe que Guillermo no es el hombre muerto en la cresta de la colina y debe estarse preguntando si el asesino a sueldo estropeó el asesinato o si coincidió con el homicidio de otro hombre. Es un obstáculo imprevisto, pero conociendo a Miguel, sabrá cómo aprovecharlo al máximo.

Este suceso fortuito le ha dado a Guillermo una oportunidad para decidir lo que quiere hacer. Mientras más tiempo pase entre el asesinato y el inicio de la investigación, más tiempo tendrá para desarrollar su nueva identidad. Es posible que sea la única persona que sepa que el muerto definitivamente es Boris Santiago, cabecilla de los Zetas en Guatemala y dueño de la McMansión rosa al tope de la colina. Guillermo se pregunta por qué la familia de Boris no ha reclamado el cadáver y supone que probablemente envió a la familia a la seguridad de Miami Beach hace tiempo o que están escondidos en alguna hacienda en Zacatecas, México. Sea cual sea la razón, mientras más se tarden en identificar el cuerpo, mejor.

Coloca el periódico sobre sus piernas y deja vagar su mente. Claramente, el cartel no tendrá ninguna prisa por iniciar una investigación por la desaparición de Boris, ya que su ausencia casi seguramente iniciaría una guerra civil entre sus lugartenientes para determinar quién tomaría el control del lucrativo territorio. El Jefe Narco tiene que haber tenido una cuadrilla completa de personal en su casa, un chofer o dos y media docena de guardaespaldas, pero tal vez el Capo Número Dos les ha indicado que no digan nada; que no suenen la alarma en caso de su desaparición. O tal vez el Número Dos mismo es el responsable del asesinato.

En cualquier caso, a los delincuentes les gusta arreglar sus asuntos con su tipo particular de justicia. O tal vez mataron a un Boris falso y el Boris Santiago verdadero está en una misión secreta por helicóptero en el Petén, amablemente provista por la milicia guatemalteca, donde pueda supervisar otro cargamento de cocaína en ruta por Guatemala hacia Estados Unidos. Sería factible que alguien que se hiciera pasar por Boris resultara muerto durante un paseo ciclístico. Estos tipos con sus eternas tretas y estratagemas no querrían que los maricas de su personal reportaran al jefe como desaparecido cada vez que pareciera esfumarse a Miami para encargarse de otro cargamento o para divertirse en privado con alguna de sus docenas de putas.

De modo que el reportero sólo puede concluir que un pobre pendejo que salió a andar en bicicleta un domingo terminó muerto: un crimen típicamente violento en *Guatebalas* que no producirá culpables ni ahora ni nunca jamás.

El martes por la mañana, Guillermo vuelve a comprar *La Prensa Gráfica* y se sienta en otra banca del parque, esta vez al otro lado de la Catedral. Los titulares de primera plana muestran la misma fotografía del día anterior, pero a la mitad del tamaño. En el pie de foto se lee *Presunto narcotraficante mexicano asesinado frente a su casa.* Debajo del pie de foto, el titular en negritas declara que el ciclista muerto es, de hecho, Boris Santiago, supuesto líder del cartel de los Zetas en Guatemala. Es posible que una Beretta 92 con silenciador haya sido el arma que le disparó a menos de seis metros y que le hayan destruido los rasgos con cinco o seis balas directas a la cara frente a su propia casa. El artículo especula que Santiago fue víctima de una pandilla de rivales más que de los miembros inconformes de su clan. El reportero plantea que existe la posibilidad de que Santiago haya muerto a manos de una fuerza paramilitar secreta que opera dentro del ejército de Guatemala y que está harto del dominio mexicano sobre el tráfico de enervantes.

Hay otro artículo más breve al final de la primera plana. Indica que el Presidente ha ordenado al ejército de Guatemala que lleve a cabo una investigación y que la presente al Congreso. Un diputado anónimo afirma que un escuadrón de élite dentro del ejército podría estar detrás del asesinato de Santiago, al estilo del Mossad de Israel, pero que jamás de los jamases estaría dispuesto a tomar el crédito por el asesinato, de la misma manera que Estados Unidos niega conocimiento alguno de los ataques de aviones no tripulados en contra de los operativos de Al Qaeda en Pakistán o Yemen. Por supuesto, «todo el mundo está en libertad de especular», afirma el congresista, que se niega a dar su nombre y que sabe que el asesino de Boris nunca se enfrentará a la justicia y que él mismo podría ser víctima de un homicidio por especular acerca del asesinato.

—Es posible que nunca sepamos lo que ocurrió —dice—. Después de todo, 97% de los asesinatos en Guatemala quedan sin resolver.

Guillermo se recarga contra el respaldo de la banca. Le sorprende que su suicidio planeado haya traído resultados tan inesperados. No hay mención de él en ninguna parte del periódico, ni asomo de una mención del lanzamiento del DVD que grabó con Miguel Paredes en el que afirmaba que el Presidente con cara de búho y su esposa eran los responsables de su muerte. Se da cuenta de que sus cómplices ya no harán público el DVD dado que no es la persona asesinada y que no existe información alguna acerca de su paradero actual. Hasta donde sabe, Miguel podría estar pensando que lo han matado o secuestrado los mismos delincuentes que asesinaron al traficante de drogas o que tuvo un ataque de nervios y simplemente decidió no seguir con el plan de su propia muerte. Hasta que no haya noticias de dónde se encuentra, está seguro de que Miguel no dirá nada públicamente y que dedicará todos sus recursos y su personal a tratar de encontrarlo.

Guillermo tendrá que mantenerse oculto y tal vez, si lo hace, logre que no lo detecten. Por primera vez en semanas, siente una sensación de verdadero alivio; un sentimiento de que no es necesario que haga nada por nadie. No está deprimido, no está enojado y ya no se siente consumido por la muerte de Ibrahim y Maryam. La furia se ha transformado en una pérdida silenciosa, privada y constante; una que forma parte de él y que está tiñendo su cambiante perspectiva del mundo. Se siente afortunado de haberse podido desvanecer en el aire.

El único remordimiento que tiene se conecta con lo que pensarán sus hijos cuando se enteren de que nadie lo puede encontrar y que se presume que pueda estar muerto.

Durante las siguientes tres mañanas, Guillermo sigue el mismo ritual de desayunar en la pensión a las ocho y media para después ir al parque a leer *La Prensa Gráfica*. Cada día estudia sus páginas esperando a medias alguna nueva revelación asociada con la muerte de Boris Santiago. Cada edición sucesiva del periódico contiene un artículo sobre el asesinato, más corto que el anterior, lleno de conjeturas acerca de quién habrá querido muerto al capo de los narcos. Y después, el viernes, aparece un artículo más amplio de «fin de semana» donde se afirma que una autopsia ha demostrado que el traficante murió a causa de la segunda bala que penetró en su rostro y que las huellas digitales y registros dentales prueban la identidad de la víctima más allá de cualquier duda. A punto de cerrar el periódico, en la penúltima página en una sección de resúmenes noticiosos de Centroamérica, encuentra un pequeño titular que menciona su nombre. Sus manos empiezan a temblar cuando lee *Desaparece Guillermo Rosensweig, Abogado guatemalteco*.

Guillermo sigue leyendo. Braulio Perdomo, su guardaespaldas y chofer, lo reporta como «desaparecido» al tercer día, cuando en realidad ha estado faltando ya cinco días. Su propia secretaria del despacho legal, Luisa Ortega, confirma el reporte, aunque Guillermo le había indicado que no se reportara al trabajo desde hacía dos semanas. El artículo indica que su exesposa, Rosa Esther, que vive en la Ciudad de México, *no tuvo comentario alguno* acerca de su desaparición, pero que se siente preocupada por su seguridad dado que tienen dos hijos adolescentes. El periodista anónimo refiere que, hasta el momento, no hay evidencia de ningún acto criminal porque no ha aparecido una nota o comunicado que pida rescate. Perdomo afirma que su jefe no estaba deprimido, de modo que la policía no supondrá que ha desaparecido por voluntad propia. Miguel Paredes, amigo del abogado, contradice al chofer —su propio empleado— al afirmar que, de hecho, Rosensweig seguía profundamente deprimido a causa de los asesinatos de su cliente Ibrahim Khalil y de su hija Maryam Mounier afuera de la fábrica de Khalil cerca de la Calzada Roosevelt el mes anterior. El reportero menciona que el pasaporte válido del abogado se había encontrado en el cajón central de su escritorio, de modo que están seguros de que no ha abandonado el país. La crónica finaliza con un llamado de la policía guatemalteca donde se pide que si alguien tiene información relacionada con el paradero de Guillermo Rosensweig se comunique con ellos de manera inmediata.

Guillermo se queda viendo ciegamente a la plaza frente a la Catedral. El sol de la mañana es muy caliente y hace que le sude la cara. Le extrañan estos acontecimientos y el hecho de que nadie quiera *suponer* nada. Es extraño, piensa, que nadie se haya percatado de que el abogado desaparecido y el capo muerto vivían en la misma comunidad, a unas cuadras de distancia, y que la idea de que ambos eventos hayan sucedido en el mismo momento o en momentos cercanos no haya despertado cierta cantidad de especulación. Se pregunta si debería hablarle a Rosa Esther para decirle que está vivo —eso calmaría a los niños—, pero de inmediato descarta la idea: mientras menos personas sepan la verdad, mejor para él. El teléfono de Rosa Esther podría estar intervenido. Además, no puede depender de su silencio y necesita planear su siguiente paso, sea cual sea.

No obstante, lo que sí lo sorprende es la falta de curiosidad tanto de la policía como de la prensa. Le parece que están aceptando todo esto tal cual; sin cuestionamiento alguno. ¿Por qué no investigar más? Podría existir alguna conexión entre el asesinato y su desaparición, supone Guillermo, como si fuera uno de los detectives asignados al caso. ¿Por qué les llevó tantos días reportar su desaparición a Perdomo y Paredes y por qué se habían contradicho el uno al otro?

Pero entonces Guillermo le da al clavo: no hay nada que ganar en la conexión entre ambos casos. En realidad, mantener separada la investigación de los dos sucesos contribuirá a una mayor confusión, lo que es ideal si no se quiere que se resuelva ninguno de ambos crímenes. Mejor pasar a investigar o reportar el siguiente homicidio cruento dado que cada día hay de cinco a diez guatemaltecos desaparecidos o muertos. Vaporizados. Idos. Desvanecidos. Y cada semana, aparecen docenas de cuerpos nuevos con la garganta cercenada o con el pecho decorado con un manojo de hoyos de bala en la forma de un trébol.

Guillermo supone que por el hecho de ser abogado, miembro respetado de la crema y nata de Guatemala, su aparente desvanecimiento debería despertar un mayor escrutinio y escándalo. Lo piensa no por arrogancia, sino simplemente como un hecho. No es un cualquiera, un pordiosero.

Y además hay otros hechos que el reportero ha dejado de lado. Guillermo está recientemente separado, su negocio está yéndose a pique y dos de sus amigos más cercanos, padre e hija, fueron aparentes víctimas de asesinato por causas desconocidas. ¿Ninguno de esos trozos de información sería suficiente para generar interés en cuanto a su ausencia? Tal vez todo se deba a las palabras «desaparición aparente». En Guatemala, país de especuladores y miopes, la palabra «aparente» tiene un significado muy importante: nada que se presume realmente vale la pena investigarse hasta que, al final, aparezcan los cadáveres.

Objetivamente, ¿por qué la policía habría de iniciar una búsqueda a nivel nacional por un abogado mujeriego y divorciado que ha desaparecido? Hasta donde cualquiera pudiera saber, Guillermo Rosensweig podría haber decidido de forma deliberada que ya era tiempo de cambiar de vida para desaparecer. Hasta donde cualquiera sepa, compró un pasaporte falso y podría estar viviendo felizmente en Palermo o Malta, bebiendo vino y tomando el sol, pescando en altamar cada dos días o practicando yoga en el Cayo Ambergris...

Guillermo sigue manteniendo un bajo perfil en los días que siguen. Come en lugarcillos cercanos a su pensión, como si fuera un simple empleado o un contador sin trabajo ni expectativas aparentes —de nuevo esa palabra— de que su vida tenga mayor significado o pueda cambiar algún día. Por las mañanas, emprende largas caminatas por los diferentes parques del centro de San Salvador, estudia los periódicos y lee su edición de *Las viñas de la ira* a ratos. En una ocasión, incluso camina por las atestadas calles salvadoreñas al Parque Cuscatlán, que queda a un kilómetro de distancia de su pensión. Es casi como un bosque en medio de la ciudad, con vegetación tan espesa que aunque empieza a llover, Guillermo se mantiene seco siempre y cuando se quede al amparo de los árboles. Se percata de que San Salvador realmente es una ciudad tropical.

Tiene diversas epifanías que contradicen sus expectativas acerca de lo que podría ser la vida en El Salvador. A pesar de todos los informes que ha escuchado acerca de los peligros de sus pandillas y del gobierno izquierdista que no respeta la ley y el orden, a Guillermo nunca lo asaltan ni lo molestan. Por supuesto, se asegura de estar de vuelta en su habitación a las ocho todas las noches. Encuentra que la gente salvadoreña es franca y servicial, no traicionera y ladina como siempre se ha dicho en Guatemala.

La vida de Guillermo empieza a cambiar en miles de formas. Donde antes era el dueño de docenas de pantalones, camisas y suéteres caros, para trabajo y placer, ahora compra ropa funcional adecuada para el calor y la humedad. Dacrón en lugar de gabardina y lana, algodón en lugar de seda. Es una buena táctica no llamar la atención en el vecindario de clase principalmente trabajadora en el que vive, pero sus compras también reflejan sus preferencias. Le da gusto estar redimensionando su vida.

Compra guayaberas ligeras y coloridas y multitud de paquetes de ropa interior y calcetines de Fruit of the Loom con los vendedores de la Plaza Barrios. Dado que lo único que bebe es una cerveza Suprema ocasional, está bajando de peso; los dos pares de pantalones que trajo consigo ya le quedan demasiado grandes. Compra tres metros de popelina ligera y los lleva al sastre del segundo piso de un edificio en la Avenida España para que le confeccione cuatro pares de pantalones. Compra unos zapatos negros y otros cafés en la zapatería frente a su pensión. Le cuestan 12 dólares por par y son importados de Brasil.

Quiere pasar totalmente desapercibido: ser un hombre delgado de mediana edad que trabaja calladamente, que se mantiene bajo el radar y que encuentra un trabajo como contador en un pequeño negocio del centro de San Salvador. Un hombre sin familia ni ambiciones, feliz de estar vivo y de disfrutar su siguiente comida. Quiere integrarse y volverse común y corriente, tan común y corriente como lo fue su padre, Günter.

Sabe que puede cambiar, que puede aprender a derivar felicidad de los placeres simples. Y si necesita sexo —después de todo, es un hombre saludable— hay más que suficientes burdeles en la 8ª Calle Poniente donde hacen fila los microbuses que se dirigen al Aeropuerto Comalapa.

Guillermo se está volviendo un hombre nuevo, descartando las viejas capas de su existencia del mismo modo en que las langostas descartan sus caparazones cada año. Lo que no puede cambiar es su deseo de comprender lo que sucedió. Lo que sabe es esto: el elaborado y meticuloso plan de su asesinato/suicidio se ha visto estropeado por una serie de coincidencias.

Es evidente que el asesino que contrató Miguel fue al sitio designado y cometió el error de asesinar a Boris Santiago por accidente.

O aún más increíble, Miguel contrata a un asesino que mate tanto a Guillermo como a Santiago durante su plácido paseo dominical tanto para derrocar al Presidente Pocasangre como para hacerse del control de los Zetas de Guatemala.

Lo que le queda claro es que el asesinato de Santiago ha llevado a muchos homicidios adicionales en contra de los traficantes de drogas, lo que es evidencia incontrovertible de una guerra de pandillas en Guatemala, según dicen los periódicos. Evidentemente se está dando una lucha para ver quién se queda con el control del negocio.

Mientras tanto, Guillermo supone que sus anteriores asociados, clientes, amigos, vecinos, su exesposa, por el amor que le tiene a sus hijos, y todas las demás personas que no tuvieron participación en el complot, pero que eran extensiones de su propia vida, querrían saber lo que ha sido de él. Si no por otra cosa, sencillamente para cerrar el capítulo relacionado con su miserable vida. Pero nada de esto aparece en los periódicos; a pesar de las suposiciones acerca de su propia importancia, Guillermo no despierta mayor interés que el vendedor que resulta muerto por no darle parte de su sueldo a la pandilla local o que alguien que se cansa de su vida rutinaria y desaparece para siempre.

Guillermo se percata de que no puede pasarse el resto de sus días leyendo libros y periódicos en el parque ni viendo televisión en su habitación con aire acondicionado. A la larga, se le va a acabar el dinero. Necesita planear qué es lo que va a hacer a continuación.

Supone, correctamente, que no puede regresar a Guatemala; ni ahora ni, tal vez, nunca más. No sería seguro. Sus cómplices en su fracasado homicidio han invertido demasiado tiempo y dinero en sus planes para derrocar al Presidente y su esposa como para doblarse de manos y decir: *Pues, ni modo; tendremos que dejarlo ir.*

Ésta es la razón por la que en definitiva sospecha que Miguel asignó a algunos de sus esbirros para encontrarlo, matarlo o silenciarlo de cualquier otra manera. Sin duda, Guillermo, vivo, representa una amenaza; especialmente si quiere urdir otro plan, más exitoso, en contra del Presidente. Lo que es más, Guillermo se pregunta si la designación de Ibrahim Khalil al Consejo de Banurbano no fue parte del plan de Miguel Paredes para presionar a Pocasangre a renunciar. No hay forma de estar seguro ahora, pero la posibilidad de que sea cierto destaca el peligro en el que se encuentra si decidiera reaparecer de manera impensada.

En términos prácticos, sabe demasiado. A Miguel le convendría que estuviera muerto. Se ha convertido en un enorme peligro.

Una noche mientras está acostado, Guillermo evalúa sus opciones. Una alternativa sería ir a la Ciudad de México y tratar de ser un buen padre para sus hijos, lejos de los peligros de Guatemala. Estaría dispuesto a dedicar su vida a establecer algún tipo de relación con ellos. Su título de la Universidad de Columbia le ayudaría a obtener los permisos necesarios para trabajar en México; incluso podría hacer trabajo legal de voluntariado para la comunidad de exiliados guatemaltecos.

Pero sabe que esta feliz reunión no duraría más que unos días y que después empezaría a arruinar las cosas de nuevo, ya sea por depresión o por necesidad. Extraña a Maryam demasiado como para suponer que podría darle un nuevo giro a su vida cerca de Rosa Esther. Sería una causa perdida desde el principio.

Además, la Ciudad de México sería uno de los primeros lugares en los que Miguel esperaría que volviera a aparecer.

Al pensar en Maryam, recuerda la noche, hace meses, en que juraron verse, o tratar de hacerlo, una vez al año el 1º de mayo en La Libertad, El Salvador. Está a mediados de junio y tiene que esperar casi diez meses antes de buscar una reunión imaginaria en un sitio llamado Libertad de un país llamado El Salvador. Qué ironía.

Guillermo se pregunta cuánto tiempo puede vivir sin ser detectado. Podría esperar un par de años y simplemente emerger en El Salvador, convencer al mundo de que ha estado viviendo allí todo el tiempo y de que está feliz con su nueva vida. Podría salir de las tinieblas de manera voluntaria, como Assata Shakur lo hizo en Cuba cuarenta años antes. Pero hasta eso podría ser demasiado peligroso. Había resultado peligroso casi sesenta años antes cuando miembros del gabinete de Árbenz, después de recibir asilo por parte del gobierno de México, se habían ido al exilio felizmente sólo para ser aporreados por matones guatemaltecos que colaboraban con la policía mexicana. Las memorias son muy largas, en especial en el caso de aquellos que se sienten traicionados.

La venganza sería el cadáver de Guillermo, sin importar el número de años que hubieran pasado.

Miguel se aseguraría de ello.

De modo que, por el momento, Guillermo necesita conseguirse un trabajo y dejar de vegetar. ¡Después de todo, es un abogado corporativo que habla dos idiomas y que, en efecto, tiene un título de la Universidad de Columbia! Eso debería valer algo, incluso en un país vecino, ¿o no? Aun si no tiene el título consigo, debería poder utilizar sus habilidades para ayudar a otros a establecer sus negocios de manera legal. Pero, en cualquier caso, sería demasiado arriesgado abrir un nuevo despacho legal en el centro de San Salvador. Primero, Miguel lo detectaría y después lo eliminaría.

Mejor abrir un negocio que no tenga nada que ver con las leyes. Integrarse. Empezar una nueva vida y, poco a poco, perderse.

## 28
## Pupusas y yuca frita

Después de dos meses de quedarse en la pensión, Guillermo decide que es tiempo de encontrarse un lugar propio. Renta un pequeño departamento amueblado de una habitación en la Calle Rubén Darío frente al Parque Bolívar. Los muebles no son de su gusto, pero le da lo mismo. Está lejos de que le importe si su colchón es blando o duro, si el sofá está cubierto de cuero o de ante, si en las paredes cuelgan cuadros originales o sólo carteles enmarcados.

Otro cambio: antes había encontrado consuelo en la bebida y ahora está comprometido con su sobriedad. Apenas bebe una cerveza ocasional.

Necesita abrir un nuevo negocio.

En lugar de arriesgarse a trabajar para alguien más, decide iniciar un servicio de consultoría para individuos o grupos pequeños de inversionistas interesados en abrir empresas. Sus antecedentes legales le son de utilidad: es un experto en trámites empresariales, registros mercantiles y otras gestiones, de modo que debería ser más que fácil hacer ese tipo de trabajo, pero cobrando cuotas de consultoría.

Alquila una pequeña oficina de doscientos metros cuadrados, con aire acondicionado, por 300 dólares al mes, en el mismo edificio en donde está el sastre que le hace sus pantalones. Compra muebles de oficina de segunda mano y una vieja computadora de escritorio, una impresora de inyección de tinta, un escáner, una pequeña copiadora de los noventas y algunos archiveros.

Va a una herrería y pide que le hagan un letrero que diga *Servicios de Consultoría Continental, Rafael Ignacio Gallardo, Propietario*, usando el nombre de su pasaporte falso. También imprime quinientas tarjetas de presentación y, como acto adicional de autodeterminación, compra un celular bajo su nuevo nombre.

Guillermo Rosensweig está dejando de existir poco a poco.

Existen muchas decisiones que deben tomar los empresarios: el tipo de negocio que deben abrir dada la competencia existente y si deben fabricar bienes, ofrecer servicios de información o limitarse a vender productos al detalle o al por mayor. Aunque gran parte de los consejos que Guillermo puede ofrecer podrían parecer evidentes, es posible que sus clientes potenciales no sepan que para abrir un negocio se debe conocer el perfil —edad y sexo— y los ingresos disponibles aproximados —individuales o corporativos— de los clientes potenciales. También se deben extrapolar tendencias competitivas futuras y determinar si se está entrando en un mercado en expansión, en descenso o maduro. Por ejemplo, si uno se dedica a vender teléfonos inteligentes, el mercado estaría en crecimiento si hay suficientes servidores y torres de relevo, pero si uno está interesado en vender máquinas de coser, estaría ingresando en un mercado maduro donde únicamente las innovaciones del producto conducirían a un aumento en ventas y, en ese caso, sólo a unos cuantos clientes.

¿Ya existe un negocio establecido que tiene acaparado el mercado de modo que su producto no tendría oportunidad alguna de llegar a los clientes nuevos o que lo conduciría a la bancarrota antes de que tenga la oportunidad de comprobar el valor de sus productos o servicios? ¿Está sobreestimando su capacidad de ofrecerles a sus clientes algo que nadie más ha hecho?

Las consideraciones financieras son vastas: ¿el emprendedor ha realizado un análisis financiero para identificar los costos relacionados con iniciar un negocio? Este estudio también tendría que incluir fuentes de financiamiento adicional en caso de que las requiriera un negocio incipiente —dinero personal, de la familia, préstamos bancarios (¿y a qué tasa?)— así como una proyección semanal, mensual y anual de gastos y salarios. Una hoja de cálculo del presupuesto tendría que incluir el costo de las materias primas, de la mano de obra, la renta, el transporte, el pago de servicios públicos, los gastos de representación y administración (¡el pago al consultor!) y los gastos de limpieza y mantenimiento inesperado. El empresario potencial necesita considerar el nivel de precios para la venta exitosa de su producto, así como los cálculos de rentabilidad una vez deducidos los costos relacionados con la comercialización y promoción tanto del producto como de la marca comercial.

La única parte problemática del negocio de consultoría es que Guillermo mismo no puede validar el proceso de incorporación en El Salvador, ni obtener las licencias válidas, ni gestionar los trámites municipales correspondientes. En algún momento tendrá que trabajar con un abogado local para completar el proceso, ya que no quiere despertar sospechas a causa de su pasaporte guatemalteco fraudulento. Por suerte, el centro de San Salvador está atestado de este tipo de abogados.

Aunque no está familiarizado con las leyes salvadoreñas, sabe, por el trabajo de su despacho legal, que todos los documentos y licencias del Mercado Común Centroamericano son relativamente rutinarios. Por medio de una computadora y Google, puede descargar cualquier documento que necesite de las oficinas de gobierno establecidas. Sabe que cualquier empresa necesita registrarse a sí misma (con un nuevo nombre) y a sus empleados en el ISSS —el Instituto Salvadoreño del Seguro Social— y empezar a realizar las declaraciones legales con las oficinas de impuestos y pensiones; en especial si el negocio planea seguir existiendo más de un año.

Para publicitar su empresa de consultoría, Guillermo imprime cincuenta volantes en papeles de colores y les pide a los dueños de establecimientos que le permitan pegarlos dentro de los escaparates de sus tiendas o en tableros de noticias por toda la Calle Delgado. Deja volantes con la encargada de la pensión donde vivía, así como con su sastre, en los restaurantes que frecuenta y en cualquier otro espacio público.

Y muy pronto, empieza a recibir clientes nuevos, la mayoría de los cuales deciden pagar su cuota de consultoría/solicitud de 100 dólares, ya que abiertamente admiten que no han hecho las investigaciones necesarias de lo que se necesita para abrir un negocio nuevo. Estos clientes, en lugar de resentirse o frustrarse a causa de las preguntas detalladas de Guillermo, realmente se sienten agradecidos por su meticulosidad y su capacidad para ver la imagen más general. Al final, les estará ahorrando cientos, si no es que miles de dólares para establecer negocios que de otro modo estarían destinados al fracaso.

Lo que Guillermo les puede ofrecer es experiencia y una mente ágil.

Se dedica a su trabajo como nunca antes. Es como si en San Salvador le hubiesen dado una segunda oportunidad y, como carpintero que trabaja con las manos, su trabajo le trae enormes satisfacciones. Disfruta de la resolución de problemas, de motivar a sus clientes con promesas de éxito. Descubre que tiene la capacidad de entusiasmarlos y, más que nada, le sorprende lo poco que extraña su vieja vida, con excepción de Maryam.

Intenta compensar su soledad yendo a los burdeles. Encuentra uno en particular, La Providencia, en los listados de servicios de acompañantes en *La Prensa Gráfica*. Es de más altos vuelos que aquellos cercanos al mercado y a la Catedral pero, al final, sólo siente un alivio moderado.

Hay días, cuando escucha a Liszt, a Debussy o a Delibes en el barato reproductor de CD que hay en su departamento, en que siente un nudo en la garganta. La música lo drena al tiempo que lo hace más humano. Escucha la *Peace Piece* de Bill Evans y *So in Love* de Cole Porter. Siente que Maryam está con él: *Seré tuya hasta la muerte*. Empieza a imaginar que logró escapar, al igual que él. Tal vez se haya alejado de la matanza por su propio pie, dándose cuenta de que a fin de sobrevivir, tenía que desaparecer. Estos pensamientos no son los delirios del Guillermo de la capital de Guatemala. Sus ideas son claras; es algo que podría ser.

No había evidencia forense de su muerte; sólo un montón de polvo blanco que había terminado en una urna en la pared de la iglesia del Cementerio de la Verbena.

Por supuesto, tampoco había pruebas de la muerte de Ibrahim, pero aun así sabe que el viejo fabricante de telas está muerto. Más bien, esto es algo que intuye acerca de Maryam; hay una pequeñísima oportunidad de que siga viva. Recuerda la postal anónima que recibió hace tantos meses donde le decían que no perdiera las esperanzas. ¿Podría ser de parte de ella?

Se rehúsa a creer que sólo sean fantasías.

Maryam era una mujer tan bella que podría imaginar que un secuestrador u homicida en potencia la miraran y decidieran capturarla y mantenerla esclavizada en lugar de matarla, al igual que Clegg, el protagonista de *El coleccionista*.

En sus momentos más oscuros se pregunta si la explosión la desfiguró y si decidió desaparecer sabiendo que Guillermo encontraría repulsiva su apariencia. ¿Seguiría amándola, con su cara llena de parches de piel rosa e irregular? ¿Uno ama el cuerpo, el corazón o el alma; o quizá a una combinación de los tres? ¿Podría seguir amando a la víctima de un incendio? ¿Será ésa la razón por la que nunca se ha puesto en contacto con él?

¿Por qué no puede estar realmente viva, administrando un restaurante de comida de Medio Oriente en La Libertad? ¿Debería ir allí de inmediato? No; debe esperar hasta mayo, cumplir con su promesa, pero no irá con grandes expectativas.

No había manera de que se comunicara con él durante las semanas posteriores a la explosión sólo para tranquilizarlo. Pero dado que él también ha desaparecido sin rastro alguno, no hay forma de que se ponga en contacto con él. Ha hecho un trabajo demasiado bueno como para que lo localice. Él también ha ingresado a las largas filas de los desaparecidos.

Cada fin de semana, va a la Biblioteca Nacional frente a la Catedral Metropolitana de la Plaza Barrios para leer todos los periódicos de Guatemala de la semana anterior; el *Diario de Centro América, Siglo 21, El Periódico, Prensa Libre*. Está en busca de alguna mención del nombre de cualquiera de los dos. Examina cada una de las páginas, estudia los anuncios, las columnas de sociales y también los anuncios de matrimonio; cree que se ha convertido en un experto en la decodificación de mensajes ocultos.

Por supuesto, no encuentra nada. Maryam Khalil y Guillermo Rosensweig se han visto relegados al vasto reino de los olvidados. La ausencia de cualquier mención ensombrece a Guillermo. Nunca pensó que su notoriedad le permitiera desaparecer de esta manera, tan rápidamente, sin ningún tipo de indagatoria formal, como los miles de indios guatemaltecos asesinados y enterrados en fosas no identificadas.

La diferencia es que los indios tienen familiares que los lloran y que buscan sus huesos y cadáveres, cualquier vestigio que puedan enterrar, para comprobar que alguna vez estuvieron vivos.

Leer los diarios guatemaltecos resulta inútil, pero le da la oportunidad de seguir las noticias políticas de su tierra. El Presidente y su esposa han logrado eludir todas las trampas y escollos de las incontables acusaciones de lavado de dinero y cuentas secretas de las docenas de guatemaltecos que los quieren fuera. Parece que el Presidente terminará su gestión a fin de no darle a Estados Unidos la posibilidad de finalizar o reducir la venta de armas porque el ejército haya llevado a cabo un golpe de Estado o porque haya obligado a renunciar a un presidente electo. En otro año más, habrá nuevas elecciones. Y por lo que se ve, la derecha va a ganar y la esposa del Presidente se divorciará de él para postularse para la Presidencia a solas. La esposa de Pocasangre está más que dispuesta a sacrificar su matrimonio con tal de competir por el puesto.

Curiosamente, Guillermo no siente ningún rencor hacia el Presidente y su esposa, como si hacer la grabación y los extraños sucesos subsiguientes lo hubieran curado del odio que sentía por ellos. Ya no son importantes, incluso cuando su divorcio parece inminente y la Iglesia católica se pronuncia a favor de su disposición por anular el matrimonio para que ella pueda postularse al cargo. No existe mayor acto imaginable de cinismo; pasar de lo que fue un pacto sagrado (Guillermo sigue alabando la santidad del matrimonio aun cuando ha traicionado sus preceptos docenas de veces) a la conveniencia política sin tapujos. Pero más que enojo, siente lástima por el Presidente, que claramente no quiere divorciarse pero que es incapaz de limitar las ambiciones políticas de su mujer y su empecinada búsqueda del poder.

Un domingo en la Biblioteca Nacional, Guillermo no puede más que sonreír y sacudir la cabeza. En *Prensa Libre* lee que el Presidente Pocasangre acaba de nombrar a su viejo amigo, Miguel Paredes, como consultor especial en cuestiones financieras domésticas. También se dice que habrá de reemplazar a Ibrahim Khalil como su enviado especial en el Consejo de Banurbano. Este giro en los acontecimientos no puede más que hacerlo reír en voz alta; qué camaleón tan hábil es Miguel.

Guillermo se pregunta si todo este tiempo no ha sido el pelele o instrumento de Paredes en un esfuerzo por lograr que lo nombraran para supervisar el flujo de préstamos e inversiones hacia las diversas agencias gubernamentales. Ahora, el facilitador está en total libertad de canalizar el dinero que quiera a los proyectos favoritos en los que su participación quede oculta por la sanción del gobierno y por las diversas capas de engaños.

¿Su plan para obligar al Presidente a dimitir habrá sido una estratagema?

El periódico muestra a Miguel Paredes y al Presidente Pocasangre con las manos tomadas y en alto, como los mejores amigos, astronautas a punto de lanzarse al espacio juntos, sobrevivientes de la explosión de su cohete después de haber regresado a la Tierra exitosamente en paracaídas. ¿Paredes habrá reemplazado a la Primera Dama como confidente presidencial ahora que se divorció de él?

Todo esto le enseña a Guillermo que ha cometido varios errores gravísimos. Por supuesto, su vida amorosa ha sido un absoluto desastre, aunque no siente que se le pueda calificar como serpiente venenosa por ya no estar enamorado de Rosa Esther. Pero cometió varios errores de juicio que debe admitir: no tomó en cuenta a su padre y sus esperanzas de que se hiciera cargo de La Candelaria; sintió celos de sus compañeros de clase que tuvieron los medios para estudiar en universidades extranjeras; fue falso tanto con su mujer como con sus hijos; tuvo la obsesión de percibir una mano maldita y manipuladora detrás de todo lo que no podía entender de lleno. Su comprensión del mal fue muy ingenua y nunca ha considerado la imagen general de nada, prefiriendo ir de crisis en crisis o de éxito en éxito sin jamás comprender nada, ni siquiera sus propios impulsos sexuales.

Y también se da cuenta de que Guatemala es un desastre irremediable, un país que se hunde cada vez más en sus propias mentiras y negaciones. Los periódicos lo reportan día tras día: con miles de ciudadanos que participan en el negocio de las drogas, Guatemala se ha convertido en un bazar de mordidas y sobornos, apilados unos sobre otros como fruta en una canasta. Sus expresiones de furia y su tendencia a desconfiar de todas las dependencias públicas no lograron cambiar nada porque ya era demasiado tarde. Había llegado a pensar que incluso sus amigos más confiables, a excepción de Ibrahim, estaban implicados en intrigas para destruir al país que tanto amaba.

Ahora entiende que su propia displicencia, su falta de disposición a creer o a confiar en sus colegas, también ha contribuido al malestar de su país.

Al igual que el *Cándido* de Voltaire, Guillermo cree que ahora debería «cultivar su propio pequeño jardín» en esta vida. Éste es el mejor de todos los mundos posibles, dado que tantos poderes fácticos trabajan día y noche para controlar la forma en que suceden las cosas. Guillermo no puede contender con ellos. Las personas honradas no lo hacen.

Al vivir en San Salvador ha aprendido que simplemente puede aconsejar y ayudar a otros, estudiar y determinar, sin invertir su ego en nada. Puede desplegar sus capacidades y obtener placer de sus logros: un hombre capaz de fundar un negocio legítimo. No hay necesidad de actuar valientemente, de verse a sí mismo como más puro que los demás, de sentirse ultrajado cuando las cosas no funcionan como uno quiere.

Lo único que quiere es vivir y dejar vivir, sin tratar de crear un mundo mejor que, a la larga, hubiera sido a su propia imagen y semejanza.

Y lo más extraño es que, hace años, la idea de estar en El Salvador lo hubiera hecho sentir atrapado dentro de una jaula o una cárcel debido a que su libertad de movimiento se hubiera visto limitada. Por el contrario, se siente más libre en el exilio de lo que jamás se sintió en toda su vida de libertad relativa en Guatemala. Esto le da a Guillermo un tipo de paz mental que no ha sentido desde que vivía al otro lado de la calle de The Symposium de Nueva York y asistía a clases. Ahora se ve controlado por el deseo de levantarse cada mañana, no en aras de hacer el bien ni por masajear su autoestima, sino simplemente para hacer lo que sabe que tiene que hacer: trabajar, escuchar y dar consejos. Y para tolerar su situación actual con algo semejante a la gratitud.

El hecho de que ha dejado de beber, a excepción de la Suprema ocasional, lo ha ayudado a aclarar la mente poco a poco por primera vez en treinta años. Las nubes se han disipado y finalmente puede ver uno que otro rayo de luz.

Y hay algo más. Realmente le gusta San Salvador, incluso más que la ciudad de Guatemala. Le duele decirlo, pero es cierto. Aunque Guatemala se precia de ser la bella reina de América Central, su amor propio resulta un poco vencido, como el de una viuda inglesa. En el mejor de los casos, es posible que los guatemaltecos admitan que la sociedad civil ha perdido el camino en su tierra natal, pero con el mismo aliento insistirán que el suyo es un país bellísimo y que han preservado sus vestigios mayas y coloniales. Sus pasadas glorias pueden volver y el mundo entero, o por lo menos Centroamérica, lo notarían. Los guatemaltecos creen que sólo es cuestión de tiempo antes de que su país asuma su legítimo lugar como líder latinoamericano.

Por el contrario, El Salvador es un país loco y caótico, demasiado violento y contaminado como para tener tales vuelos. En 1987, Santana escribió una canción llamada *Blues para El Salvador* y no es de sorprender que se trate de un trágico solo de guitarra eléctrica sin absolutamente ninguna letra, con una duración de cinco minutos. Este país carece de los amplios bulevares y aspecto afrancesado de la ciudad de Guatemala, así como de su glorioso clima de eterna primavera. Pero sus ciudadanos, más allá de toda fanfarronería, son reales. Todo el mundo está tratando de sobrevivir de la mejor manera posible y nadie se siente superior o merecedor de ninguna forma. Los salvadoreños son abiertos y divertidos. La guerra civil por la que han pasado los ha afectado de manera personal, con bombardeos y asesinatos en sus mismos vecindarios, con horripilantes lluvias de cohetes y explosivos, con una extensa pérdida de vidas. Nadie ha salido inmune.

En la ciudad de Guatemala, el conflicto armado fue de lo más abstracto porque principalmente sucedió en el campo donde se creía que sólo habitaban los indígenas. Aquí en San Salvador, las cavernosas heridas del conflicto siguen estando visibles y palpables, y esto hace que sus ciudadanos sean más honrados y que estén poco dispuestos a esconderse detrás de cualquier tipo de ilusión o distorsión.

Y también figura el clima, el calor tórrido que hace que todo el mundo responda de manera bastante directa, no como en Guatemala, donde la verdad se esconde debajo de los suéteres, sacos y capas de tela. El calor de lava lo afecta todo: Guillermo juraría que las paredes sudan tanto como las plantas.

En El Salvador hay una honestidad sencilla, aunque algo brutal, que Guillermo nunca vio en su tierra.

De modo que la vida de Guillermo no es la que hubiera imaginado pero, por primera vez en mucho tiempo, está teniendo una vida que puede llamar propia. Es una imagen de receta: oficina, departamento amueblado, mercado, burdel, biblioteca, comedores grasientos, café de olla y pupusas.

Y no hay forma de saber cuánto dure.

## 29
# Cambiando caballos a la mitad del río

Miguel Paredes estaba desayunando un *croissant* y un capuchino en el Café Barista, justo debajo de su tienda en el centro comercial Fontabella, cuando alrededor de las nueve de la mañana recibió una llamada en la que alguien le dijo «Gol». Así de sencillo, y le indicó a Miguel que la misión se había llevado a cabo y que Guillermo estaba muerto. Por el momento, no había nada que hacer más que esperar a que la prensa hiciera su trabajo. Habría más que tiempo suficiente para planear su respuesta al homicidio y para determinar el momento correcto en el que lanzar la cinta que implicaría al Presidente Pocasangre en la muerte de Guillermo. Casi no podía esperar a ver la reacción del Presidente cara de búho.

Para Paredes, la vida en Guatemala se había convertido en una comedia de errores incorrectamente representada como tragedia. Sabía que no existía tal cosa como el crimen perfecto, pero había estado acumulando una colección de éxitos que le daban a entender que si aplicaba toda su atención, había mucho que podía lograrse. Había sido brillante de su parte hacerse amigo de Guillermo en el servicio funerario de Ibrahim y Maryam, aprovechar su vulnerabilidad y lograr que aceptara sumisamente lo que bien quisiera darle. Miguel sabía que la injusticia misma no hubiera sido suficiente para convencer a Guillermo a unirse a su causa: era la muerte de Ibrahim y Maryam, la naturaleza vengativa de la personalidad de Samir y la implacable debilidad de Guillermo que habían creado la situación ideal para llevar a cabo su plan. Todas las piezas parecían encajar a la perfección y se sentía enormemente complacido de haber estado donde necesitaba estar y de que todo lo que se había requerido de él eran las cantidades suficientes de conmiseración, astucia y dinero para garantizar la victoria.

La revelación de que algo había salido mal en su plan maestro le vino cuando estaba en su oficina de Raoul's tratando de decidir el momento preciso en que dar a conocer la grabación de Guillermo. Uno de sus orejas en la Policía Nacional le envió un mensaje de texto diciéndole que había cosas que no cuadraban en la escena del crimen: el muerto era más bajo y más fornido que Rosensweig y tenía un corte militar, no una buena cantidad de pelo ondulado. Eso era todo lo que le había podido informar, pero era suficiente para desconcertar a Miguel.

De inmediato le había hablado al chofer de Guillermo, Braulio Perdomo, para ver cómo había dejado las cosas con su jefe. Todo había parecido perfecto, sin indicación alguna de que Guillermo iba a arrepentirse al último minuto. Todo estaba listo.

—¿Quiere que vaya a revisar el departamento de Guillermo? Tengo la llave y nadie sospecharía nada. Podría ir rápido a echar un vistazo.

A Miguel le había gustado la idea. Tal vez encontraría a Guillermo allí, desparramado en el piso de la sala en otra de sus extravagancias alcohólicas.

Para las doce del mediodía, Braulio se había reportado. Nada parecía sospechoso ni fuera de lugar: el departamento apestaba a alcohol y había un plato de comida seca en el mostrador de la cocina. No estaba la bicicleta de Guillermo en ninguna parte. Braulio había revisado el cajón de su oficina y había encontrado el pasaporte de Guillermo donde siempre lo guardaba. Y su vehículo todavía estaba en el estacionamiento, con el motor frío.

Miguel sospechaba que algo andaba mal. Para la una de la tarde recibió noticias de otro de sus espías en la morgue de que el muerto tenía un enorme tatuaje de un purasangre apocalíptico que cabalgaba por su espalda. Sin tener evidencia forense, el médico legista no se atrevía a decir a quién pertenecían los restos; necesitaba tomar muestras de ADN y enviarlas a Miami. Lo único que se animaba a decir era que la víctima había recibido varios tiros de un arma de grueso calibre a corta distancia y que había muerto de inmediato.

Miguel nunca había visto a Guillermo sin camisa, pero dudaba mucho que tuviera un tatuaje de ese estilo en la espalda. Empezó a preocuparse: había sido demasiado descuidado, demasiado confiado. Se comunicó con sus elementos apostados en el Aeropuerto La Aurora y les pidió que hicieran indagatorias en cuanto a la posible salida de Guillermo Rosensweig o de alguien que correspondiera con su descripción física. Había subestimado la astucia de Guillermo y ahora sospechaba que existía la posibilidad de que hubiera comprado un pasaporte falso para tratar de escapar.

Miguel se comunicó con sus orejas en la Estación Central de Autobuses, pero nadie informó haber visto a un hombre que se pareciera a Guillermo. Hizo que algunos de sus hombres hicieran indagatorias discretas en los hoteles del centro y en aquellos de las zonas 9 y 10 en caso de que Guillermo hubiera decidido esconderse un par de días o tomar un autobús de primera a San Salvador o Tegucigalpa. Para el momento del anochecer del domingo, nadie había visto ni rastro de Guillermo.

En apariencia, había desaparecido como por arte de magia.

El lunes en la mañana, le pidió a Braulio que se comunicara con la secretaria de Guillermo, Luisa Ortega. Descubrió que Guillermo le había dado indicaciones de que no se presentara a trabajar semanas antes. Braulio le ofreció 10 000 quetzales, con lo que le mencionó que todavía tenía llaves de su oficina y que, hasta donde sabía, Guillermo aún no había sacado sus archivos. ¿Quería que los revisara?

Braulio tuvo la presteza de responder:

—No, no. Debo haberlo malentendido cuando me pidió que lo recogiera temprano por la mañana. Seguro está bien. Espere mis instrucciones.

A medida que pasaron los días, se reveló que el capo narcotraficante Boris Santiago había sido la víctima de la balacera y que, en apariencia, Guillermo Rosensweig estaba desaparecido. Aunque vivían a menos de un kilómetro de distancia, nadie sospechó que hubiera ninguna conexión entre ambos. Extrañamente, la familia de Boris no hizo intento alguno por recuperar sus restos y, a pesar de la desaparición de Guillermo, ni su esposa ni sus hijos parecían estar alterados.

Lo de siempre, pero realmente era *Lo de nunca*.

Ahora, Miguel se dio cuenta de que tenía que moverse con presteza en dos frentes si quería que su plan maestro triunfara: primero, tenía que arreglar las cosas con el Presidente Pocasangre y, segundo, tenía que buscar hasta en el rincón más ínfimo de la Tierra para encontrar a Guillermo. Lo primero lo podía manejar de manera personal con toda la finura y fuerza de la que era capaz, y lo segundo lo tenían que manejar sus esbirros.

A través de intermediarios, Miguel le hizo saber al Presidente que estaba cansado de oponerse a su gobierno y que estaría dispuesto a unirse al equipo financiero de Pocasangre y, además, llenar el vacío que había dejado Ibrahim Khalil en el Consejo de Banurbano. Lo haría con el máximo respeto hacia la Presidencia y con el único interés de servir con honradez, discreción y lealtad. Después de todo, Miguel, inventor de la «inteligencia enjuiciable», tenía una larga carrera en el gobierno fungiendo como asesor para muchos de los oficiales militares que se habían visto promovidos a la Presidencia.

El Presidente Pocasangre había accedido de inmediato, feliz de tener a un adversario menos agrediéndolos a él y a su esposa.

Al verse nombrado para formar parte del gobierno de Pocasangre, Miguel se convence de que tiene que encontrar a Guillermo para deshacerse de él. Pero nadie sabe a dónde se ha ido. Envía a Braulio a San Salvador y a Edgar Rocío a Tegucigalpa y San Pedro Sula en Honduras, pero después de una semana de investigaciones, ambos regresan sin pista alguna, sin ningún tipo de avistamiento. Envía a agentes de inmigración a todos los pasos fronterizos dentro y fuera de Guatemala con fotografías de Guillermo Rosensweig y 10 000 quetzales para cualquier información que conduzca a su paradero.

Pasa más de un mes sin siquiera un trozo de «evidencia creíble» ni «información enjuiciable» con la que trabajar. Miguel se siente frustrado de no poder encontrar a esta aguja en el pajar, como lo ha hecho toda su vida. Se da cuenta de que Guillermo podría estar en cualquier lugar; en la isla de San Andrés o en La Ceiba en el mar Caribe, en la Ciudad de México, en Miami o, incluso, en Nueva York o San Francisco. Un hombre de familia, un abogado de la importancia y prestigio de Guillermo no desaparece así nomás, especialmente después de vivir en Guatemala la mayor parte de sus casi 50 años, pero eso es exactamente lo que ha sucedido.

Miguel Paredes decide que necesita ejercitar su paciencia y no hacer nada: en algún momento, Guillermo Rosensweig intentará entrar al país, por nostalgia o necesidad, y en ese momento lo atrapará.

Y lo eliminará.

## 30
## Libertad es sólo una palabra más

Maryam e Ibrahim habían muerto el 5 de mayo y Guillermo Rosensweig había planeado su propia muerte cuatro semanas después, a principios de junio. En diciembre, antes de la Navidad, Guillermo empieza a sentirse deprimido y solo otra vez. Recuerda las joviales cenas de Nochebuena, a los niños levantándose al salir el sol en Navidad para abrir sus regalos como si los Rosensweig vivieran en Estados Unidos, y los numerosos viajes que hacían —siempre del 28 de diciembre al 7 de enero— a algún lugar en el interior de Guatemala. Habían hecho viajes a Antigua y Panajachel, pero también habían recorrido el Río Dulce hasta el Castillo de San Felipe y el Lago de Izabal, y habían vacacionado en las playas de Likín, donde Guillermo recobraba su lugar como jefe de una bella familia. No importaba que todo esto se disipara dos días después de regresar a la capital de Guatemala, pero la risa de los niños y la distracción del licor convertían en amantes a Guillermo y Rosa Esther, aunque fuera de manera algo forzada e indigesta.

Un día, lo consume la nostalgia por su tierra. Reconoce el inmenso riesgo que representa cruzar la frontera, pero no puede contenerse. Necesita sentir tierra guatemalteca bajo sus pies.

Quiere ir a Valle Nuevo, Guatemala, porque le permitiría someter a prueba la validez de su pasaporte como Ignacio Gallardo por segunda vez sin revelar el sitio donde realmente está viviendo. Pero hay una razón adicional: Valle Nuevo tiene un banco y una oficina postal y esto le permitirá enviarle 4 000 dólares a Rosa Esther y mandarle a ella y a los niños una carta en donde les revele que sigue vivo. Es lo menos que les debe, aun si está tomando un gigantesco riesgo conociendo el largo alcance que tiene Miguel.

Al día siguiente, toma un bus del Radisson en el vecindario de San Benito junto con otros veinte pasajeros. En la frontera, el oficial de inmigración de Guatemala apenas mira su pasaporte porque es evidente que es de clase alta y hoy en día la seguridad se reserva a los salvadoreños que están tratando de abrirse camino hasta Estados Unidos. En un autobús de primera, nadie entra en esa categoría. Los agentes deben estar tan acostumbrados a tener docenas de ilegales que tratan de cruzar por la maleza que Guillermo no les parece ni remotamente sospechoso.

Pasa la noche en Las Palmeras, un horripilante motel de dos pisos del lado guatemalteco de la frontera que apenas parece mejor que una parada para camioneros. El ruido del *lobby* es abrumador: música ranchera chillante, voces a gritos y las quejas de los borrachos del bar. Pide una habitación callada al fondo y tan pronto entra en su cuarto con luces fluorescentes y muebles deteriorados, se da cuenta de que se muere de hambre. Está harto de comer pupusas y se dirige al restaurante del motel para pedir tamales de elote y de papa con chipilín como si no hubiera visto comida guatemalteca saludable en meses.

Después de cenar, regresa a su habitación para escribir la carta en la que dice a su exmujer y sus hijos que, de hecho, sigue vivo. Por razones de seguridad, no puede revelar dónde está viviendo y les pide, más bien, les ruega, que no compartan el contenido de la carta con nadie, preocupado por la posibilidad de despertar el interés de sus enemigos, lo que pondría en peligro la supervivencia de Guillermo y su propio bienestar. Les dice lo mucho que los quiere y lo mucho que se arrepiente de todo el daño que les hizo. Reconoce que ha sido un mal padre; alguien que renunció a todas sus responsabilidades tanto paternas como conyugales para perseguir sus propios intereses egoístas. Y se disculpa por haber desaparecido como lo hizo, pero es que no estaba en libertad de contarles lo que había sucedido y las razones por las que había sentido que era necesario desaparecer como lo había hecho seis meses antes.

Mientras escribe la carta, se seca las lágrimas.

No tiene ni idea de si sus hijos le guardan cualquier tipo de sentimiento de amor, pero les promete que algún día tratará de volverse a ganar su cariño, si no su respeto. Con el tiempo, les dice, les confesará todo, aun si sabe que les ha hecho esa misma promesa con anterioridad. Añade que tampoco tiene idea de la manera en que están sobreviviendo económicamente, pero le ruega a Rosa Esther que por ahora no trate de reclamar su dinero y propiedades porque podría despertar sospechas, y que espera que el dinero que le remite les sirva de algo. No sabe si incluso, al paso del tiempo, pueda ayudarlos recuperando sus propiedades en Guatemala. Reitera lo mucho que quiere a los niños y vuelve a disculparse por el lío que ha armado.

Está tan embebido en su soledad, que no se percata de que sus palabras de reconciliación son sólo otra ilusión más.

Hasta donde puede, evita afirmar que es un hombre totalmente diferente, que ha aprendido algo de sus errores y todo ese tipo de palabrería hueca: cualquier cosa que pueda minar la sinceridad de su disculpa. No puede hacer más que cerrar la carta para enviarla por la mañana.

Su habitación está que arde. Prende la pésima imitación de aire acondicionado, que traquetea como automóvil a punto de explotar.

Guillermo se colapsa en la cama y de inmediato se queda dormido en el incómodo colchón de paja. Se despierta media hora después y pasa las siguientes dos horas dando vueltas en la cama, tratando de ignorar el ruido de los camiones y el sonido de los mariachis. Finalmente, el cruce de la frontera cierra a la una de la madrugada y los gritos y el destello de luces se apaga.

A las ocho de la mañana, regresa al restaurante del motel y come dos huevos fritos, frijoles negros con crema, plátanos y las tortillas de maíz azul más deliciosas que jamás haya comido. Después camina por una calle polvorienta al pequeñísimo Banco de Guatemala y cambia 4 000 dólares en efectivo por un cheque de caja oficial. Toma el cheque y lo coloca dentro del sobre con su carta. Después camina a la oficina postal de al lado y envía la carta, registrada, a México. Sabe que se está arriesgando; la carta podría perderse o ser confiscada y el cheque podría desaparecer. Aun si no lograran cobrarlo, desaparecería para siempre. Pero es lo que se ha propuesto hacer.

Regresa al motel, recoge sus cosas y toma el camión de vuelta a San Salvador.

La Pascua llega temprano en abril de 2010, pero el calor en San Salvador ya es opresivo. Las lluvias de primavera no se presentan, un patrón que se remonta a la deforestación agravada durante los años de la guerra civil. No que servirían de mucho para refrescar el clima, en especial en una ciudad que cada vez está más poblada y contaminada, pero el aire tiene una densidad que lo hace difícil de respirar.

Para Ignacio Gallardo, antes Guillermo Rosensweig, la primavera ha sido inesperadamente amable. Su negocio de consultorías está empezando a despuntar y está ganando mucho dinero; ya no está usando el efectivo que trajo consigo desde Guatemala. Sus clientes lo han recomendado a otros clientes porque, a diferencia de otros consultores, Guillermo está dedicado a explorar las posibilidades y encontrar soluciones, no a lamentarse por todos los problemas. Se concentra en lograr que la gente a la que le presta sus servicios se centre en el logro de metas, sin importar qué tan pequeñas. Y es honrado a carta cabal; algo poco común en el centro de San Salvador, donde abundan los embaucadores.

Guillermo reconoce algo más acerca de la estructura de su vida: después de toda la turbulencia de Guatemala, está feliz simplemente con ir a su oficina y mantener un perfil discreto, lo que le permite ayudar a sus clientes sin distracciones importantes ni dramas. Ya no se ve motivado por la furia ni por el deseo mesiánico de corregir los cientos de males de su patria.

Vive en una paz relativa, excepto por los momentos en los que el recuerdo del amor que le tiene a Maryam le oprime el pecho y no lo deja ir. Con el tiempo, estos recuerdos aparecen con menos frecuencia, pero no con menos fuerza. Hay noches en las que se queda dormido en un estado de apasionamiento al recordar su época juntos, la felicidad que compartieron, los sueños que habían discutido. Con frecuencia, termina masturbándose, imaginando que la está penetrando y que ella le está rogando que no se venga, ni ahora, ni nunca.

En momentos más calmados, recuerda su promesa de verse en la plaza central de La Libertad el 1° de mayo, en un mes más; el Día Internacional de los Trabajadores.

Y ahora que se acerca el día, siente dudas de si debería ir o no. No es que tenga miedo de que lo reconozca alguien que pudiera haber sabido de su promesa, sino que teme desilusionarse. Siente que si hay algo que pudiera hundirlo de nuevo en el colmo de la desesperación es darse cuenta de que su sueño, sin importar qué tan extravagante ni remoto, jamás se volverá realidad.

Las probabilidades están abrumadoramente en su contra: es casi indudable que Maryam esté muerta.

¿Pero y si por algún milagro está viva?

¿Y qué tal que haya sobrevivido la explosión, que esté viva y que haya construido una nueva vida para sí misma? Le duele la idea de que pudiera haber encontrado a alguien más a quien amar, apasionadamente, románticamente, con esperanzas e intensidad. Ella no sería así de cruel. Al menos dejaría que pasara ese primer año. Simplemente sería demasiado para él si ella se hubiera enamorado otra vez.

## 31
# La Libertad

El 1º de mayo cae en sábado, lo que le complica las cosas a Guillermo porque La Libertad está sobre la costa y miles de habitantes de las ciudades estarán yendo allí para el fin de semana largo. Habrá atascaderos en las carreteras y mucho caos, además de manifestaciones y desfiles para celebrar el Día Internacional de los Trabajadores.

Por suerte, amanece nublado y con lluvia. Esto desanimará a muchas familias de levantarse temprano para ir a la playa. Hacia las ocho de la mañana sigue tan oscuro como si fuera de noche y la lluvia está cayendo a mares con un ruido constante en ventanas y techos. Nadie va a atreverse a salir con este clima, ni para participar en un desfile, ni para dirigirse a la costa.

Una hora después, sigue lloviendo a cántaros. Guillermo se da cuenta de que tiene que apresurarse si quiere llegar a la hora pactada. Aborda el autobús 34 en frente de su edificio hacia la Terminal de Occidente para tomar uno de los buses que sale a La Libertad cada diez minutos aproximadamente. Supone que si sale en el de las diez llegará a la costa hacia las once, con más que tiempo suficiente para explorar el pueblo y llegar al sitio pactado frente a la Iglesia Central de la Plaza Principal de La Libertad al mediodía.

El aguacero demora la salida. Las calles están atestadas, principalmente de personas tratando de evitar la lluvia torrencial. La camioneta se abre paso lentamente por las calles de San Salvador, camino a Santa Tecla, un pueblo adosado a la capital donde viven los miles de salvadoreños que abandonaron el campo durante la guerra civil de la década de los ochentas. El autobús se detiene cerca de diez minutos en la esquina del Parque Central para que suban y desciendan los pasajeros y después emprende camino hacia la costa a toda velocidad.

En las afueras de Santa Tecla, en un área espesamente arbolada con salientes atestadas, el bus se detiene por completo. La lluvia ha causado un deslizamiento de tierra y grandes cantidades de rocas y lodo están bloqueando el paso hacia la carretera. Hay un caos total a medida que el tráfico de ambos carriles trata de pasar por la única vía disponible entre los montones de tierra y el barranco. Y lo que es peor, no hay un solo policía que ayude a aliviar el desastre. Durante la siguiente media hora, avanzan una cuadra si mucho.

De pronto, el cobrador salta del autobús blandiendo una pistola en la mano y haciendo gestos enloquecidos. Llega al bloqueo y le apunta directamente al conductor de una camioneta que está maniobrando en la dirección contraria y lo detiene. Esto permite que los autos frente al camión pasen por el obstáculo. Una vez que el autobús logra pasar, el cobrador vuelve a montarse en el vehículo entre los vítores de todos los pasajeros.

El autobús empieza a trepar lentamente por las montañas. Guillermo no comprende qué está sucediendo, de modo que camina al frente y le pregunta al conductor por qué se está demorando tanto para llegar a La Libertad. El ayudante le indica que si quería ir por la ruta rápida, debió haber tomado el autobús directo al Aeropuerto Internacional de Comalapa, que da servicio a la capital, a cincuenta kilómetros de distancia, y no el que toma la ruta montañosa por Santa Tecla. En lugar de oler el mar de la ruta costera, Guillermo tiene que soportar los aromas de la vegetación húmeda y fétida, junto con las innumerables paradas.

El autobús se esfuerza por subir la cuesta. El motor ruge, los costados vibran y los pasajeros hablan a gritos al mismo tiempo que toma curvas imposiblemente cerradas a velocidad peligrosa. En varias ocasiones, Guillermo mira cómo la mitad del autobús parece colgar sobre el vacío antes de volver a regresar a la vía. Pero tal vez así logre pasar por las montañas y llegar a La Libertad a tiempo.

Una vez que descienden de la montaña, el chofer acelera al máximo. Gasolineras, pueblos y negocios al lado de la carretera pasan volando en un borrón. Guillermo está experimentando náuseas para cuando el autobús desacelera al llegar a las afueras de La Libertad frente a las tiendas de neumáticos, las ferreterías y los restaurantes con piso de tierra. El sol ha salido y el vapor de agua flota en nubes bajas sobre el asfalto que rápidamente empieza a secarse.

El autobús se detiene en la plaza principal frente a la iglesia central un momento antes de las doce del día. Guillermo no sabe qué había imaginado, pero esta iglesia no es una catedral: es más como un gran hangar de aviones, con paredes de metal corrugado y rodeada de una reja de alambre de púas para mantener alejados, imagina Guillermo, a los posibles bombarderos suicidas; una reliquia de la guerra civil.

No puede entender por qué no han quitado la reja. ¿Todavía se enfrentan a los ataques cotidianos de los terroristas que tratan de entrar? ¿Para hacer qué? ¿Para rezar?

De modo que aquí es donde ha de verse con Maryam. A Guillermo lo asalta el mal presentimiento de que ha cometido un enorme error al venir: mejor soñar desesperadamente con su supervivencia que enfrentarse a la decepción en un lugar tan descorazonador como éste. Resulta absurdo esperar a su amante frente a un verdadero hangar de aviones en La Libertad, El Salvador.

Espera y espera, ve otros dos autobuses que llegan y un número equivalente que se marcha y pronto ya son las doce y media. El sol está a plomo, sin alivio alguno. Una oscuridad profundísima envuelve a Guillermo. Se da cuenta de que Maryam no se reunirá con él, que murió en el auto con su padre y que sus esperanzas de que hubiera sobrevivido a la explosión no han sido más que fantasías infantiles.

## 32
# Pagar el pato

El autobús de Maryam desde San Lorenzo se detiene en el pueblo de El Amatillo alrededor de las ocho de la mañana para que los pasajeros pasen por la aduana y el control de inmigración. Pero incluso antes de que el autobús llegue al cruce fronterizo, se ve rodeado por casi cien maestros y sus familiares, que sostienen pancartas donde protestan contra recortes salariales y las malas condiciones laborales de las escuelas en el oeste de Honduras. Maryam apoya a los huelguistas, pero está furiosa por el retraso: dejó su casa a las seis de la mañana y había planeado estar en La Libertad a las once. Quiere meterse un tiro por no haber partido el día anterior.

El conductor dice que podrán pasar el bloqueo de los inconformes en media hora. Maryam no está convencida. Mira por la ventana y ve la espesa acumulación de nubes; la lluvia podría resultar ser una bendición si obliga a los maestros a dispersarse. Nerviosamente, empieza a juguetear con su anillo. Tiene bandas de elaborada filigrana de plata y hay una piedra color ámbar profundo, casi rojo, al centro. Compró el anillo en Tegucigalpa en una tienda que vendía joyería de México. La joven de la tienda le había dicho que a la piedra le decían Lágrima de la Selva.

Maryam había comprado el anillo para simbolizar su compromiso con Guillermo. No tiene idea de si se volverán a ver, pero quiere usar algo en su mano derecha que se lo recuerde todos los días.

En San Lorenzo, Maryam usa su anillo de matrimonio en la mano izquierda para que los hombres del pueblo no la molesten. Se hace pasar por una triste viuda cuyo marido ha muerto en Guatemala. Aquí, en el autobús, guarda su anillo de matrimonio en la bolsa y únicamente se deja puesta la Lágrima de la Selva.

Con el camión detenido, el conductor permite que se suban dos vendedores ambulantes. Caminan por el pasillo vendiendo comida y cerveza a los pasajeros medio dormidos.

Maryam está que fenece de hambre. Compra dos pupusas y se las come ansiosamente mientras mira por la ventana: los huelguistas están de lo más felices y no muestran seña alguna de que tengan intención de dejar pasar el autobús y los ríos de automóviles que están detrás del mismo. No está segura de lo que va a pasar.

De pronto, se oye el rugir de un trueno. Un minuto después, varios rayos iluminan a los manifestantes. En un instante, la lluvia empieza a caer en olas. Al cabo de un minuto, los huelguistas se han dispersado y el conductor avanza otros 500 metros al cruce fronterizo. Hace años, cruzar la frontera podía llevarse varios días, pero ya que en la actualidad todos los centroamericanos comparten el mismo pasaporte azul, es fácil pasar de un país a otro. Los pasajeros ni siquiera necesitan descender del vehículo ya que los agentes fronterizos se suben al bus para sellar su pasaporte.

Pronto, están de camino a San Miguel, donde Maryam cambiará de autobús para dirigirse a La Libertad. Entra y sale de un sueño intranquilo mientras revive los momentos posteriores a la explosión.

El que haya sobrevivido fue un milagro. Ninguno de los periódicos guatemaltecos que leyó indicaba que había el menor indicio de sobrevivientes de la explosión.

No tiene idea de por qué las balas se detuvieron tan repentinamente. Se ve a sí misma agazapada en la construcción a medio terminar, esperando la ráfaga de balas. Pero en lugar de eso, oye cómo el carro se aleja. ¿Quién estaba dentro de él y a quién pensaban que estaban persiguiendo? ¿A ella? ¿A algún testigo desconocido? ¿Pensaron que quienquiera que haya sido habría entendido el mensaje y no se atrevería a declarar?

El autobús pasa por un tope y Maryam se despierta de golpe. Parte de ella sigue esperando la bala. Su caminar ya no es despreocupado, tiene un aire asustadizo. Presiona el cuerpo contra la ventana y se recuerda a sí misma que escapó. Y al volver a dormitar, se ve recargada contra la ventana del autobús y agazapada en la construcción vacía. El mismo sueño la lleva a ese día y vuelve a mostrarle su escape. Recuerda la claridad de saber que debe ser decidida. Está sola pero se dice a sí misma que lo peor ya pasó. Lo mejor es esperar hasta el anochecer. Trata de calmar su mente, de respirar lentamente.

A las seis de la tarde se levanta y camina por las vías secundarias hasta que llega a la Calzada Roosevelt, donde toma el bus hacia el Hotel Marriott en la Zona 9. Allí pasa la noche, a poca distancia del viejo departamento de la Plazuela España donde ella y Guillermo se reunían secretamente. Sabe que hay autobuses de primera que salen del Radisson, que no queda lejos del Marriott. En la mañana, toma el primer autobús disponible. Va a Tegucigalpa; Maryam sabe que no puede quedarse en la capital de Honduras, pero es un primer paso hacia la seguridad, ya que no tiene dudas de que hay personas que están tratando de encontrarla.

Hasta ese momento, Maryam hace todo a la perfección: nadie sabe que ha escapado a la muerte.

Decide vivir en el pequeño pueblo de San Lorenzo, sobre la costa del Pacífico a cerca de dos horas de Tegucigalpa. Es un verdadero infierno y no cuenta con ninguna de las conveniencias a las que estaba acostumbrada en Guatemala. Vive de manera sencilla, alquila un departamento cualquiera y trabaja como mesera en un restaurante pequeño pero concurrido del área de Las Cabañas, con vista al puerto. Unos meses después, le empieza a enseñar a la cocinera a preparar algunos platillos de Medio Oriente —*tabule*, *kibbeh*, *faláfel* y arroz con azafrán— como forma de recuperar alguna señal de identidad en este sitio donde no tiene absolutamente nada. Estas recetas son su conexión a su padre y a Guillermo. Sabe que no es mucho, pero es algo.

Los obreros de la fábrica que comen en el restaurante adoran los nuevos platillos, la manera en que su arroz es una explosión de sabor y cómo las tortitas de cordero están aderezadas con las tres ces: comino, cilantro y cardamomo. Incluso logra encontrar hojas de pasta *filo* y empieza a elaborar sus propios pastelillos árabes.

Pasan meses y repentinamente se percata de que se está adaptando bien a la vida en este pequeño pueblo. Tiene una sensación de logro. Por primera vez en mucho tiempo, es responsable de su propio bienestar; es independiente y no le debe nada a nadie.

Un día, ve una vieja máquina de coser Singer de pedal. La compra y empieza a coser tapetitos y servilletas para darle más estilo al restaurante. Los clientes empiezan a pedirle que les haga algunos tapetitos para sus propias casas, que vende para ganarse algunos lempiras adicionales. Se hace amiga de una mujer que le vende tela en el mercado y Maryam aprende a usar patrones para elaborar vestidos, blusas y pantalones sencillos. No piensa demasiado en Guillermo cuando está rodeada de otras personas. Su ausencia la afecta en la forma de un nudo en la garganta y sabe que necesita poder seguir funcionando. No puede bajar la guardia y parecer demasiado vulnerable.

Aprende a ser amistosa, pero reservada. Ninguna parte de la coquetería que vestía como segunda piel en Guatemala se encuentra visible aquí. No hay nada provocador ni en su proceder, ni en su vestir. Tiene perfectamente claro lo que necesita hacer para sobrevivir; crear cualquier tipo de interés en ella o en su pasado no sería nada inteligente.

Lee con voracidad, es su escape. En raras ocasiones se permite fantasear acerca de Guillermo e imaginar que tal vez algún día pudieran tener una vida juntos. Constantemente imagina su viaje a La Libertad. Cómo se bajará del autobús y lo verá. No puede ir mucho más lejos que eso; siente que incluso imaginar ese día es como tentar al destino. Pero a veces no puede evitarlo y representa distintas escenas en su cabeza, siempre con la esperanza de que él se aparezca.

Está feliz a solas, alejada de las demandas y limitaciones de su vida anterior. Eso le permite hacer su trabajo sin distracciones y sentir la pérdida de su padre y de su amante con profundidad.

En el autobús a San Miguel, recuerda las veces que imaginó este viaje, cómo el 1º de mayo parecía imposiblemente lejano.

Pero nunca había tomado en cuenta que hubiera una huelga de maestros y mal clima.

¿Y qué harán cuando se vean? Ha cambiado tanto en estos meses que ya no es la mujer que él conoció, ya no es la mujer que esperaba sus llamadas; y no puede regresar a eso. Si alguna vez vuelven a estar juntos, él también habrá cambiado y no va a ser cuestión de retomar las cosas como las dejaron. Si hubiera sido al revés y ella hubiera escuchado noticias de la muerte de Guillermo, no está segura de que pudiera haberse convencido a sí misma de viajar a La Libertad.

Alguien está tocando música y Maryam se despierta en las afueras de San Miguel. Desciende del autobús y se dirige a la caseta de boletos para preguntar acerca del transporte a La Libertad. Son las diez y su camión llegó con media hora de retraso. Cuando pregunta acerca del siguiente autobús a La Libertad, se le informa que partirá a las diez y media y que hará parada en San Salvador.

—¿Y el autobús directo?

—Se fue hace quince minutos. Hay otro que sale a las once.

Está furiosa consigo misma, por su mala planeación. No va a poder llegar a La Libertad sino hasta bien pasada la una de la tarde. Recuerda algo que su padre solía decir acerca de las mujeres: son como cepillos para pelusa; recogen pensamientos e ideas mientras se pasean por la superficie de las cosas, nunca inician cosas por sí mismas y siempre están distraídas.

Maryam nunca se había sentido como cepillo para pelusa, pero ahora está muy enojada con lo que ha hecho. Sabe que su autobús no va a llegar a La Libertad a tiempo. No es su culpa que los maestros hayan estado en protesta, pero siente que la demora es su responsabilidad.

Maryam vuelve a dormirse en el bus de las once de la mañana y se imagina una conversación con Guillermo en un hotel llamado Pacífico Amanecer a las afueras de La Libertad. Están acostados sobre la alfombra industrial gris de la habitación después de hacer el amor.

—¿Y entonces qué vamos a hacer —dice ella, sólo por decir algo.

Él contesta cautamente:

—No podemos regresar a Guatemala. Supongamos que Samir no haya estado detrás de los asesinatos de tu padre y de Verónica. ¿No tratarían de matarte los asesinos verdaderos? ¿No tendrían miedo de que los pudieras identificar a ellos o a su auto? No estarían nada felices de que apareciéramos uno o dos años después de la explosión, tomaditos de la mano.

—Yo podría cortarme el cabello, esconder mi rostro bajo una *kufiyya* —dice Maryam, acostada contra su cuerpo y cubriendo su boca con su mascada para tratar de aligerar la conversación.

—¿Y qué con tus ojos verdes? ¿No crees que te delatarían?

Maryam reflexiona un momento y después chasquea los dedos.

—¡Regresa conmigo a San Lorenzo! No puedo imaginar que a nadie de allí le importe quiénes somos.

—¿Y a qué me dedicaría?

—A lo mismo que cuando te estabas escondiendo —dice, al tiempo que se percata de que no sabe nada acerca de su paradero anterior—. Necesitamos un plan; ¡tal vez te podrías convertir en pescador!

—¿Empezar a pescar a mi edad?

—Claro —responde ella, aunque ya no está tan segura de lo que está diciendo.

—¿Como Santiago en *El viejo y el mar*? ¿Con 84 días sin pescar nada?

—Podrías cortar leña en el bosque a las afueras de San Lorenzo —dice, picándole las costillas.

—Ah, no —responde—. No soy el feliz leñador; nada de trabajos manuales para mí.

Nada de lo que dice sirve de algo, en esta conversación imaginaria. Se pregunta si la hermana de Guillermo en San Francisco estaría dispuesta a ayudarlos. Llevan años sin estar en contacto. Michelle no había aprobado que dejara a Rosa Esther, pero eso es lo que hacen las mujeres; se defendían entre sí. Michelle está casada y cree en el matrimonio a largo plazo y en «Hasta que la muerte nos separe».

—¿Y qué tal si nos vamos a la ciudad de Nueva York? Siempre estás presumiendo que tienes tu título de la Universidad de Columbia. Eso debería servir para algo, ¿no crees?

Guillermo se voltea y ella se da cuenta de que tiene un tatuaje en la espalda. Nunca había notado ese detalle.

—Me voy a dejar crecer el cabello. Nadie me va a reconocer; me voy a convertir en una famosa diseñadora de modas, verás.

Cuando el autobús llega a La Libertad, se despierta. Es la una y media. Baja las escaleras a todo correr y se ve rodeada de un mar de humanidad.

33
# De pesca

Guillermo siente que media hora de espera es más que suficiente. De todos modos, decide quedarse cerca de la iglesia media hora más: ¿qué, el amor no requiere de paciencia?

A la una de la tarde se da cuenta de que está perdiendo su tiempo. Considera abordar el siguiente autobús a San Salvador para evitar a la muchedumbre que no tardará en llegar ahora que la lluvia se ha detenido y que el sol quemante está brillando en toda su intensidad.

En lugar de ello, camina las pocas cuadras que lo llevarán al océano. Las calles de La Libertad están sucias, atestadas de papeles, plástico y aluminio. Es un poblacho asqueroso con su lodazal seco, sus calles disparejas y sus paredes irregulares medio corroídas por la sal de mar y el inmisericorde sol. Hay remolinos de polvo que rodean las edificaciones a medio pintar y dejan una capa café sobre todo.

Llega a la orilla del mar. Desde el accidentado estacionamiento de concreto ve un desvencijado embarcadero sobre pilotes de madera de tres metros de altura; casi se ha colapsado al interior del mar que azota el litoral en un ritmo continuo y poderoso. De alguna manera, el muelle se ha mantenido en pie en un acto de desafío puro. Las olas entran a una altura de casi dos metros y observa a los aventurados surfistas a la izquierda de un rompeolas de piedra, acostados sobre sus tablas, esperando la ola correcta que los llevará de regreso a la orilla volcánica negra. El sol está intentando abrirse camino a través de las grises nubes. Y lo único en que puede pensar Guillermo es en el dolor que siente en el pecho: sí, en un año más regresará a La Libertad, al igual que al año siguiente, pero ya sabe que regresará con expectativas cada vez más bajas.

De camino al sitio donde el malecón baja al océano, pasa por puestos de comida con techos de palma: ve ostiones en su concha sobre camas de hielo, huevos de tortuga en algas marinas y pescado y papas a la parrilla sobre platones, pero no tiene hambre. Siente que podría matarse de hambre voluntariamente y que ésta sería su penitencia: la ausencia de Maryam le pesa así de tanto.

Cuando llega a la orilla del muelle, se le queda viendo al agua café en una especie de trance hipnótico. Las olas llegan a la costa en un orden perfecto; su simetría es asombrosa. Hay una distancia de cerca de 5 metros entre cada cresta, y las olas rompen en caireles perfectos, en formación exacta, como un vuelo de gaviotas en el cielo plomizo.

Se da la vuelta y empieza a caminar de regreso a la plaza. Sus ojos están abiertos, e incluso derraman lágrimas, pero no ve nada, como si hubiera una cortina de gasa frente a su mirada. En la plaza ve una multitud de autobuses y cientos de salvadoreños ligeros de ropa que llevan sus cosas en pequeñas maletas o en bolsas de plástico, tapetes de paja y delgadas toallas enrolladas bajo el brazo. El ruido es ensordecedor. Va al frente de la iglesia; ahora, sus puertas de metal están cerradas. Toca insistentemente. No tiene expectativas de que alguien lo deje entrar.

Y, por supuesto, nadie le abre.

Da la vuelta y empieza a caminar por la plaza. Pasa camionetas con señalizaciones que dicen Sonsonate y Zacatecoluca antes de ver el autobús que lo llevará de vuelta a San Salvador. Abrumado por la desilusión, las lágrimas se le escapan de los ojos.

Cuando llega al autobús, la puerta está abierta, pero el conductor aún no está en su puesto. ¿Por qué entrar para esperar en el calor y oler el sudor de cuerpos que no se han bañado en días?

Guillermo siente que alguien le da un golpecito en el hombro. ¿Qué querrán con él? Tal vez sea el Arcángel Miguel que quiere acompañarlo a su tumba.

Siente otro conjunto de golpecitos y voltea, molesto, pero con la expectativa de que tal vez algún suceso cósmico lo arrastre en su camino.

Ve a una mujer que trae puesta una *kufiyya* blanca y negra sobre la cabeza; la mascada oculta su nariz y boca. Ve ojos verdes y cejas oscuras; una visión familiar pero envejecida, con leves arrugas en la comisura de los ojos. No puede decir palabra; ¿qué podría decir si su garganta está cerrada por la emoción?

—Señor —susurra la mujer.

Guillermo no está seguro de lo que está viendo.

Ella empieza a quitarse la mascada de alrededor de los hombros. Reconoce el cabello negro vagamente familiar, pero muy corto, casi como el de un niño. Dios mío, se dice a sí mismo, convencido de que no está alucinando. Dios no es injusto, no es un embustero decidido a engañarlo; ¡es Maryam, algo envejecida y con cabello mucho más corto!

—No puedo creer que seas tú —le dice, inclinándose a besar su frente.

—Por favor, señor —dice la mujer, haciéndose hacia atrás—. Si no se va a subir, ¿podría al menos quitarse del camino? La valija está muy pesada.

Guillermo cierra los ojos, abrumado por sus expectativas y seguro de que ha cometido un error. Toda su vida ha sido un gigantesco error; siempre ha optado por la solución más fácil. Siempre se ha sentido con ese derecho. Siempre se ha sentido *merecedor*.

A las personas no les disparan por accidente. Las personas pueden escapar a su destino.

—Por favor —vuelve a oír que dice la mujer.

Ni siquiera voltea a mirarla. De alguna manera, sus piernas suben el primer escalón del autobús. Toma las orillas de las puertas abiertas y con un gran esfuerzo se impulsa hacia arriba.

Qué error haber venido.

Aun así, siente una mano cálida sobre su cuello e intuye un toque familiar; la suavidad de unos dedos. Vuelve a darse la vuelta. Necesita confrontar la verdad. Hay una gruesa capa de lágrimas sobre sus ojos. La vista de Guillermo está nublada; agita la cabeza mientras empieza a tropezar por el pasillo hasta la parte posterior del autobús.

Sus piernas tiemblan, a punto de claudicar. Siempre ha tenido piernas fuertes, pero en San Salvador ha dejado de hacer ejercicio y los músculos se atrofian con facilidad. Casi no logra llegar a su asiento antes de desplomarse.

Se dice a sí mismo que ya no puede lidiar con otra fantasía. Imagina una voz que le dice «Soy yo, Maryam, no un fantasma». Se imagina besando a esa voz, a esa boca, a esa mujer, sobre los labios. Sabe a Maryam. Ignora el olor del diésel que se mezcla en el aire caliente y rancio. Casi no puede respirar. La imagina hablándole al oído, diciéndole «Mi vida, lo siento, llegué tarde». Los ojos de Guillermo siguen cerrados pero, sí, la mujer está hablándole como si se conocieran y como si debiera importarle lo que está diciendo. Quizá, sólo quizá es algo que sí importe.

Abre los ojos. Una familia de gran tamaño con cinco niños y un perro está caminando por el pasillo hacia él. Estira el cuello, ¿dónde está Maryam?

Guillermo está sudando a chorros. Su camisa azul tiene un grabado de peces diversos. En este momento está mojada por completo, como si acabara de salir del mar.

Se da cuenta de que está sobre el autobús a San Salvador, de vuelta a su departamento y a su vida solitaria. Tiene mucho que expiar: su estupidez, sus años de torpeza y desperdicios, la mezquindad de sus actos. Sí, su mezquindad.

Y también su presuntuosidad. *No se merece a Maryam, ni viva, ni muerta.*

## 34
# Barcos que se cruzan en la noche

Deja que pasen veinte minutos y luego otros cuarenta más, pero no quiere darse por vencida. Ha estado dando vueltas, preguntándole a la gente si no ha visto a un hombre de 1.78 metros de estatura, piel clara, cabello ondulado algo ralo, ojos intensos.

Ve atisbos de reconocimiento en sus expresiones, incluso palabras de aliento.

—Sí, alguien como quien usted describe estuvo aquí. Estaba... —dice una mujer bajita que vende pupusas. Tiene docenas de verrugas sobre su rostro amistoso y una ligera mascada gris le cubre y protege la cabeza.

—¿Pero se fue?

—Búsquelo, por el amor de Dios. Seguro todavía está por aquí.

Y en efecto, lo busca, pero sólo ve grupos de gente que se mueven como algas hacia la plaza y hacia la playa.

—Creo que ya se fue —se dice a sí misma, más decepcionada que molesta. Tendrá que esperar. ¿Qué tanto es otro año más?

Ya no puede pensar tanto a futuro. Tiene que salir de La Libertad y regresar a su vida en San Lorenzo.

## 35
## «Dream a little dream...»

Guillermo se arrebuja en su asiento y coloca la cabeza contra la ventana. Cierra los ojos y trata de controlar su respiración. Está tratando de respirar de manera más constante, como lo hizo durante las semanas en las que practicó *Pranayama yoga*; disipar cualquier pensamiento y concentrarse en el suave punto de luz que emana de la nube azul del vacío. Siente que el bus se agita y escucha la música ranchera y las risas. Está tan cansado que se queda dormido.

Sueña que se reúne con Maryam en La Libertad. Ella lo está jalando de la mano, buscando un restaurante cerca del muelle para que puedan sentarse a platicar. De camino al embarcadero, ven un edificio color verde limón con un piso de baldosas rojas y cuatro mesas vacías. Aquí estarán en privado, ya que el pequeño restaurante no está sobre la playa, a donde se están dirigiendo todos los vacacionistas.

Toman la mesa de la esquina cerca de dos grandes ventanas que miran hacia los terrenos baldíos al otro lado de la lodosa calle. Hay un ventilador de techo que está haciendo ruido. Tan pronto como se sientan, un muchacho que trae puesta una camiseta rota les trae el menú. Guillermo mira a Maryam.

—¿Quieres una cerveza? —le pregunta ella.

Él asiente con la cabeza. No puede creer que sea ella.

Maryam le dice al muchacho que les traiga una canasta con nachos y guacamole, y dos Supremas.

Antes de que el muchacho se aleje, Guillermo le grita «tráelas bien muertas».

El muchacho voltea a verlo y le dice:

—Sólo tenemos cerveza a temperatura ambiente.

—Como sea —responde Guillermo, mientras toma la mano de Maryam. Es su mano, más oscura que antes, pero igual de suave y flexible. Por unos minutos, se quedan tomados de la mano, viéndose sin quitarse la mirada, memorizándose las caras.

Pero algo lo asusta y retira su mano como si alguien, posiblemente Rosa Esther, pudiera verlos.

El muchacho trae las cervezas y los nachos en una charola de metal y los coloca sobre el mantel amarillo. Coloca una servilleta alrededor de las dos botellas tibias y les pregunta si no quieren ver la carta para pedir algo más sustancioso.

Tanto Guillermo como Maryam sacuden la cabeza.

Cuando Maryam toma la botella con la mano izquierda, se da cuenta de que sus ojos están mirando algo de manera insistente: todavía está usando la argolla de matrimonio de Samir.

—La uso por costumbre; no significa nada —dice algo más, pero sus palabras quedan ahogadas por el sonido del ventilador sobre sus cabezas.

Cuando Guillermo despierta, el autobús se está adentrando por las calles de San Salvador. Es la media tarde del sábado y puede ver que todo está callado; el tipo de tranquilidad que se encuentra en San Salvador sólo en un día de fiesta.

Guillermo se siente exhausto, pero el sueño ha renovado sus esperanzas. Las cosas no podían ser tan fáciles, piensa. Tendrá que esperar otro año antes de regresar a La Libertad. Sabe que será un año difícil, pero no más complicado de lo que ha tenido que pasar todos estos meses a solas. Será un año para arreglar las cosas; consigo mismo y con sus hijos.

Cómo, no tiene la menor idea.

Y pronto será el 1° de mayo de 2011. Sin duda tomará el autobús de regreso a La Libertad.

Ahora, al levantarse de su asiento, cree oír a una mujer que dice «*Insha'Allah*».

Guillermo no podría estar más de acuerdo.